長崎丸山遊廓
江戸時代のワンダーランド

赤瀬 浩

講談社現代新書
2630

『肥前﨑陽玉浦風景之図』より「肥前長﨑丸山廓中之風景」（国立国会図書館）

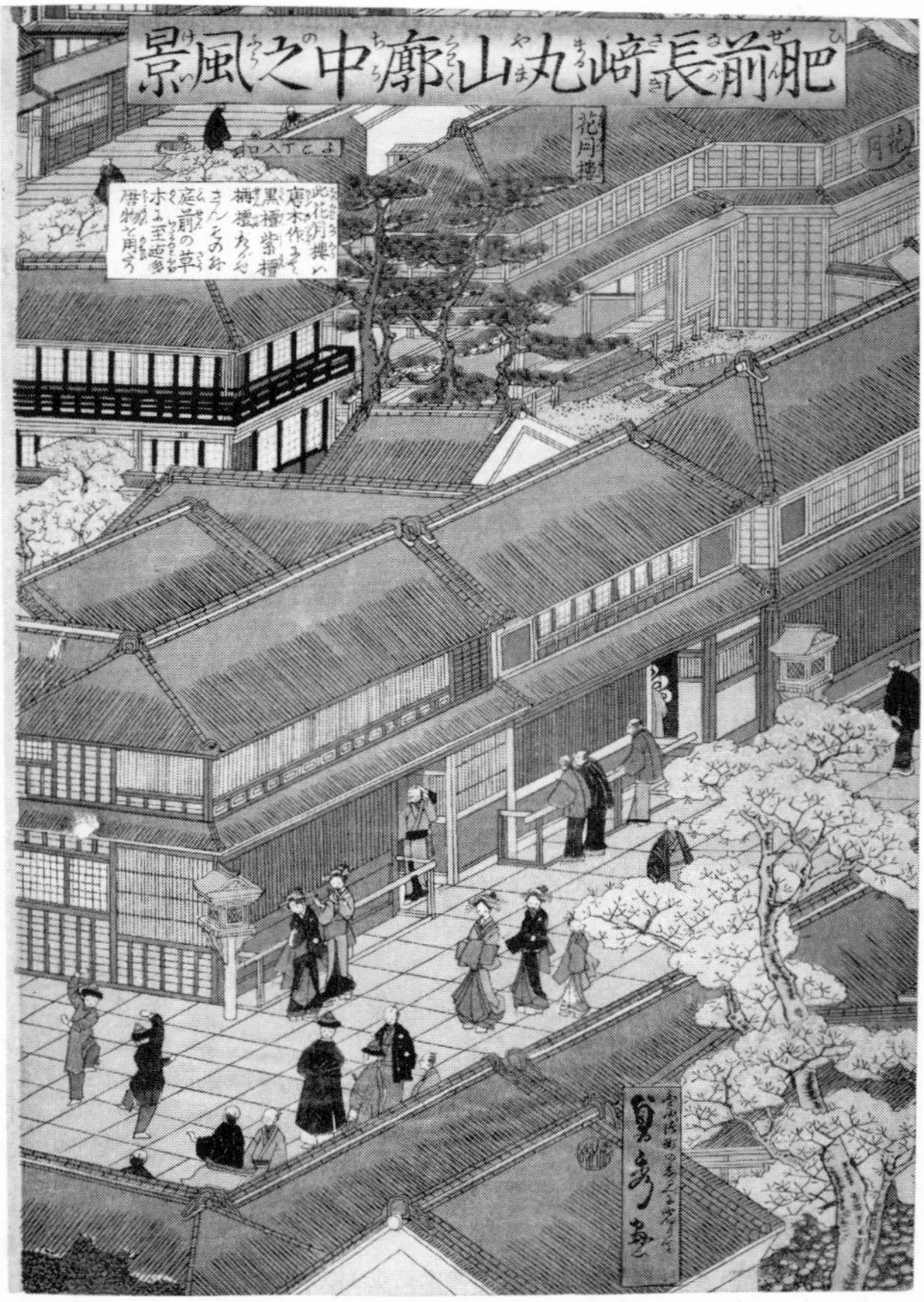
肥前長崎丸山廓中之風景
花月楼

丸山町
通油町

序章　長崎に丸山という所なくば……

「花月蘭人遊饗図」（長崎歴史文化博物館）

「長崎に丸山という所なくば」

『好色一代男』などの「好色物《こうしょくもの》」で一世を風靡《ふうび》した井原西鶴が、従来の好色物や武家物から、町人の経済生活を主題とする町人物へと進出する嚆矢《こうし》に位置づけられるのが『日本永代蔵《にほんえいたいぐら》』[1]である。その中の一篇、「廻り遠きは時計細工」は長崎を舞台としているが、そこには当時の長崎について、次のように記されている。

「日本富貴の宝の津、秋船入りての有りさま、糸、巻物、薬物、鮫、伽羅《きゃら》、諸道具の入札、年々大分の物なるに、これを余さず。たとえば雷のふんどし、鬼の角細工、何にても買取り、世界の広き事思いしられぬ」

全国から集まり、唐船やオランダ船によってもたらされるさまざまな品物に群がる商人、嘘だとわかっていてもまがい物でさえ売れるような活気ある街、ここに記されているのはそんな長崎の姿である。「唐物《からもの》」と呼ばれる舶来品を天下の台所、大坂《おおさか》に運べば、労少なくして大金を儲《もう》けることができる。そのためにはいくばくかの資金をもって下りさえすればなんとかなる。西鶴が長崎を舞台にしたのはこのように、長崎には多くの商機があると当時の人々が考えていたからであった。もっともほんとうにそうであれば、長崎の商人はみな大金持ちということになるだろうが。

さらに同書は、長崎の遊廓・丸山について、こう記している。

「長崎に、丸山という所なくば、上方の金銀、無事に帰宅すべし」

この言葉にこそ長崎、そしてその遊廓・丸山の本質がある。長崎で得た利益は一文でも多く長崎に落とさせる。そのようにして他所の富を市民に還流させることにこそ、長崎住民にとっての丸山遊廓の存在意義があったのだ。

奇妙な風習

『日本九峰修行日記《にほんきゅうほうしゅぎょうにっき》』は、文化九(一八一二)年から翌年にかけての足かけ二年、長崎に滞在した修験、野田成亮《しげすけ》の日記である。修験者として日本国中を旅して記したものだけに、当時の庶民の生活を知ることのできる貴重な資料となっている。

野田は「長崎に他国に無き珍しきこと十九ヶ条程あり」として、よその地域では見られない長崎独自の風習を記している。その中には「既婚女性が眉を剃らない」、「他家の娘を奪って嫁にする『嫁盗み』という古い風習が残っている」、「『口入れ屋』と称する若者がしばしば民間のトラブルに介入し、『解決金』を要求する」といった風俗に関わるものや、現在でも長崎独自のものとして知られている「精霊流《しょうろうなが》し」、「しっぽく料理」などに関する記述が残されているが、そこに、「娘を遊廓に売ることがいたって日常的で、娘の器量を褒めるのに『この娘は一晩で銀三〇〇〜五〇〇匁《もんめ》（現在の金額にしておよそ六〇万〜一〇〇万円）を稼ぎますよ』と言うと親がとても喜ぶ」という記述がある。

「この子は売春をすれば大金を稼げますよ」と人に言われて親が喜ぶというのは、現代では考えられない、とんでもないことだろう。もっともそれは当時も同じであり、だからこそ野田は長崎の「奇妙なこと」の一つにこれを挙げているのである。

だが、たとえ一見、常識には外れたことであれ、このような言動がなされるには、やはり何らかの理由があったはずである。

その理由の一つとして、長崎の遊女の収入が莫大《ばくだい》であったことを挙げなければならない。本書に登場する遊女たちは一〇歳ごろから二五歳ごろまでの長期間、年季奉公として一〇両ほどの身代金（約一〇〇〇万円）を背負って商売をはじめ、運と実力があれば揚代《あげだい》だけで年間一〇〇〇万円を超え、プレゼントに至っては一度に数百万円単位のものを得ていた。その収入は本人の貯蓄のみならず家族や親戚、出身の地域社会まで潤すことができた。娘たちだけが持っている可能性を生かしたサクセスストーリーが丸山遊女にはついてまわっていたのである。

立ち帰る遊女たち

しかしながら筆者は、莫大な収入だけが長崎の住民が遊女に寛大であった唯一の理由だったとはやはり思えないのである。次に、その理由の一端を知る手がかりになるのではないかと思われる記述を見てゆこう。

明和二（一七六五）年五月一三日、初老の女が丸山町と共に遊廓を形成していた寄合町《よりあいまち》の遊女屋、薩摩屋久太郎方を訪れた。店の者はこの女が誰かわからず、詳しく尋ねると、次のような事情を語った。

「私は以前この店のお世話になっていた『初桜』と申す者でございます。今から二一年ほど前（延享元年）子《ね》の年、病気を患《わずら》い奉公ができなくなりましたので一二月一七日御当地を欠落《かけおち》し、大坂は平野《ひらの》町の太助という者に雇われ下女奉公を致しておりました。このたび病気で勤め難くなりまして、本日立ち帰った次第でございます」

欠落は、男女が手を取り合って逃げるイメージを抱きがちだが、ほとんどは生活苦や犯罪が原因で行く先を告げずにいなくなるということであった。欠落したものは、「踏絵《ふみえ》帳《ちょう》」などの人別《にんべつ》から削除されて無宿者となる。江戸時代には無宿自体が犯罪とみなされたため容易に欠落はできなかったが、切羽詰まった事情から欠落に走る者も少なくなかった。

子細を聞いた久太郎は、直ちに寄合町の乙名《おとな》を務める芦苅善太夫に届け出、乙名も本人から事情を聴取して奉行所に届け出た。届け出の主旨は、大坂で事件や借金などのトラブルがあったわけではなく、本人のいう通り病気で暮らせなくなって戻って来たので奉行所の慈悲をもって、久太郎方で引き受けて再び暮らすことを許可いただきたいというものであった。

奉行所では薩摩屋久太郎と乙名芦苅善太夫が身元保証をするという条件で、欠落という不法行為を許し久太郎方への住居を認めた。久太郎は「初桜」に欠落のことを十分反省してまじめに暮らすよう諭《さと》したうえで店に引き取り奉公させることを約束し、乙名は寄合町の帳面（人別帳）に「初桜」を加え、もし行いが悪かったら町役人の所へ届け出るよう久太郎に告げた。

また同年一一月三日には、寄合町の筑後屋平次郎方に「さよ浦」という遊女も出戻ってきている。「さよ浦」は同年正月五日に出奔し博多《はかた》の中間《なかま》町で下女奉公していたが、病気で勤まらなくなり戻ってきたのだった。この件も「初桜」同様、寄合町の乙名に届け出られ、乙名から奉行所に欠落の赦免《しゃめん》と住居の許可が願い出された。「さよ浦」から聞き取った内容を平次郎が代筆して添えている。「さよ浦」によれば、遊女屋での売掛金の多くが未回収となり、行き詰まって出奔したということであった。[2]「初桜」も「さよ浦」も下女奉公とあるが、遊廓以外で色を売ることを禁止されていた当時は、飯盛り女や妾《めかけ》としての奉公も下女奉公とされていた。そのような勤めをしていたが出奔した奉公先で病気になり追い出されたのだろう。つまりは遊女としての奉公に耐えられないほどの病状を抱え、ようやく寄合町までたどり着いたということだ。

一年間に病気の遊女が二人も遊女屋に戻ってくるとは、いったい何を意味するのだろうか。無駄飯を食わせたり、遊女屋で死んだりされることを嫌い、病んだ遊女を非情にも親元に帰すことはどこの遊廓でも当然のこととされていた。出戻った遊女を許し、再び人別に入れて店の一員として迎え入れる遊廓など、全国広しといえども丸山遊廓、ただ一つであったに違いない。つまり丸山遊廓では、遊女と遊女屋、遊女町との関係性が他にはない独特なものであったのだ。働けない遊女の老いを養い、借金まみれの遊女の後始末をしてやることも、長崎丸山遊廓ではあたりまえだった。

長崎の遊廓社会

江戸時代の長崎の人々は、驚くほど狭い範囲で生きていた。市中は出島《でじま》と傾城町《けいせいまち》である丸山・寄合の両町を合わせた八〇ヵ町で構成されていたが、その範囲は現在の公立小学校の校区一つ分程度でしかなかった。その中に最大六万人の人口を抱え、人口密度は全国で最も高く、どこも人であふれていた。その中には、初めはポルトガル人、後にはオランダ

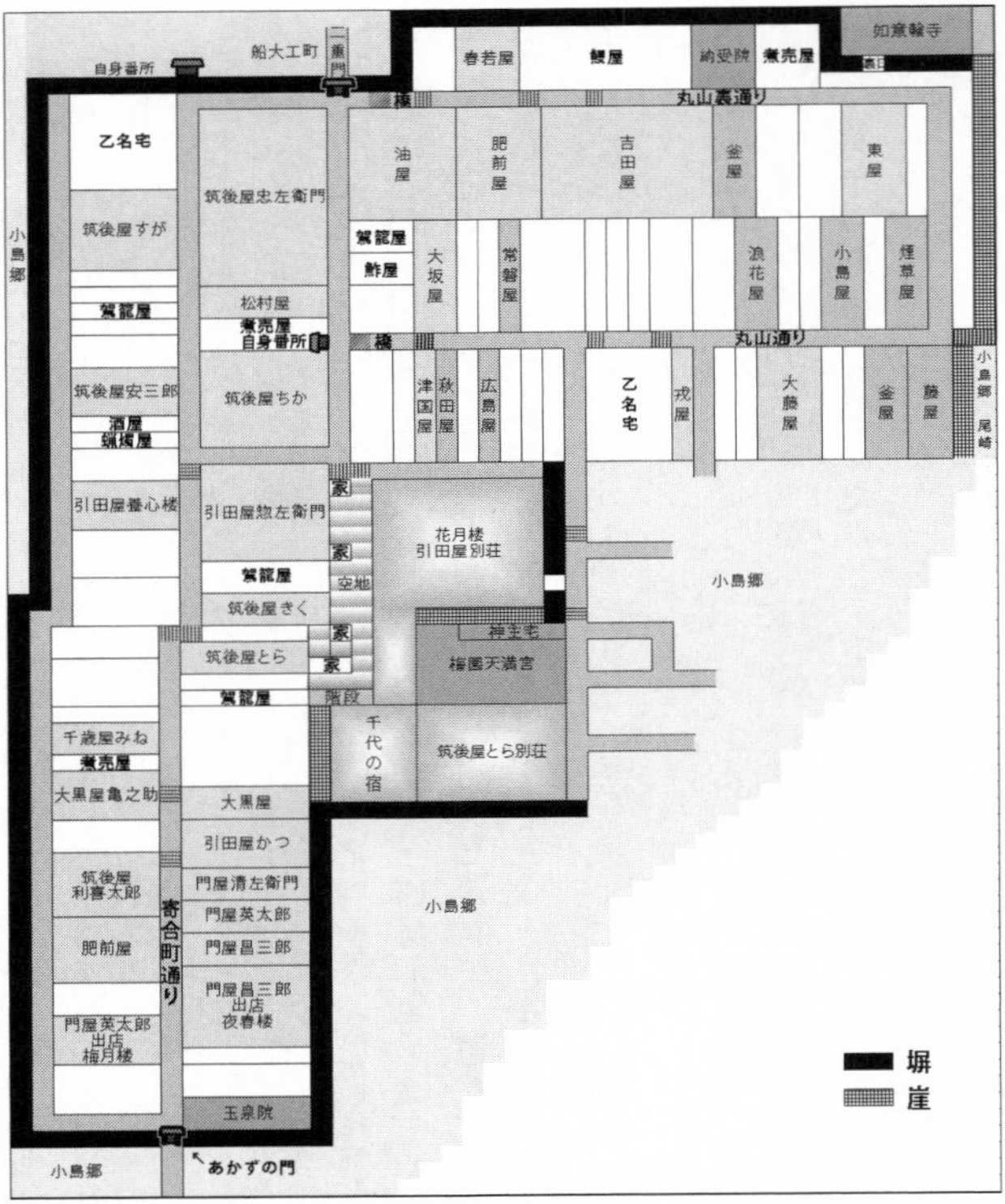

安政年間丸山廓図　©Hiroshi Akase

人、そして唐人という外国人も雑居し、あるいは生活圏のど真ん中に彼らの居住区を抱え込み、まさに一つ船のような外国人を含めての運命共同体、それが長崎という個性的な都市の土台であった。

　松井洋子氏は、遊女の揚代が輸入品への支払いの一部として相殺《そうさい》されるなど、異国人の存在は長崎の遊廓社会の特質を形作る大きな要素であったとして、長崎の遊廓社会の他都市とは異なる性格を明らかにした。[3]さらに、遊女の稼ぎに寄生して働かない父母や兄姉がいたことなど、他都市には見られない独特の構図があったことも指摘している。[4]

　長崎の丸山遊廓は、江戸の吉原《よしわら》遊廓、京の島原《しまばら》遊廓、大坂の新町《しんまち》遊廓と並び称されたが、長崎が幕府公認の対外交易港であったことや、地形的に限定された狭い場所に市街が展開していたこと、加えて郊外の農村が貧弱だったことなど、たしかに松井氏の指摘されるとおり、他の遊廓との環境の違いは大きかった。

　長崎は対外貿易港であったが、そこで取引される製品に長崎で生産されたものはなく、また貿易に携わる商人も、先の西鶴の作品にもあったようにもっぱら京大坂の大商人であった。言うなれば長崎は「場所」を提供し、貿易の事務手続きを請け負いその手数料を得るだけで、「商売」の主役ではなかったのだ。手をこまねいていては貿易の「上がり」は長崎住民の頭の上を通りすぎていくだけだった。対外貿易の「上がり」をできるだけ長崎に落とさせる、そこに他の都市の遊廓とは異なった長崎丸山遊廓の存在意義はあった。

他の遊廓のように、長崎の遊廓は、都市生産力の余剰として若い女性が流入したのではなかった。長崎において遊女が特別な存在とされたのは、なによりもまず、都市長崎があ

現在の丸山町（上）と寄合町（下）（著者撮影）

まりにも小さく、あまりにも貧しいからだった。地場の生産力の不足を補うために都市に貿易の利益を還流させるという重要な役目を担っていたのが遊女たちであった。つまり、遊女は長崎の第一の「商品」であったのだ。

丸山遊女の多くは長崎市中や近郷の貧しい家庭の出身であった。したがって、「籠《かご》の鳥」として、親元からは切り離され、孤独な生を営むことを余儀なくされていた吉原をはじめとする他の遊廓とは異なって、長崎の場合、ほとんどの遊女は実家と密に連絡をとり、遊女となった後にも地域社会の構成員としての意識をもちつづけていた。また奉行所をはじめ、都市をあげて遊女を保護し、嫌な仕事は拒むことも可能だった。長崎の街は一つの運命共同体であり、住民の生活が成り立つようにするためには、他所から訪れた商人が長崎で得た貿易の利益を丸山で揚代や贈物として吸い上げ、そのようにして得た利益を回して貧しい借家人まで潤してゆかなければならなかった。そのような「トリクルダウン」の手段として、丸山遊女の果たす役割はすこぶる大きかった。それゆえ、現代の価値にして数千万円の収入を得る可能性もある遊女は、むしろかならず、長崎市中の出身者でなければならなかったのだ。

丸山遊女への視点

本書では、このような視点のもと、丸山遊女が当時の人々からどのように見られていたかについては今日的な視点から性急に判断を下すことを避け、当時の人々の気持ちが想像できる史料をもとにして論じていきたい。

長崎に残されている丸山遊女に関する史料はおしなべて遊女に好意的である。その理由をひとまず仮説として述べると、先述のように、丸山遊女の出身地が地元社会であったため、遊女奉公自体への偏見や蔑視が少なかったこと、丸山遊女には他の遊廓の遊女とは違う大きな収入があり、その額の大きさがステイタスとなっていたこと、綺麗に着飾り年中行事へ参加する美しい遊女の姿を見て長崎の娘たちが今日のアイドルに似たあこがれを抱くことがあったことなどを、ひとまずあげておきたい。

もちろん、娘を遊女に仕立てるのは、それ以外には収入の見込めない、もっぱら借家住まいの貧しい町人たちであり、市政に関わるような上級市民の子女が遊女になることはなかった。また風儀紊乱《びんらん》に対する刑罰として遊女奉公を科せられる場合があったことなどからもわかるように、当時の長崎にとっても遊女稼業がもろ手を挙げて肯定的に捉えられるような仕事ではなかったことも確かである。なによりも、遊女屋の経営者が「賤業《せんぎょう》」を営む者として蔑《さげす》まれ、結婚などでの差別を受けていたことが、その事実を暗黙のうちに物語っている。

とは言え、その一方では、長崎の遊女にとって、遊女奉公を終えると元の実家に戻り、結婚し、子を産むという、「普通の」生活サイクルに復帰するのがごくごく当たり前のことであったこともやはり事実である（もっとも、そのようにして生まれた女子がまた遊女奉公に出ることも頻繁に見られることではあったのだが）。

はたして都市長崎にとって丸山遊女とはどのような存在だったのだろうか、主に長崎歴史文化博物館に収められている江戸時代長崎の史料を繙《ひもと》きながら、これから見てゆくことにしよう。

目次

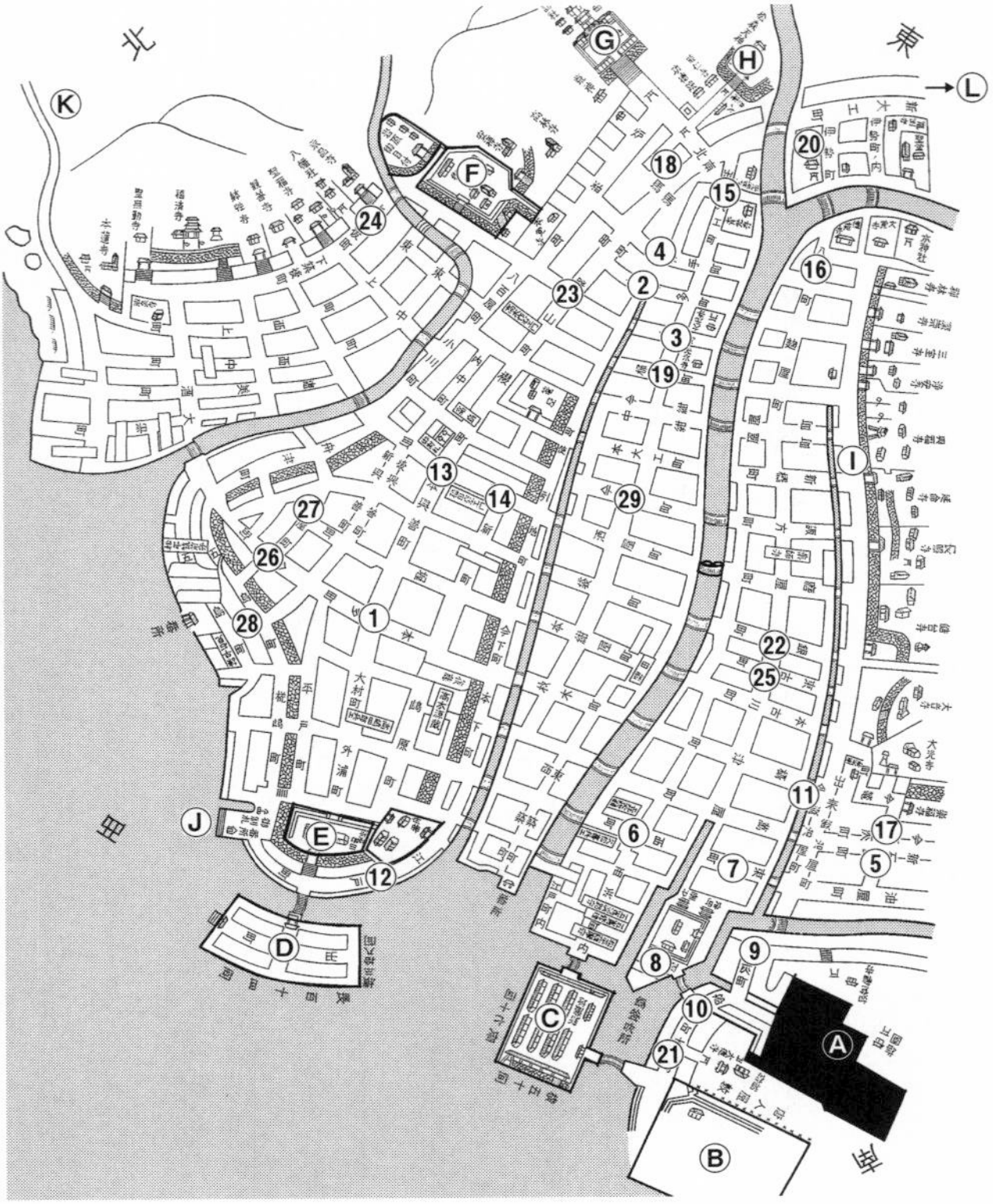

Ⓐ丸山遊廓　Ⓑ唐人屋敷　Ⓒ新地蔵　Ⓓ出島　Ⓔ奉行所西役所　Ⓕ奉行所立山役所　Ⓖ諏訪社　Ⓗ松森社　Ⓘ寺町通り　Ⓙ大波止　Ⓚ西坂　Ⓛ一の瀬橋
①本博多町　②今博多町　③古町　④大井手町　⑤新石灰町　⑥西浜町　⑦東浜町　⑧銅座跡　⑨本石灰町　⑩船大工町　⑪鍛冶屋町　⑫江戸町　⑬豊後町　⑭新町　⑮出来大工町　⑯八幡町　⑰今石灰町　⑱北馬町　⑲桶屋町　⑳伊勢町　㉑本籠町　㉒銀屋町　㉓勝山町　㉔上筑後町　㉕東古川町　㉖今町　㉗金屋町　㉘本五島町　㉙今魚町
※通りを挟んだ両側の町並みが１つの町を構成する

江戸時代の長崎

第一章　遊廓とは

『青楼絵抄年中行事　上之巻』より「仲の町花盛之図」（国立国会図書館）

遊女と遊廓

遊女と客のかかわりが即物的な行為だけなのであれば、むしろ話は単純である。

他方、結局は性行為に行き着くとしても、その前段階としてさまざまなやり取りや仕掛け、しきたりなどを介して客と遊女が繰り広げるドラマ全体を「遊び」としてとらえるなら、遊女や遊廓の性格は複雑である。

我が国に遊女が出現するのは九世紀後半。「遊行女婦《ゆうぎょうじょふ》」あるいは「娘子《じょうし》」などと呼ばれた当時の遊女の役割は歌うこと。貴人の宴席で今様《いまよう》などを歌い、座を盛り上げるとともに貴人を弟子にとり、歌を伝授する役目も担っていた。中世になると遊女集団は、母から娘へと継続される女系的な「家」としての集団となり、遊女は独立した自営業者・経営者として職業組合を結成していた。すなわち当時の遊女は自立的、主体的に生きる人々であった。

しかし一五世紀後半に遊女屋の経営者が男性に代わるとともに外部から流入する遊女が増え、それまでの世襲的な集団の性格が変質した。遊女が経営権を喪失する過程で中世的な遊女集団は崩壊した。[5]かくして近世以降、遊女屋は男性社会そのものとなり、遊女屋のシステムも、男性の性的欲望をいかに満たすかという、もっぱら男性的な視点から運営されることとなった。そして、性の売買にも疑似的な愛や恋を求めることで、より快楽に没頭できるような巧みな演出を多額の金銭と引き換えに提供するこの「システム」の完成形が、江戸時代の遊廓であった。

遊女と隠売女

売春を放置すると市民生活の秩序に乱れが生じる、為政者がそう考えるのはいつどこの時代でも同じである。江戸時代、社会が安定を迎えると、不逞浪人《ふていろうにん》と売春との結びつきを警戒してつくられたのが吉原であった。吉原以外での売春を禁止することで、色を売ることとの「囲いこみ」を図ったのだった。

遊廓とは基本的に、公許の遊女町を指す。江戸では私娼町は「岡場所《おかばしょ》」といった。岡場所は「外《ほか》場所」の転訛《てんか》した名称で、「遊里《ゆうり》」とも呼ばれた。京都の祇園《ぎおん》は、島原「遊廓」に対する「岡場所」である。遊廓がすでにあるのにさらに岡場所が発生するのは、地理的な問題以外にも、遊廓のうるさいルールに縛られない遊び勝手の良さが求められたからだった。遊客の多様なニーズにこたえるためには雑草のようにたくましい遊里の存在が不可欠であった。

江戸幕府が取り締まったのは売春行為全般ではなく無許可の売春である。そのため、遊女町を堀や塀で囲み線引きし、独自の廓《くるわ》内秩序を維持させ遊戯空間を限定するという政策をとった。江戸時代の三大御法度《ごはっと》として「博奕《ばくち》」「隠売《いんばい》」「キリシタン」の一つにあげられるほど隠売は取り締まりの対象となったが、隠売女《かくしばいじょ》と吉原の遊女の違いは公式の保護を受ける存在か否かに過ぎず、隠売女の跳梁《ちょうりょう》が止むことはなかった。多様な抜け道とさまざまに呼ばれる隠売女への対応に、幕府は常に苦慮していた。

遊廓というシステム

「廓《くるわ》」という呼名は近世以前の城郭に通じ、堀や塀などで外界から遮断された空間を指す。遊廓の場合、遊女の逃亡を防ぎ遊女商売の範囲を明確に示す目的のもと計画的に建設された一画をいう。ここでは代表的な「吉原遊廓」を例に、遊廓のシステムについて説明したい。

吉原遊廓は江戸幕府が整備した遊廓で、浪人の取り締まりや犯罪の予防、遊女の管理などをねらって遊女屋を集めたことに始まる。同時に吉原以外で娼婦の営業を禁止し私娼を取り締まることで公娼のシステムを確立させた。後に公娼システムは形骸化していくが、幕藩体制を通して吉原遊廓は幕府の政策を体現する代表的な官許の遊廓であった。

吉原遊廓ははじめ現在の人形町あたりに置かれたが後に浅草寺《せんそうじ》裏手の千束村《せんぞくむら》に移転

し、規模も拡大された。前者を元吉原、後者を新吉原という。ここでいう吉原は主に新吉原を指す。元吉原では昼営業のみだったものが新吉原では昼夜営業となり宿泊して遊ぶというシステムへと変化した。

吉原は町奉行所支配で出入口は大門《おおもん》の一ヵ所。周りを「お歯黒溝《はぐろどぶ》」という堀に囲まれ、廓内には文化文政期（一八〇四～三〇）、最大一万人の人々が暮らした。その内、主役である遊女は、はじめ二〇〇〇人程度だったものが幕末には七〇〇〇人を数え、遊女屋は最上級の大見世《おおみせ》から中《ちゅう》見世、小《こ》見世と続き、河岸《かし》には下級遊女が集まる切《きり》見世（局《つぼね》見世）があった。

大見世は遊女六〇～七〇人を抱え、奉公人などを合わせれば一〇〇人を超える大所帯であるのに対し、切見世は二畳の空間に遊女一人が起居するごく小規模のものまでと、客のニーズに応じて住み分けていた。

客層は、初めは上級武士中心だったものが、町人をメインにするようになり大衆化が進んだ。上級の遊女といえば「太夫《たゆう》」が吉原を代表する最高位であるが、一八世紀の後半には太夫の階級は見られなくなり、上級遊女は階級ではなく通称「花魁《おいらん》」と呼ばれるようになった。遊女は、揚代や居室の差で「呼び出し昼三《ちゅうさん》」「昼三（揚代が金三分、約七万五〇〇〇円）」「座敷持」「部屋持」などのランクが付けられた。

初期の吉原では遊女屋は置屋《おきや》（遊女の住居兼事務所で商売は行わない）のようなもので、客が揚屋《あげや》（台所を持ち、今日の料亭のように飲食を提供する店）や茶屋《ちゃや》（貸座敷のみで料理は仕出し屋から出前する店）に遊女を呼び出して遊ぶシステムだったものが、面倒を嫌う客に応じて遊女屋の一階の張り店《はりみせ》（ショーウインドウ）で遊女を見立て、二階で遊ぶという簡易なものに変化した。最上級の呼び出し昼三は張り店には出ず、客に呼ばれていったん茶屋に上がってから妓楼《ぎろう》に向かった。この移動の様子が花魁道中である。

遊女の一日

吉原遊廓の遊女の一日を『青楼十二時《せいろうじゅうにとき》』を資料にみてみよう。

○卯《う》の刻（午前六時）

宿泊した客を「後朝《きぬぎぬ》の別れ」で送りだす。別れ際は遊女の営業戦略として重要で、名残《なごり》惜《お》しさを演出して次回の約束を取りつける。客を帰した後、遊女は昼まで二度寝する。便所の汲みとり、昨夜の片づけや清掃が行われる。

○巳《み》の刻（午前一〇時）

二度寝から目覚めた遊女が入浴する。洗髪は月に一、二度。化粧・髪結《かみゆい》など身だしなみを整える。稽古事《けいこごと》をする。妓楼で一番のんびりした時間。

○未《ひつじ》の刻（午後二時）

吉原は昼夜二部制で、昼見世が始まる。張り店に出て客を待つが、見物人は多いものの客は少ないため比較的暇で馴染み客に営業活動として手紙を書いたり易者に占ってもらったりして時間を過ごす。

○申《さる》の刻（午後四時）

遅い昼食を摂《と》る。店からはお茶漬け程度の食事しか出ないため、おかずを買い足すことも。身だしなみを整え、客に呼ばれて茶屋に出向く。茶屋で酒の相手をして妓楼に向かう。

○酉《とり》の刻（午後六時）

清掻《すががき》（客を迎える三味線）の音とともに夜見世が始まる。呼び出し昼三以外の遊女は張り店に出て客を待つ。宴席に侍《はべ》って酒の相手をする。床入りの定めの時間はないが頃合いを見計らって床にはいる。

○亥《い》の刻（午後一〇時）

清掻が止む。宴が終わり床入りをする。遊女は客の求めに応じるため、客が寝入っても寝てはいけないとされていた。徹夜で尽くすというのが遊女の床の勤めだった。

○丑《うし》の刻（午前二時）

大引けの時刻で客は帰るのが原則だが、たいがいの客は寝入っている時刻。卯の刻の別れまで遊女は同衾《どうきん》した。

遊女は昼夜逆転の上、慢性の睡眠不足状態だったことがわかる。基本は筋肉労働なので体力の消耗を防ぎ、十分な栄養と休養を取れるかが健康で年季明けを迎える鍵であった。上級の遊女は一人の客を上手にあしらえばよいので体力の消耗は防げるが、下級遊女は複数の客を相手する「廻し」のために一睡もできず、疲労困憊《ひろうこんぱい》で朝を迎えることも多かっただろう。そのため上級遊女を目指す競争は必死であった。

遊廓を構成する人々

遊廓は遊女屋を中心に揚屋、茶屋、仕出し屋、髪結、煮売屋《にうりや》、質屋など多くの店とそこで働く人々が暮らす空間であった。すべての店や人々が遊女の稼ぎと遊女目当ての客の浪費に依存した。主役はもちろん遊女であった。

遊女は遊女奉公契約によって年季を定められた若い娘たちで、吉原の場合一八歳から二八歳までの一〇年間が契約期間である者が多かった。契約を年季、契約完了を年季明けといった。期間中、借金を重ねた遊女は返済するまで増《まし》奉公で期間を延長した。また、年季明けでも戻る家や稼ぎがない遊女は遊女屋にとどまることもあるが、より低級の店に移ったり切見世という場末の店で稼いだりして吉原にとどまる遊女たちもいた。

また、刑罰として吉原遊廓に払い下げられた娘たちは各店の入札で競り落とされ、五年ないしは三年ほど奉公をさせられた。もともと隠売女《かくしばいじょ》として廓外で名を売った者もあり、また風呂屋で売春した湯女《ゆな》の風俗が、吉原の伝統を変えるほどの影響を与えるなど、外部からくる遊女も無視できない存在だった。

遊女の見習いが禿《かむろ》。七～八歳から遊女奉公をする前提で遊女屋に養われた少女で、遊女の身の回りの世話や客のお使いなどに使われた。禿は特定の遊女を「姉」として仕え、遊女も「妹」として可愛がるという疑似姉妹の関係が前提とされ、姉遊女には衣装、装飾品などを買ってもらい、小遣いも貰っていた。女衒《ぜげん》が見つけた素質のある禿から、吉原の近所の農家や貧家の雇禿《やといかむろ》まで、小学校高学年から高校生ぐらいの少女たちが集団で暮らしていた。

一方、年季の明けた遊女の中で目端の利く者や主人に忠実な者の中から遣り手《やりて》が選ばれ、遊女を直接管理する立場に立つ者があった。普通、給料はなく、客からのチップや出入り業者からのリベート、客の残した食べ物や酒の転売、遊女に対する小口の金融などで稼いだ。男衆ではつい甘くなる折檻《せっかん》でも容赦なく加え、遊女虐待の当事者になる者も多かっただろう。

遊廓の経営者、その家族、下男、下女、針子など一つ屋根の下に同居し、遊女の稼ぎに吸着して生きていた。経営者は人でなしの「忘八《ぼうはち》」（三綱五常の範を忘れた者）と蔑まれたが、借地に別の出資者からの資金で遊女屋を運営するというぎりぎりの商売をする者も多く、緊張感が欠けると遊びにうつつを抜かして店をつぶす場合もあるため、どうすれば遊女に一文でも稼がせることができるか、売れっ子遊女から巧妙に搾《しぼ》り取るにはどうすればよいかという命題でさまざまなイベントやシステムを考案して、結果的に吉原の魅力を高めることにつながっていった。新規の設備投資、維持費、人件費、食費など毎日費やす費用は、稼いでも稼いでも追いつかないほど莫大なものであったろう。究極の客商売である。

吉原探訪

吉原は江戸城の北に位置し、陸路でも舟でも日本堤《にほんづつみ》を通らなければならなかった。堤からの道を五十間道《ごじっけんみち》・衣紋坂《えもんざか》という。吉原での出入りを見られたくない者は大門に入る前に顔を隠す貸笠を借りた。大門の入口には遊女の出入りを監視する役の者がいて、遊女はここから外には出られないようになっていた。

客は遊び方によって大門からの進路が変わる。冷やかしだけの者や観光客が大勢いるため、かき分けながら目的地へ向かわなければならなかった。即物的な客は東西の河岸《かし》にあるチョンの間の切見世へ。線香一本が燃え尽きる一五分で銭一〇〇文（三〇〇〇円）。中級の店で楽しもうとすれば直接中見世や小見世へ。銭一〇〇〇文（三万円）程度から。揚代によって飲食の付帯サービスが変わる。遊廓が最も歓迎する客、お大尽は直接、妓楼には行かず引手《ひきて》茶屋を通して遊女を指名した。費用の上限はない。

初めて登楼し相方遊女が決まった客を「初会《しょかい》」。同じ遊女を買った二回目を「うら」。三回目の登楼から「馴染み」といった。「うらを返さぬは男の恥」といわれ、初会で遊んだ遊女を次回指名してこそ甲斐性のある男とされた。

遊女は多くの馴染みをもつことで商売がはかどるので、何者かわからない一見《いちげん》客は好かれなかった。一夜の遊びではあっても杯を交わし仮の夫婦として褥《しとね》を共にするのが建前であったから、他の遊女と遊ぶことは浮気となる。指名された遊女が揚屋へ向かうときに長持に小間物や寝具一切を入れ、行列を組んで道中するのも嫁入りの形であった。馴染み客となると同じ遊女屋で別の遊女と遊ぶことは御法度《ごはっと》とされ、破ると遊女や禿から髷《まげ》を切られるなどの私刑を受けた。

吉原の初会は杯を交わすだけというのは伝説の類で、遊女を買うという目的を果たすために遠路やってきた客は当然、初会でも遊女と交わった。引手茶屋で杯を交わして妓楼に向かうのを花魁道中といい、吉原の名物として観光客から人気のあるイベントだった。譬《たと》えは悪いが、新郎新婦の入場ほどの注目度があり、客としても羨望《せんぼう》のまなざしを浴びて優越感に浸ることができ、得意になったことだろう。

妓楼では先述のように飲食ののち床入りとなるが、飲食代、行列を組む人数への日当、かかわった者へのご祝儀など揚代以上の出費を覚悟しなければならなかった。皆から注目を集めるような遊び方をすれば、ざっと今の一〇〇万円は必要であった。

揚代

遊女との遊び代は一般的に揚代といわれる。これは遊女を魚に譬え水揚げをする代金ということである。他にも纏頭《てんとう》、花代、庭銭《にわせん》、集礼《しゅらい》、雇銭、勤銀《つとめぎん》、線香代、玉代等の名称があった。普通は遊女との遊び料だけを指すが、太夫など上級の遊女になると揚代のほか酒肴料（台の物）、引手茶屋の払い、祝儀などが含まれる場合もあった。遊女の揚代に一両とあっても実際に客が払うには五両は必要とされたから、そうとう経費のかかる遊びであった。

『廓の生活』（中野栄三著　雄山閣出版　一九八一年）によると元禄の頃の京都島原、大坂新町、江戸吉原の揚代は次のようであった。銀一匁《もんめ》は現価の二〇〇〇円ほど。島原の太夫の揚代七六匁は一五万二〇〇〇円。揚屋の取り分二三匁は四万六〇〇〇円という感覚であろう。

（島原）				
太夫	七六匁	引舟一人付揚代	うち揚屋の取	二三匁
天神	三〇匁		〃	一〇匁
かこい	一八匁		〃	八匁
（新町）				
太夫	六三匁	引舟共の揚代	うち揚屋の取	二三匁
天神	三〇匁		〃	一〇匁
かこい	一七匁		〃	八匁
（吉原）				
太夫	七四匁	元禄に価上の揚代		
格子	五二匁			

端　　切り五匁、三匁その他

一方、丸山遊廓の揚代には日本人向けの一般的な揚代の他に、唐人行《とうじんゆき》、出島行という、合わせて三種類の揚代があった。宝暦（一七五一～六四年）の頃から幕末に至るまで物価変動にかかわらず、揚代は次のようだった。

（丸山）[6]
太夫屋　一五匁（約三万円）　揚屋送込
見世　金一分（約二万円）
並　金三朱（約一万五〇〇〇円）

（丸山）唐人行
太夫　六匁（約一万二〇〇〇円）
見世　三匁八分（約七六〇〇円）

（出島行）
太夫　一五匁（約三万円）
見世　七匁五分（約一万五〇〇〇円）

揚代には遊女との遊び料のほかに酒肴、場所代、取り巻きへの祝儀などサービス料を含む場合と、そうではない場合があった。吉原や島原、新町などの揚代には揚屋利用料、遣り手への祝儀、駕籠かきへの酒手などさまざまなチップまで含まれるために高額である。中野栄三『遊女の知恵』（雄山閣　二〇〇三年）では、「惣花《そうばな》」という大盤振る舞いでは、遊女屋の女房、遣り手、料理番、廻し番の男衆などには金一分（約二万円）、小女や飯炊き、お針の女には金一朱（五〇〇〇円）程度の花が振る舞われることがあったとしている。しかも遊女へのプレゼントなどは別途のため、よほどの金持ちでない限り頻繁に通って馴染みになることはむずかしかった。また通になればなるほど無駄な出費は抑えるため、馴染みになりそうな初会の客こそが大盤振る舞いしてくれる上客であった。

一方、丸山遊廓の揚代は飲食や宿泊も込みで設定されていた。唐人・オランダ人の揚代が異常に低いのは幕府の政策的なものもあったが、飲食も場所代も含まれていないからでもある。長崎に滞在する唐人・オランダ人たちは目に見えない費用の負担に納得せず、既定の料金のみを支払った。その代わり、遊女には桁違いのプレゼントを贈る場合が多く、銀一貫目（約二〇〇万円）を超えることもあった。そのためここでの揚代とは、遊女屋が手にする基本料金にすぎず、遊女の収入は別途あった。

遊女の心得

遊廓は町の周囲を石垣や塀で囲み、堀などをめぐらせた城郭のような形状と閉鎖された空間をイメージさせる名称である。この響きは、遊女町がたどった歴史から独特のものとなり、遊廓に入ることはそのしきたりに従うこととされ、しきたりに従って上手に振る舞うことを「粋《いき》」、流れに逆らう者を「野暮《やぼ》」といった。

また、客との疑似恋愛を通して、より多くの収入を得るための遊女の手段を「手練手管《てれんてくだ》」といった。馴染み客にまめに手紙を送るといった基本的な手段のほかにも、房術《ぼうじゅつ》や会話、贈物、刺青、指切りなどさまざまな方法が考案された。気持ちよく散財してもらうためには嘘も方便《ほうべん》もあたりまえ。持ち上げていい気にさせ、次回を期待させる手練手管こそが遊女稼業の秘訣《ひけつ》であった。もっとも客も素直にだまされていたわけでなく、遊女の上を行く手練手管で遊女を翻弄する者もあったから、遊女屋とはまさにだましだまされの油断のならない空間であった。

『廓の生活』に収録されている吉原の「遊女屋の掟書」なるものは、著者の中野栄三氏もいうとおり、裏事情に通じた者が掟書に似せて創作したものである。とは言え遊女屋の一面を知ることのできる興味深い史料なので紹介させて頂こう。

一　遊女は偽りの心を専らとして、まことの心をもってはいけない。

一　身代金を渡した上は年季明けまで一銭も渡さない。精を出して稼ぎ、主人に儲けさせるという心構えが大事である。

一　衣類・夜具・道具などは客にねだって揃えてもらうもの。同輩に負けないように稼ぎ、借金はしないこと。

一　お仕着せの着物は安物なので、それしか着るもののないことを恥じるべし。自力で稼いでいい衣類を調えて着ること。

一　太夫が使う座敷は板敷の簡素な状態で渡すので、自力で造作や建具を整えて華美に拵《こしら》えること。ただし部屋代は滞りなく納めること。

一　客は大切にもてなし恋心を湧き立たせるようにすること。馴染みになって年中紋日《もんび》（営業促進日）の入用のように物をねだること。中身のない気持ちを客に悟られず、番頭と示し合わせて客を逃さぬよう搾り取っても人情にほだされたり義理堅くしたりしてはいけない。ただしウソ泣きは上手にすること。

一　美男・大通《だいつう》（遊び上手）・心意気の面白い客であっても惚れることは厳禁。

一　醜男《ぶおとこ》・髭むちゃ・瘡《かさ》かきの客であっても金持ちならば惚れた体《てい》を装い、けして口臭に眉をひそめてはいけない。

一　遊女に誠がないことを百も承知の大通にはそれ以上に誠がない。面白がって遊女をいたぶる客の中には後々心中など落とし穴にはまる者がある。このような客には早く見切りをつけるべし。また上客であっても勘当されて金が続かない者には早く愛想をつかし、宿なしになっても同情しないこと。

一　朝夕の食事は粗末なのであまり食べず、客の膳のものをたくさん食べること。どんどん酒をすすめて客が帰られないほど酔わせれば、長逗留になって店も儲かる。しかし、客が帰った後の残り酒は店のものなので飲んではいけない。

一　遊女には誠がないというが、自分に付いた遊女の誠だけは真実と思い込むような客は、遊女にとっての良い食い物。出来るだけ搾り取ること。

一　遊女は病気であっても無理して勤めに出ること。病気への配慮や栄養が足りないなどの不満は言ってはならない。万一不治の病になったら年季中であっても証文をもたせて廓外へ引き取ってもらうこと。

一　年季明けまで頑張って働いた遊女が残りの借金を返済するのは結構なことだが、少しでも内証に貸していた金があれば容赦なく請求すること。

右のような不人情なことをいうのは我等にとっても本意ではないが、人情をわきまえていてはこの商売は成り立たない。売られてくる遊女たちは親兄弟の病気、人参《にんじん》（薬用の朝鮮人参）代、年貢の未進などで行き詰まった貧乏を何とかしようとする場所柄、右の条を守って不人情に過ごしても、身代をつぶす放蕩息子は絶えることなく、訳知りの白髪頭の親父でさえも鼻の下を伸ばしのろけるようになる。天下のため、親方のため、世の若者のため、遊女自身のため、嘘をつきとおすことが何より大事と心得て、このことをおろそかにしてはならない。

月　日

吉原仲間
行　事[7]

以上のように、「掟書」は吉原での遊女の賢い生き方をまとめ、この通りに生きることができれば年季を全うし、無事廓から出られると諭している。吉原で「忘八」と呼ばれた楼主は稼ぎ高トップの遊女を「お職」と祭り上げることで遊女同士に競争させ、客を取れない遊女を追い込んだ。また遣り手も、気に入らない遊女をいじめるという人権意識の欠如した経営が典型だった。上記の「掟」はこの苛烈な社会を生きぬくための遊女の切実な知恵だったのである。

遊女への吸着

遊女の世界は一般社会よりもさらに格差を付けられた厳しい階級社会であった。またその格差を前提として、日夜、遊女間で激しい競争が繰り広げられる気の抜けない社会だった。基本的に遊女稼業は肉体労働であり、体力の充実した若い女性が十分な栄養と適度な休養をとって、ようやく勤まるという過酷なものであったが、年に数日の休みを除き、ほとんど年中無休で働かなければならなかった。健康のために休みたければ、自分で自分を買い切る「身上がり」をするしかなかった。また、遊女屋の食事は昼夕の二食で、副食のつかないお茶漬けのような低栄養価のものしか与えられず、病に倒れるのも当然であった。このような厳しい条件下に遊女を置くことこそ、遊女から最大限の労働を引き出す経営者の魂胆であった。遊女屋経営者を中心とする遊廓関連の業者は、遊女たちから利益を搾取するためにあらゆる点で工夫していた。

遊女が可能な限り効率よく、そして消耗少なく稼ぎ、わずかながらでも貯《たくわ》えができるようにという自己防衛から工夫されたのが、客からのプレゼントを貰うための前述の「手練手管」であった。遊女が手練手管を弄《ろう》して客からの出費を促すことは、遊女屋の経営者にとってもただちに利益につながることだったので、店でも大いに奨励された。逆に、客が付かずお茶を挽いているような遊女は経営者やスタッフから辛《つら》くあたられ肩身の狭い思いをした。そのような遊女は遣り手から厳しい言葉を浴びせられ、是が非でも客を取らなければならなくさせられた。

翻弄される遊女

遊廓社会を代表する吉原では、太夫は自然に生まれるものではなく、育てるものとされていた。器量がいいだけでは十分ではなく、教養があり客に好まれる遊女は、一朝一夕《いっちょういっせき》に出来上がるものではなく、何年もかけて育て上げなければならないもの。俗に「女衒」と呼ばれる遊女勧誘業者は「女見《じょけん》」とも呼ばれた。そのまたの名を「玉出し屋」というように、少女の素質を見いだして遊女屋に周旋する稼業である。多くの経験から得た直感はまず外れることがなかったという。

玉出し屋は、素質のある少女の親に高値を支払い、その何倍もの値で遊女屋に売った。年季奉公という形の上では契約だが、事実上の人身売買であった。遊女屋は高値で買った少女に「仕込み」と称する特別なエリート教育を施した。やがて、一流の遊女に育った娘は一般の遊女とは違ったルートで売り出し、特上の客をもつ太夫に仕上げる。単価の高い客からの稼ぎは、仕込みに費やした費用の何倍もの利益を生みだして遊女屋を潤す。このような「優秀な」太夫を途切れることなく供給することが、遊女屋繁昌の絶対条件であった。[8]

太夫以外の一般遊女は稼ぎによって待遇が変わるので、熾烈《しれつ》な競争を繰り広げなければならなかった。成績のいい遊女は個室を与えられ、禿に身の回りのことをやってもらい上客のみを相手にしていればいいが、下層の遊女たちは時間を切り売りし、深夜まで複数の客を捌《さば》いた挙句、昼の客も取らなければならなかった。客のつかない遊女はさらに悲惨で、劣悪な環境のもと最低限の衣食住しか与えられず、精神的にも追いつめられた。病気などで働けなくなると放置され、死ねば投げ込み寺の穴の中に文字通り投げ込まれて人生を終えた。こうした無数の例が遊女たちに恐怖心を植えつけ、遊女屋経営者の意の通りに勤めざるを得なくなるのだった。

遊女屋では、遊女から可能な限りの利益を搾り取るために、返済すべき身代金以外にも借金をつくらせ、稼いでも稼いでも追いつかなくなるような巧妙な「システム」がつくられていた。遊女は茶碗や箸《はし》などの日用品のほかにも、着物、装飾品、化粧道具、寝具などにいたるまで、すべて自前で揃えなければならなかった。着の身着のままで遊女屋に来た娘は、それらを借金して買うか、その後の稼ぎからその代金を引かれざるを得なかった。初めから借金がつくられる、まさに阿漕《あこぎ》なシステムになっていたのだ。

稼ぎのある遊女には華やかな着物や装飾品を相場より高く買わせ、さらに成績の良い遊女には個室を与えた上でその部屋代も取る。先の「掟書」にもあったように、太夫は座敷を貰えるが、その装飾の模様替えも備品もすべて自前で行わせ、その上で部屋代も取るのである。加えて妹分に付けられた禿の衣装代から小遣いまで、すべての費用も遊女持ちとして、なかなか貯金ができないように仕組まれていた。出入りの呉服屋や小間物屋から経営者が取るマージンも元々は遊女の負担であった。遊廓を苦界《くがい》と呼ぶのは、このように遊女をがんじがらめにして、乾いた雑巾を絞るように搾取するシステムゆえのことだった。そしてこの「搾取システム」が、変わることなく明治初めまで続いたのであった。

第二章　丸山遊廓とはどんな場所か

川原慶賀「青楼」

遊廓都市長崎

対外貿易港として長崎は、唐人、オランダ人を町の一角に囲い込んでいた。すべてが人力で行われる荷役作業や商品の分類、点検、入札などに多くの人手を必要とするだけでなく、清算が終わったあとにも仕入れた商品を船積みするまでには長い時間がかかった。また、帆船は季節風を利用するために航海に適した時期を待たなければならなかった。そのため唐人とオランダ人は長崎に長期滞在することになった。

唐船もオランダ船もそのほとんどの貿易品はアジアの物産であった。日本からの商品は少なく、銀や銅などの稀少鉱物や樟脳《しょうのう》などの原材料しかなかったため、片務的な貿易になりがちだった。そのため、貿易量や来航船数の調整で貿易制限をかけるようになり、それが滞在する外国人の増減につながった。

唐船・オランダ船の乗組員の数はどちらも五〇人から一〇〇人程度であった。唐船は最大二〇〇隻から江戸後期の一〇隻まで、オランダ船は寛文元（一六六一）年の一一隻から、同じく江戸後期の一隻までと増減があり、その増減が長崎の景気に直結していた。長崎の住民が貿易から得る利益には、「箇所銀《かしょぎん》」、「竈銀《かまどぎん》」という貿易の利益配分銀、荷役作業から得る賃金、唐人・オランダ人の身の回りの世話に雇用される賃金、唐人屋敷・出島に食糧、日用品を販売した利益、貿易関連の役人としてもらう受用銀、町ごとに請け負う宿町《やどまち》・付町《つきまち》での荷役や仕分けなどに対する報酬の分配金などがあり、いずれも貿易量に比例するものだった。

だがすべての長崎住民に貿易利益を分配するとなると、手取りはほんのわずかにしかならなくなる。長崎自体には売ることのできる商品がないからだ。そこで考案されたのが、地元出身の遊女を外国人に売ることであった。長崎には資源も特産品もなかったが、開放的な気質の若い娘たちがいた。かくして長崎存続のために若い娘たちを外国人に売り、その利益を住民に回して、長崎というまちを維持するという策がとられた。まちの安定は奉行所（幕府）の望むところであり、長崎の遊女に夢中になった外国人は制御しやすいという利点もあった。このようにして、長崎は「遊廓都市」となった。まさしく丸山遊廓は、都市長崎の中心であった。

丸山遊廓の起源

長崎湾の中央に伸びた岬の先端に、要塞化したポルトガル商館と教会がつくられ、そこから長崎のまちは始まった。岬のある高台の台地が教会や支配階層の住宅、その周辺の高台から斜面をくだった海沿いの低湿地の新興の町は新参の商人や職人たちの住まいという、狭い空間の中でも住み分けが行われた。その過程で遊女屋が博多町に出現し、都市長崎が開かれるのと時を同じくして遊女屋も見られるようになっていった。

当時の町名は開いた人々の出身地や人物に即して付けられた。最初の六ヵ町に続いて、このできたての長崎に二つの「博多町」ができた。長崎の創生に博多の人々の果たした役割が大きかったからである。古い方の博多町を本《もと》博多町、新しい方を今《いま》博多町と呼んで区別した。本博多町は岬の中心部にあって、戦乱から避難してきた有力な博多商人が集まっていた。当初は長崎奉行所もおかれていた。

一方、今博多町は狭い本博多町に入りきれない諸芸や芸妓に関わる人々が住んだ。低湿地を埋め立てたため居住環境は悪かったが遊女屋の出現によってたちまち繁華の地へと変わった。新興都市である長崎は男性人口が多かったので、今博多町には女性を求めて多くの人々が集まった。周辺の町には揚屋がつくられるようになり、遊興の空間が広がった。これが丸山遊廓起源の一つとなった。ポルトガル人も、ここで遊んだといわれている。[9]

「寛延三年丸山町寄合町両町覚書」（一七五〇）では、遊廓の起源を慶長一一（一六〇六）年とし、「丸山町の儀は今の古町《ふるまち》を博多町と申し、此の所に居り申し候。寄合町の儀は新紙《しんかみ》屋町《やまち》、新高麗町《しんこうらいまち》、大井手町《おおいでまち》、新石灰町《しんしっくいまち》、この四町へ居り申し候」としている。一方、「文政三年丸山由緒書」（一八二〇）では起源をその一年後の慶長一二年とし「丸山町の儀は慶長十二年御奉行長谷川佐兵衛様御代、今の古町を博多町と申し住居仕まつり、宿屋致し、遊女召抱え居り申し候」、「寄合町の儀は新紙屋町、新高麗町、大井手町、今石灰《いましっくい》町《まち》、此四町へ宿屋いたし留女少々抱え置き渡世仕まつり居り候」としている。古い記録は大火で焼失し確かめようはないのだが、長崎の発展・拡張期に今博多町あたりで博多の傾城屋が商売を始めたのが始まりだったことは間違いない。

『寛永長崎港図』（長崎歴史文化博物館収蔵）には、今博多町の隣に寄合町があり、その隣に桶屋《おけや》町があり、この三町が当時の傾城町を成していたことがわかる。その一方で、丸山町あたりに「太夫町」という地名がみえる。その後の地図では先の寄合町は「古町」と名前を変え、太夫町があったあたりに新たに丸山町と並んで寄合町と記されている。そのまま先の寄合町がここに移ったのか、あるいは名前の通り、いろんな町から人々を寄せ集めて、新たにこの「寄り合いの町」が造られたのかは不明である。古賀十二郎は、市中に散在していた傾城町がまず今博多町と太夫町に集められ、その後の都市整備の段階で太夫町に集中されたという説を提起している。

市中に散在していた傾城屋を中心部から離れた場所に集中して移転させたのは長崎に限られたことではなく、むしろ集娼は当時の全国的な流れだった。売春行為が悪なのではなく、公許のないことが問題とされた。集娼によって遊廓外の隠売行為と区別し、治安維持と風儀取り締まり、冥加金の収取の利便性などが期待された。

長崎に根を張る遊女屋

遊女屋の主人は轡《くつわ》と呼ばれた。この仕事を最初に始めた者の前職が太閤《たいこう》の馬の轡をとる小者であったとか、遊女を馬に譬え、その主人なので轡だとか言われるが、いずれにしても蔑称である。轡自身、世間から蔑まれているという意識は常にあり、学問や俳諧を極めてその世界で評価を得たり、忠実な町役人としてお上の威光を頼ったりと、人一倍、世間の目を気にしていた。しかし、結局は同業者同士でしか婚姻関係を結べないなど、一般社会から疎外された存在であることに変わりはなかった。

全住民がキリシタンであった寛永（一六二四〜四四年）のころの長崎では、非キリシタンは寺の僧侶と遊女屋だけだった。キリシタンに対抗し、長崎での布教への使命感に駆られた精力的な僧侶が続々と長崎のまちに入ると、キリシタン住民と衝突した。キリシタンが投石機を用いて石つぶてを僧侶たちに浴びせ、僧侶たちもまた自衛のために頑丈な大笠をかぶり弓や長刀を持ち歩くという緊迫した空気が市中には満ち溢れていた。

そのような長崎の地に、遊女屋は博多など各地から遊女を連れてやってきた。「寄合町由緒書」には、遊女屋に一人もキリシタンはおらず、取り締まりに苦心していた長崎奉行から協力を求められ、喜んで奉仕したとある。遊女屋のリーダー格であった伊勢屋伝之丞と坂巻太兵衛は長崎奉行長谷川佐兵衛、長谷川権六の代に奉行所への出入りを許され、さらに禁教令により信者が処刑されるようになると、刑場までの警護を命じられるようになった。その際は刀と脇差を帯びる名誉が許された。そしてキリシタンの処刑にあたっては、遊女屋抱えの大工が磔木《たくぼく》や首台の設置を命じられ、これが江戸時代末まで、遊女町の役として残された。

全住民が元キリシタンの長崎で、このように反キリシタンの片棒を担ぐ「よそ者」が白眼視されたのは当然だろう。遊女屋蔑視の原因の一端は、少なくとも長崎においてはここに求められると思われる。

もう一つ、遊女町に課せられた役が祭礼への参加であった。現在、長崎くんちとして知られる祭りは、当初、役人と神官が遊女屋の助けを得て、元キリシタンの反撥と反感を無視して半ば強行したことから始まった。市中を練り歩く神幸《しんこう》行列のルートにそれ以前のキリシタン時代には聖体行進が行われていたルートをそのまま用いるなど、ここでもキリシタン否定という政治的意図は露骨だった。そしてキリシタンの住民にこの祭りを意識させるのに大きな役割を果たしたのが遊女の舞と市中を練り歩く神幸行列だった。祭りに詳しい遊女屋たちは博多の祭りを参考に、長崎で全く新たな祭りを始めることに協力した。特に遊女の舞は、以後、毎年奉納踊りの露払いに位置づけられることになった。

このように奉行の歓心を買うことで商売の保護や自分たちの権利の確保に努めた結果、市中各所にあった遊女屋は一ヵ所に集められ、幕府公認の遊廓となることができたのであった。

丸山遊廓の位置

丸山遊廓は、都市長崎に隣接する長崎村小島《こしま》郷の野地を開いて造成された。長崎村はもともとは長崎奉行支配地ではなく、長崎代官の管轄下であったが、丸山町・寄合町として新たに市中に組み込まれて以来、長崎奉行支配となった。丸山遊廓は、互いに隣接する丸山町と寄合町という二つの町を合わせた場所を指し、当初は「遊女町」、「丸山」あるいは単に「山」と呼ばれていたが、後に「遊廓」と呼ばれるようになった。

そこにはもともと野地に三軒の遊女屋があり、火事で焼失したその跡地に各町の傾城屋が移り、丸山町寄合町がつくられたと両町の由緒書では記されている。東西を切り崩した崖、また南北は塀によってそれぞれ囲まれた「廓」である。集娼の時期、店の種類や規模、格式などで二つの町に住み分けたものと思われるが、両町は一つの塀で囲まれ出入口も共通していた。今日では合わせて丸山遊廓というが、長崎の町人たちは単に「山」という名で両町を呼んでいた。遊廓門前は丸山の入口という意味で「山の口」という愛称で呼ばれた。

丸山の地に集められてから遊廓は、少なくとも外見上、閉鎖的な空間になった。もっとも塀に囲まれてはいたが堀はなく、造成するときに斜面を切り崩し、できるだけ平坦に均《なら》したため、崖に囲まれた窪地となり、三方から俯瞰される廓という珍しい特徴が生まれた。丸山遊廓の場合、「廓」の意義は遊女の逃亡を防ぐというよりも、外からの侵入者を防ぐ目的のほうが強く、また何よりその範囲を明確に示すことにあった。廓外で色を売る行為は隠売として罰せられた。

丸山町の敷地は、約四五〇〇坪。寄合町は約五一〇〇坪。合わせて一万坪足らずの空間に、最盛期、遊女一五〇〇人を擁していた。主な遊廓の面積、新吉原遊廓二万七六七坪、島原遊廓一万二八五二坪と比較すると多少狭い印象を受けるが、全体が斜面地とは言え、長崎という狭小な都市空間でここまでの広さを確保していることにむしろ注目したい。

市街地から丸山遊廓への連絡路沿いに通行人のための小店が開かれたことをはじまりとして、近隣の西浜町《にしはまのまち》、東浜町、銅座《どうざ》跡、本石灰町《もとしっくいまち》、船大工町《ふなだいくまち》を発展させることになった。遊廓などの花街は風儀を乱すとして市街地から遠ざけられるのが普通だが、結果的にその集客力によって市街地を拡大させることになるのは長崎に限らない全国的な現象であった。[10]

丸山遊廓の構成

丸山遊廓は、丸山町は東西の通り沿いに、一方寄合町は南北の通り沿いに町が開かれ、その二つがほぼ直角に交わるL字形をなして一つの廓を構成していた。出入口には船大工町と接する「二重門」と寄合町から小島郷に抜ける「あかずの門」の二つがあり、いずれも夜間は閉じられた（一四頁図参照）。

丸山町の出入口は単体では大門《おおもん》というが、船大工町の門と二つ一組として「二重門」ともよばれた。瓦葺きの低く狭い門だった。雨の出入りの時は傘をすぼめて歩かなければならず、諏訪《すわ》神社の神事「くんち」では、丸山・寄合両町の町印である「傘鉾《かさぼこ》」は、他の町のものより小ぶりで背が低かったが、それは二重門の通行を第一に考えたからだった。[11]

「あかずの門」は、寄合町の南端の山頭にあった。門外には人家がほとんどなく、段々畑が連なっていた。門が開かれる時がなかったので「あかずの門」といわれたが、出入りは横の小門を使ってできた。二重門、あかずの門の他にも、丸山町北端に森崎《もりさき》坂あるいは

丸山町の「傘鉾」

山崎屋《やまさきや》坂という、外部に抜ける道があった。

三方を管轄を異にする代官所支配の小島郷によって囲まれていたので、遊女屋の増築は管轄違いで不可能だった。そこで小島郷にはみ出す部分には「茶屋」と呼ばれる、主人の別荘の体をとった店をつくり、丸山遊廓で遊ぶことのできない奉行所の侍や唐人・オランダ人の接待を行った。もちろん、公に遊女を揚げることは禁止されていたが、各茶屋には裏門があり、本家の遊女屋と自由に行き来することができた。民謡「長崎ぶらぶら節」の歌詞に「梅園《うめぞの》裏門くぐって丸山ぶらぶら」とあるのは、人目をはばかる武士や役人が裏門から廓内に入ってくるさまを歌ったものである。

廓内は自治的にではなく、奉行所配下の町役人が治めていた。もっとも治安の維持、風儀の取り締まりのほかは寛容で、客や見物人の出入りはもちろん、遊女が廓外に外出することも日常的だった。門や塀は遊女という籠の鳥を逃がさないためではなく、特別な風儀が許される遊廓という範囲をしめすことにその役目はあった。

丸山町鎮守の稲荷社《いなりしゃ》は、丸山町と向かい合う片平町《かたひらまち》というところにあった。両町が開かれる以前からあったものだが、荒廃していたのを元禄期（一六八八〜一七〇四年）に乙名であった副島九郎左衛門が再興し、真言宗《しんごんしゅう》の僧、納受院が住んだので「神松窟《しんしょうくつ》納受院」と呼ばれた。丸山古地図には納受院と記載されている。現在では梅園天満宮に合祀されている。寄合町の鎮守稲荷社は、町内の清水四郎左衛門が祀っていたものを寄合町南端の地に勧請《かんじょう》したものである。天台宗《てんだいしゅう》の修験者玉泉院栄建が住んだので「陽雲堂《よううんどう》玉泉院」と称された。現在は玉泉神社《たまいずみじんじゃ》となっている。

丸山町にある「梅園天満宮」の社地は、かつては丸山町に隣接する小島郷に属していた。丸山町の乙名、安田次右衛門は自宅に祀った天満宮を熱心に拝んでいたが、その加護により一命を救われるという僥倖《ぎょうこう》を得た。次右衛門はこのことに深く感激し、私財を投じて、現在の場所に新しい祠《ほこら》を建立して自ら神官となった。今でも「身代わり天満宮」として、町内外の人々に愛されている。[12] このほかに丸山遊廓周辺には、真言宗大徳寺《だいとくじ》、琢《たく》生院《しょういん》楠《くすのき》稲荷、金剛院如意輪寺《こんごういんにょいりんじ》などがあった。

市中から二重門まで行くには、思案橋《しあんばし》と思切橋《おもいきりばし》という二つの橋を渡らなければならなかった。思案橋は現代の長崎では橋名ではなく繁華街の地名である。路面電車の電停や通りの名としては使われているが肝心の橋はない。小島川、銅座川と呼ばれる小川はいまでは暗渠《あんきょ》となっており、道路や商店がその上にある。しかしかつては市中から丸山に行くには、この思案橋を渡らなければならなかった。「思案橋を渡る」ということは、丸山遊廓へ行くということと同義であった。

思案橋

思案橋という地名は、長崎に限らず各所に残っている。いずれも遊所への入口にあり、「行こうか戻ろうか」と思案した橋という。もっとも長崎の場合、長崎の人、島谷市左衛門が、幕命により造ったシャム船を解体した材を用いたので、当初は「シャム橋」と名づけられていたものが転訛して「思案橋」となったという説も伝えられている。遊廓に行くことは、思案するほどの決心が必要なことだったのだろう。思案橋を過ぎ、思切橋を渡れば山の口、すなわち「思い切って」山に入るとそこには二重門があった。

遊女屋の変遷

『延宝版長崎土産《えんぽうばんながさきみやげ》』に、延宝七（一六七九）年の丸山遊廓全遊女屋と全遊女の店名および氏名が記載されている。太夫はいわば店の看板で、揚代も高く遊女屋内での待遇もよい。他の都市の遊廓では太夫の下に天神《てんじん》（揚代が二五匁、二五日が天神様の祭日であることから）、その下に囲《かこい》（鹿恋。鹿はシシ、揚代が一六匁であることから）、一番下が端《はし》（並ともいう）という「位」があったが長崎には天神はなかった。太夫から端までの入れ替えは成績次第。また二五歳までという年齢の基準を超えた「厄介《やっかい》」という年増の遊女も存在した。

『延宝版長崎土産』には、総数七五一人の遊女の内、太夫一二九人の名前が記されている。遊女屋の数は丸山町三〇軒、寄合町四四軒。遊女数と太夫の内訳は、丸山町遊女三一五人、太夫六九人、寄合町遊女四三六人、太夫六〇人。丸山町の遊女屋は一軒あたり約一二人の遊女を抱え、その内、太夫は二人から三人。寄合町は遊女約一〇人に太夫が一人の規模が平均であった。丸山町は比較的大店が多く、寄合町では小店が多かった。また寄合町では南の坂道を上るほど小さい店が増える特徴があった。

延宝期（一六七三〜八一年）には両町合計七四軒の遊女屋があり、全員が箇所持（六三頁参照）と考えられる。大店から小店まで規模が異なり、その後、遊女屋の数は増減を繰り返している。渡辺庫輔氏の「丸山花街史」（『観光と文化長崎』所収）によれば、元禄一五（一七〇二）年には丸山町六軒、寄合町八軒の一四軒の遊女屋と七軒の揚屋。明和八（一七七一）年丸山町七軒、寄合町一〇軒の遊女屋があった。天明五（一七八五）年には丸山町八軒、寄合町一六軒。弘化三（一八四六）年丸山町四軒、寄合町一一軒。嘉永二（一八四九）年丸山町六軒、寄合町一四軒。安政六（一八五九）年は丸山町七軒、寄合町一六軒。飛んで、明治三五（一九〇二）年丸山町一一軒、寄合町二八軒。これは貸座敷であった。

丸山遊廓の高級店は太夫店である。太夫が在籍するということは店の設《しつら》えが高級で揚代も高いということに通じる。渡辺庫輔氏によれば太夫店のことを別名「おもや」と呼んだ。母屋あるいは主屋などの字をあて、家系上の用語ではなくいずれも遊廓を代表する店という意味であった。その中で特に本宅の字をあてられるのは、丸山遊廓を代表する店という意味があるのだろう。

嘉永二（一八四九）年本宅といわれた店は大黒屋種次郎、引田屋《ひけたや》健三。安政六（一八五九）年は筑後屋忠左衛門、引田屋繁左衛門、大黒屋友太郎であった。筑後屋という屋号は角《かど》・中《なか》・新《しん》の三家があり、同様に同じ門名の屋号をもつ同族経営の遊女屋も多かった。大黒屋、筑後屋とも西田《にしだ》姓をもち寄合町は別名西田町と呼ばれたと渡辺氏は言う。ほとんど同族と姻戚関係で結ばれた経営者が相互扶助しながら遊女屋を営み、後述のような、不景気や奉行所からの難題、遊女の実家の無茶苦茶な要求などを乗り越えていったのであった。

丸山遊廓の規模

丸山遊廓の中核は丸山通りと寄合町の下通り。丸山遊廓として絵画や絵葉書に登場するのはこの二つの通りがほとんどで、坂を上って行くほどに揚代が安く大衆的な店に変わっていった。井原西鶴が描く丸山遊女像は丸山通り寄合下通りの太夫の姿であり、また後年の物語に登場する遊女たちもこのあたりの店の遊女であった。

「享和二年長崎市中明細帳[13]」によれば、丸山町は箇所数四九、箇所銀（後述）六貫五六六匁、人口四九三人（男一五五人、女三三八人）。寄合町は箇所数五二、箇所銀六貫九六八匁、人口八三三人（男一五〇人、女六八三人）であった。『長崎実録大成《ながさきじつろくたいせい》[14]』には両町について次のように記されている。

丸山町　四拾九箇所

右は小島村の内丸山という野地に、遊女屋三軒これ有るところ、或る時三軒共に同時に焼失す。よって寛永十九年同村の地を開き、市中にこれ有る遊女屋を此所に引移し丸山町と唱えしむ。坪数四千五百三十八坪。地子銀一貫六十一匁七分二厘年々上納す。

	丸山町			寄合町			両町合計		
年号(西暦)	遊女屋(＋揚屋)	遊女	禿	遊女屋(＋揚屋)	遊女	禿	遊女屋	遊女	禿
天和元年(1681)	30	335	—	44	431	—	74	766	—
元禄5年(1692)	—	577	—	—	866	—	—	1443	—
宝暦年中(1751−)	12	136	60	17	392	179	29	〔528〕	239
寛政年中(1789−)	5	97	38	13	319	117	18	416	〔155〕
天保13年(1842)	5(＋10)	132	—	15(＋1)	364	—	〔20(＋11)〕	〔496〕	—
嘉永3年(1850)	6	141	67	15	339	158	〔21〕	480	225

丸山町・寄合町の遊女屋・遊女数（松井洋子「長崎と丸山遊女」『シリーズ遊廓社会1』2013 p191より）

寄合町　五十二箇所
　右は同年同村の内野を開き、市中諸所にこれ有る遊女屋残らず此の所に引き移し、寄合町と唱えしむ。坪数五千百四坪八合一勺《しゃく》一才。地子銀一貫四百二拾九匁二分九厘年々上納す。

　この「箇所」というのは、長崎独特の「単位」である。本来は土地の広さを基準とするものであったが、実際には広さを表すというより、貿易利益銀を分配する上での「一口」の単位と見るべきである。つまり丸山町に四九箇所があるということは、四九口分の配分銀の権利があるということである。土地はなくても仮想の箇所を定めることで町役人の手当とした。そのため一箇所は土地の広さ六〇坪を規準とするが、都合によって広

旧引田屋母屋と花月本亭の間取復元図（１階の部）

〈花月本亭の部〉〈引田屋母屋の部〉作図者＝鶴田文史

参考資料

(イ) 山口雅生著『長崎丸山花月記』（正・続）

(ロ) 引田屋母屋外景写真絵葉書
（長崎県立図書館所蔵）

(ハ) 現花月間取略図（現花月所蔵）
※引田屋の部なし

(ニ) 現花月社長山頭正利氏証言

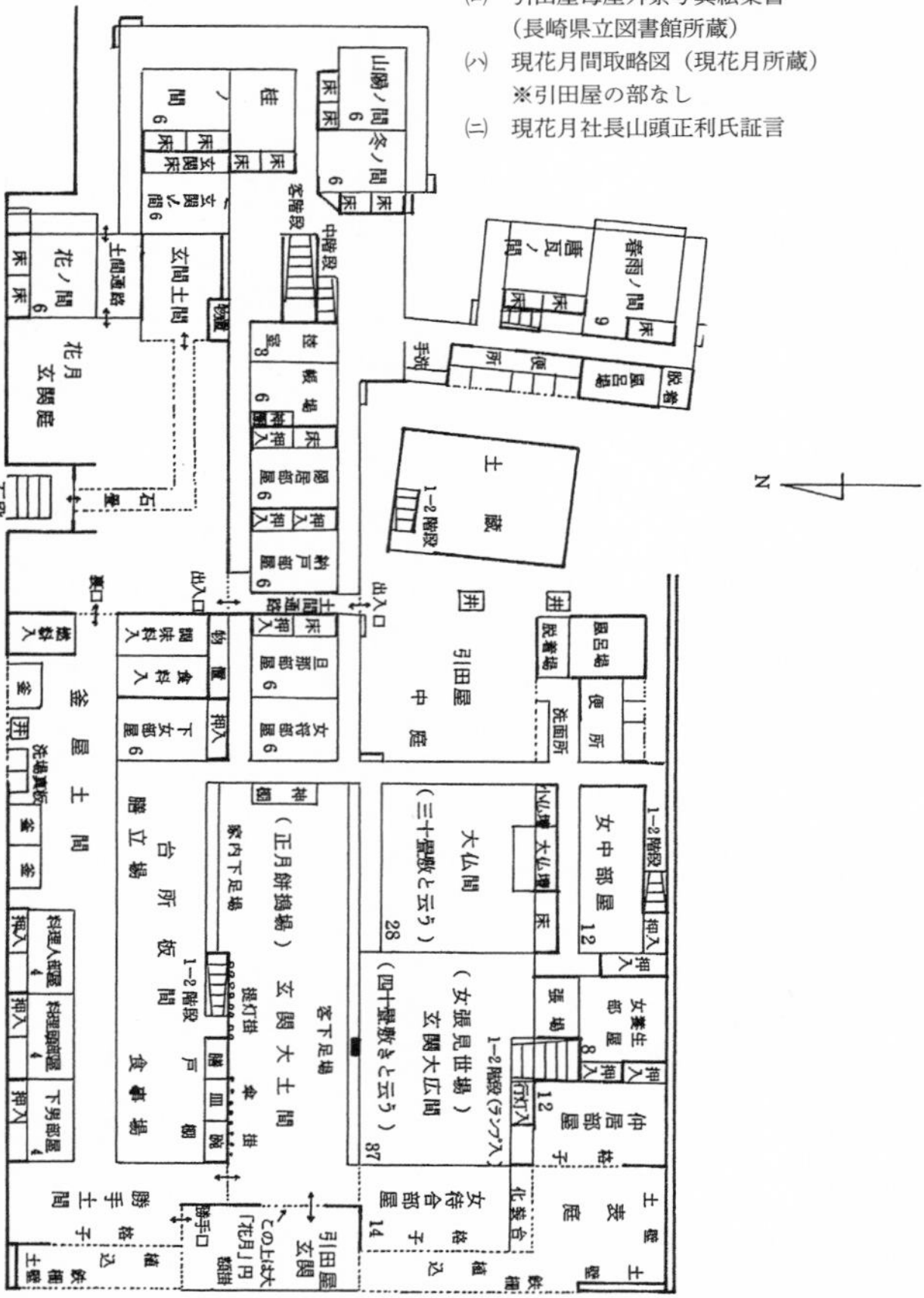

「長崎丸山“花月”の史的間取復元」『長崎談叢第七十二輯』昭和62年
より一部修正

旧引田屋母屋と花月本亭の間取復元図（２－３階の部）

〈花月本亭の部〉〈引田屋母屋の部〉作図者＝鶴田文史

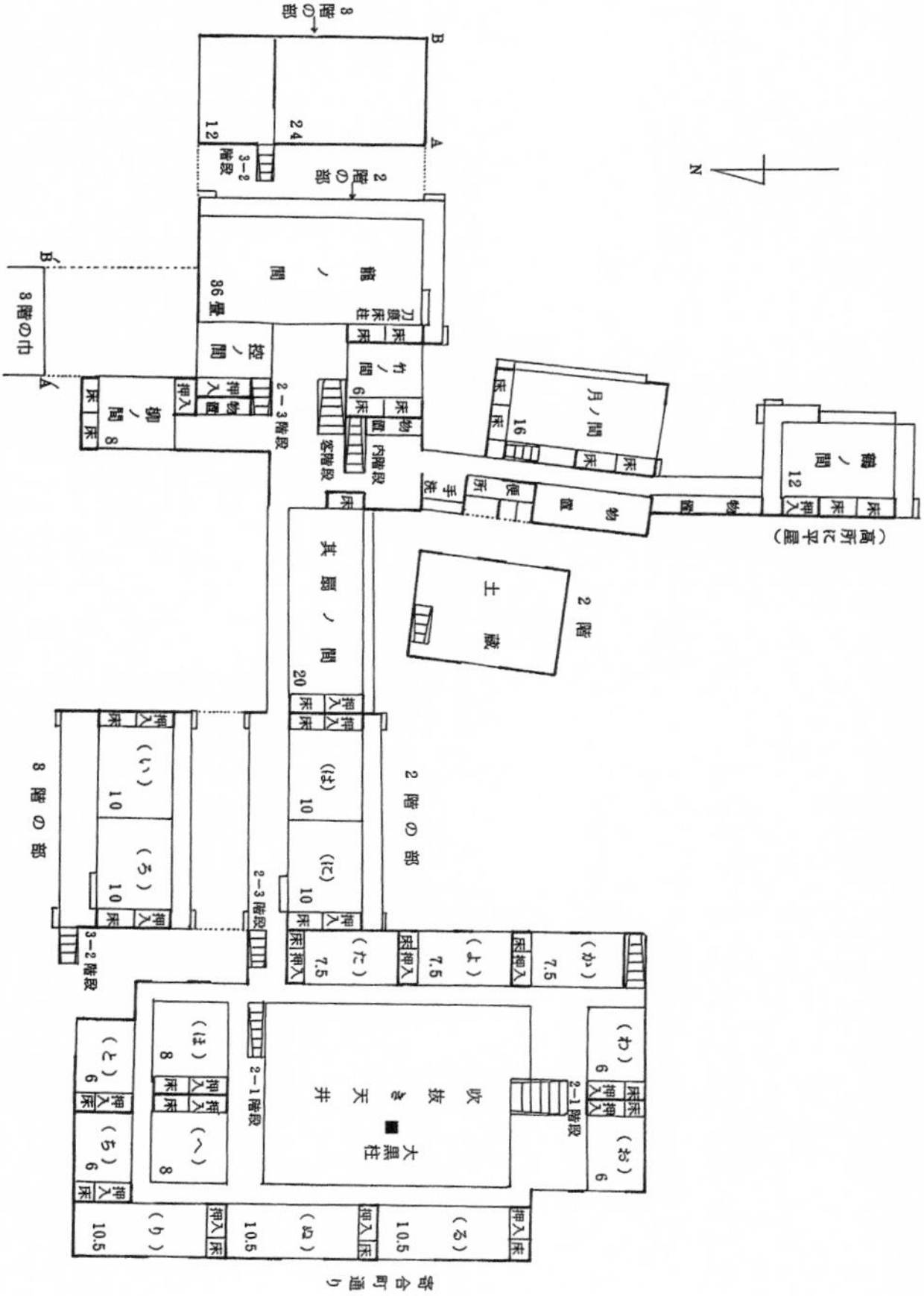

狭がある。長崎の町屋の作りは間口が四間、奥行きが一五間の六〇坪を標準とし、奥行きの短いところでも間口が四間に近ければ一箇所とすることもあった。

前頁の表は、松井洋子氏が古賀十二郎『丸山遊女と唐紅毛人《とうこうもうじん》』から抽出し補訂したもので、遊女屋及び遊女数禿数の推移を表したものである。元禄五（一六九二）年の数値が突出している。元禄以降は遊女屋二〇〜三〇軒、遊女数四〇〇〜五〇〇人で推移した。元禄期は長崎の最盛期で、都市人口は五万人を超えた。丸山遊廓の盛衰は、まさに長崎の盛衰を量る物差しであった。

遊女屋の造り

長崎の遊女屋は博多の遊女屋を手本とした。そのため店の構えや商売の仕方も博多の遊女屋と同じだった。遊女屋の内部には取次ぎの伝奏《てんそう》部屋、一般遊女の大部屋、太夫の居室などがあり、一般遊女は商売用の個室を共有し、太夫は設えが高級な居室で客を迎えた。狭い敷地を目いっぱい利用するために、ほとんどの店が総二階造り。表は格子で中をのぞけるようになっている。入口を入ると遊女たちが客待ちとして勢ぞろいする「張り店」の場所として籬《まがき》、半籬を設えた店があり、吉原の格式に準じて格の違いを表していた。幕末、三階建て建築が許されると、一斉に三階建ての店となった。特に寄合町ではもともと空間的にぎりぎりの店が多かったため高層の店が並んだ。

例えば寄合町の有名な引田屋という店では、通りと格子の間に植え込みを設け、「すねふり」と呼ばれる冷やかし客は玄関大土間まで入らなければ遊女を見ることができないようにされていた。大土間に面する玄関大広間は四十畳敷きと呼ばれた。他に一階は台所、風呂場、便所、納戸《なんど》、主人一家の住居の他、下男、下女、女中、料理人の部屋があった。二階は階段を上り吹き抜けを囲むように六畳から一〇畳半の一六室の座敷があった。遊女のランキングによって料金が違い、部屋の大きさ、酒肴の品数なども異なった。客は玄関から二階に上がると、料金によって座敷持、部屋持あるいは共用の「廻し部屋」に案内された（六四頁図参照）。

丸山遊廓の住民

遊女町は、一般の町、いわゆる「惣町《そうちょう》」には見られない独特の世界がある。その主役はいうまでもなく遊女。そのほかにも遊女の見習いである禿、遊女を束ねる遣り手、身の回りの世話をする下女、さらには料理を提供する仕出し屋、場所を提供する揚屋、湯屋、煙草屋、菓子屋など、遊女稼業を支えるさまざまな職業が町のクラスターを形成していた。「寛政九年正月寄合町元来宗旨改踏絵帳[15]」および「寛政十一年遊女禿名寄《なよせ》帳[16]」（長崎歴史文化博物館収蔵）を史料として、丸山・寄合両町の住民構成を探ってゆこう。

この史料は「踏絵帳」と呼ばれる宗門改《しゅうもんあらため》の台帳で、毎年、町乙名が作成し、正月に各人の踏絵を見届け押印したものに、旦那寺《だんなでら》の印をもらって奉行所に提出した、現代の住民基本台帳に当たるものである。奉行所から戻されると翌年に新たな踏絵帳を作るまで、その年の死失、出生、転入、転出などの住民移動を朱で加筆した。

記載されるのは、宗派、旦那寺、年齢、氏名。持ち家は特に記載はなく、借家の場合は貸主の記載がある。家単位でまとめられているため、家族関係や構成人数などを正確に把握することができる。基本台帳という性格上、職業の記載がないので、遊女屋経営者家族と遊女の区別はできない。源氏名や旦那寺から推測は可能だが、遊女と禿、遣り手は年齢で推測せざるを得ないので数年の誤差はあるものの、「寛政十一年遊女禿名寄帳」で補足することで、遊女と禿の区別、さらには太夫、店という遊女の職階も、そのおおよその把握は可能である。

寛政期寄合町の人別構成

松井洋子氏が「長崎と丸山遊女」『シリーズ遊廓社会1』（吉川弘文館　二〇一三年）で詳細に検討されているので、松井氏の論考に依拠しながら両町、特に寛政期（一七八九〜一八〇一年）の寄合町の構成を見てゆこう。

「寛政九年正月寄合町元来宗旨改踏絵帳」では、本来、「踏絵帳」の末尾に付属している集計表が失われているので、町民すべてが一人残らず記載されているという証明はできないが、記載の範囲内では正確な台帳ということができる。

「寛政九年（一七九七）の箇所持は二四軒、家内人数の合計は六〇八名におよぶ。男が五八名、女が五五〇名という不均衡は遊廓の町の特徴を示している。遊女屋一三軒はすべて箇所持で家内人数が二〇名以上である。遊女屋と兼ねることはできない町役人の乙名一名組頭四名および遊女屋でない箇所持は、いずれも家内人数一一名以下で家内に奉公人はほとんど含まない[17]」

遊廓経営者家族と遊女や禿などは、長崎特有の単位である一竈になっている。箇所持は箇所銀、借家層は竈銀という、いわゆる貿易配分銀を受け取る権利を有するが、遊女を別所帯にすると、この竈銀の配分に関わるので、箇所持である遊女屋と同じ竈という扱いになっている。ここで言う「所帯」とは、同じ家に住んでいるか別棟に居住しているかは関係のない概念上のものである。箇所銀とは家持に配分される貿易利益銀のことで、約六〇坪を一箇所として、年間二回七月と一二月合わせて銀一三〇目（約二五万円）を受け取ることができた。また、借家人が受け取る竈銀は銀三〇目（約六万円）程度であった。いずれも貿易利益の還元として配分されるもので、箇所銀は町の管理の費用や祭りの積立金などの「貫銀」という名の天引きが多く、手取りはわずかであった。

「一方家代五軒・借屋六六軒はすべて家内人数八名以下で、ほぼ三分の一が一人世帯となっている。家内人数の合計は一九五名、男九二名女一〇三名である。借屋を貸している一六名はすべて町内の箇所持である」[18]

寄合町住民の内、一九五名は遊女屋稼業ではなく一般住民だった。遊廓内でも一般住民が差別されることなく普通に暮らせていたことは、丸山遊廓の開放的な性格を表している。遊女も遊廓の出入りにチェックを受けることはなかった。

また、町内には「踏絵帳」に記載された住民以外にも、出稼ぎの奉公人や旅稼ぎが(宝暦五年は男六一名、女四七名)「旅人」として登録されている。女性は島原・天草《あまくさ》、男は周防《すおう》からの者が多数を占めていた。揚代の取り立てを行う手代や狼藉《ろうぜき》者に対応する下男も踏絵帳に記載されていないことから、こうした旅人が勤めていたと考えられる。

遊女屋の人数と空間

遊女屋の経営は今日の産業に比することがむずかしいため、全体像がつかみがたい。風俗産業であるのは確かだが、今日で言えばそれに併《あわ》せて旅館業、飲食業、レジャー産業も兼ねた職種ということになるだろう。出費は人件費や施設費、食糧費、燃料費、被服費など。収入は遊女の揚代と酒肴などを提供するサービス料など。副業でやっていた餅屋が好評で専業になった例もある。遊女屋の繁昌は来客の数次第。丸山遊廓では冬季には旅行者が減るので、唐人屋敷や出島にいかにして遊女を送り込むかが商売の成否を分けていた。

小規模な遊女屋は出費も少ないが利益も薄い。大規模な遊女屋はその逆である。丸山遊廓の遊女屋はどの程度の規模であったのか、大きな遊女屋の家の人数構成によって確かめてみよう。史料は「寛政九年正月寄合町元来宗旨改踏絵帳[19]」である。

寄合町の西田弥兵衛家、屋号は西田姓に多い筑後屋である。家長の西田弥兵衛は一七歳で未婚。父母とも健在であることから、隠居した父の跡を継いだばかりかもしれない。西田家は一〇人家族。筑後屋の抱える下女を含む遊女、禿、遣り手は合計五六人になる。

（西田家）
西田弥兵衛（一七）、同善右衛門（四九）、同女房（三七）、こと（一三）、やす（九）、いと（八）、ぬい（七）、すて（五）、とめ（四）、安三郎（三）、計一〇人

（筑後屋）下女等の使用人も含む遊女、禿、遣り手

なお（二八）、みね（六八）、その（二九）、花咲（三二）、勝山（二二）、花絵（二五）、幾千代（二七）、四季波（二四）、まん月（二三）、四季嶋（二一）、亀子（二三）、花の井（二七）、磯機（二六）、四季山（二一）、百船（二三）、幾春（二一）、勝川（二一）、菊の枝（二一）、初船（二〇）、濱荻（二一）、四季の春（一八）、島崎（一七）、花町（一九）、夕暮（一九）、花増（二二）、更科（二一）、まん戸（一八）、和嵜嶋（一八）、四季咲（一八）、磯嵜（一七）、秋の野（一七）、千船（二三）、よね（一七）、まつ（二〇）、いわ（二一）、たけ（一八）、磯の（一四）、くま（一五）、ちよの（一七）、きしの（一六）、ふじの（一三）、ささの（一一）、くめの（一四）、さき（一一）、たみ（一四）、すぎの（一二）、愛之助（一一）、深之介（九）、りく（一四）、よし（一四）、きよ（二二）、しけ（二一）、つね（二〇）、まき（二六）、たま（二一）、ひて（二五）、計五六人

一軒の家に家族一〇人と、遊女、禿、遣り手などが五六人も居住しているのでは、常に密集し混雑していたことだろう。男手は西田家の弥兵衛、善右衛門、安三郎の三人しかおらず、三人とも隠居と子どもというまことに頼りない構成であった。

別の遊女屋に酔客が乱入した事件が「犯科帳」に載せられている。主人が留守で男手がなかった店では遊女や遣り手が薪《まき》を持って戦ったという記述から、圧倒的に男手が少なか

ったことがわかる。男手を雇うと経営が圧迫されるので、最小限の男で守るしかなかったのである。

西田家と筑後屋の計六六人が一日あたり一人平均五合の白米を食べるとすると、必要な米は三三升。現在の重さで見ると約五〇キログラム。寛政九年の米価（白米一石で銀八二・六匁）[20]では銀で約二七匁、現在の価値ではおよそ五万円が一日の米代に消えていくことになる。副食や茶、酒などで、さらに支出は多くなる。一七歳から三〇歳までが遊女の稼働期間とすれば、総員の半数約三〇人が稼ぎ手で、残りの三〇人ほどは収入が期待できないという構造である。

また、六〇人を超える人数の寝泊まりでは、客室のスペースを除けば、一人一畳もなかったはず。客のない遊女や禿などが日中外出し、実家に帰ったり遊び歩いたりしていたのも、居住スペース的に仕方のないことだったのだろう。

遊女・禿・遣り手

丸山遊廓の主役は遊女である。遊女を売ってその稼ぎで遊廓関係者全員が生活していた以上、商品の遊女が品切れしないよう、効率よく働けるよう、仕組みが整えられなければならなかった。遊女屋の構成員には遊女をサポートする役割が決められており、一人の人間がその役割を変えながら遊女屋内で生涯を送ることも少なくなかった。

禿は、現在の学齢では小学校低学年から中学校三年生くらいの少女たちの廓内での呼び名で、子どもの断髪の髪型が語源といわれている。長崎でも同じく禿といった。身代金が発生するのは遊女として働ける間だけであり、契約上、禿は「唯養《ただやしない》」といわれ、遊女屋の立場からはただ飯を食べさせる期間とされた。もっとも禿の立場からすれば、遊女たちの身の回りの世話やお使いなどに忙しく立ち回らなければならなかったので、むしろ「ただ働き」であった。

長崎の遊女の多くは禿を経て遊女になった。遊女の世話をしながら勤めを身近に見るという、言うなれば「見習い」の期間である。一〇歳にも満たない幼い年齢で奉公に行くのは口減らしが主な動機である。素質があれば太夫となって銀何貫目もの贈物をもらう流り遊女になることも可能であった。奉公したその日から米のご飯を食べ、お仕着せの着物を与えられ、時には小遣いももらえたので、親としては手放す恰好《かっこう》の口実となった。

遣り手は遊女を取り仕切る実質的な監督者で、多くは遊女上がりが務めた。遊女は年季が明けると親元に帰るのが一般的だが、帰れない遊女、帰るところがない遊女もいた。そのような者は年季を終えても遊女勤めができる間は「厄介」と呼ばれる遊女として働き、その後は伝手《つて》を頼って他所に出るか下女のような奉公人になるかであったが、その中でも抜きんでた才を持つ者は遣り手という支配人になった。給料が主人から出るのではなく、客のチップや酒肴のマージン、遊女への金貸しなどで稼がないといけないので常にハングリーに働いていたと思われる。店の裏表や遊女の癖などを事細かに知った上で切り盛りしなければならなかったので、客の受け入れにあたる男衆とともに苦労人が任じられた。

丸山遊女の出身地

遊女屋の出自の多くが博多であったことは先述の通りだが、遊女は稼働期間が一〇年余りと短いため、当初は外から遊女を連れてきていたが、次第に近所に供給先を求めるようになった。関東甲信越などから広く遊女を集めていた吉原でさえ、上級遊女を除く七〜八割の遊女は吉原近郊の少女を臨時に雇った「雇禿《やといかむろ》」の出身であった。[21] 人材を大量に雇用するには、身近な地域を供給源とせざるを得なかったのだろう。

古賀十二郎は『長崎市史風俗編』に、「徳川幕府時代においては、丸山遊女は概《おおむ》ね長崎または近郷のものであった」と記している。遊女の身元を知ることのできる直接的な史料は、奉公の契約書類や事件事故などの突発的な記録など断片的にしか残されていないので、すべてを把握するのは困難だが、そのような断片の中には、長崎市中や近郷の娘たちが遊女奉公に出ていた記録が見える。

吉原遊廓では「一生不通養子」として、実家からは完全に切り離された形で、遊女屋主人と疑似親子関係を結ぶことを強制されていた。だが長崎では、遊女と実家の関係は継続していた。宮本由紀子氏は、丸山遊廓では「母親と遊女が自由に往来[22]」できていたことを指摘して、「犯科帳」の中から、こうした親との関係が原因で発生した事件を抽出している。

遊女が関係した事件四二件のうちの八件が、このような親がらみの事件であった。遊女が主犯というよりも、親から悪事を持ちかけられ、結果として発覚し罰せられたものがほとんどである。発覚したもの以外にも親がらみの犯罪やトラブルが無数に存在したのは間違いないだろう。残りの事件の記録には遊女の抱え先のみが記され出身地の記録はないが、共謀できるほど遊女と親とが距離的に近い位置にあったということは、遊女の出身地が丸山遊廓の近辺に多かったことの証明の一つである。

丸山遊女の階層

遊女は遊女屋の商品であり、さまざまな見地からランクが付けられた。人気のある遊女は上位に置かれ、揚代も高価であった。遊女屋は部屋、衣装、遊女の教養等、自らの付加価値を上げるために投資した。収入、待遇、客層が変わるため、遊女にとって職階の上昇は何よりも切実であった。

吉原遊廓では、当初最上位の遊女を「太夫」と称し、以下「格子《こうし》」「散茶《さんちゃ》」「梅茶《うめちゃ》」と続き、下級遊女には「鉄砲」「けん鈍《どん》」「囲《かこい》」等の呼び名があった。[23] 後には太夫等の称号はなくなり階級とは関係のない「花魁」[24]という呼び名が登場した。

丸山遊廓では、遊女の階級として「太夫」「店（見世）」「並」の呼称があったが、太夫以外は厳密ではなく、たんに揚代の根拠として「太夫・店（見世）」の二つに分けられていた。

丸山遊廓には外国人を客にとるという他の遊廓には見られない独特の性格があった。相

長崎版画「唐館行き遊女ノ図」
（長崎歴史文化博物館）

手は出島に居留するオランダ商館関係者と唐船で寄港する唐人[25]である。唐人は、元禄二（一六八九）年に唐人屋敷に集住させられるまで、市内の民家に分散して生活していたので市民にも親しい外国人であった。元禄元年には、長崎市中の人口約五万人の外に、延べ約一万人もの唐人男性が暮らしていた。[26]単身の唐人男性一万人ということは、遊女たちの主客が唐人であったことを示している。

逆に、『延宝版長崎土産』では、「八百人に及ぶ傾城皆唐人を頼みて渡世をする」と記され、唐人の相手をしない「日本行」遊女、一〇人の名をあげて、その詳細を記している。[27]唐人の相手をしないことを稀少価値として売りにして遊女の格をあげるというのが「日本行」を置いた商売上の理由だろう。「日本行」の下に「唐人行」と「阿蘭陀行」をおいて、丸山遊女の格式としたわけだが、主客であった唐人たちには遊女の格式など大した意味はなかった。

『延宝版長崎土産』では、遊女の格式を「日本行」「唐人行」「阿蘭陀行」の順に並べ、日本男性が一番格上で、遊女も日本人を相方にすることを願っているような書きぶりだが、実はそれは他所からの旅行者である日本人男性筆者の想像に過ぎなかった。「日本行」「唐人行」「阿蘭陀行」という区別には、遊女の相方を決めておくことで無用の混乱を避けるという以上の意味はなく、「唐人行」、「阿蘭陀行」の遊女でも、普段は日本人客を相手にしていた。「日本行」の遊女には、外国人を相手にできない特別な事情があっただけというのが実情である。[28]むしろこの区別の核心は、「唐人行」、「阿蘭陀行」を明確に分けることにより、遊女を介して唐人とオランダ人とが相互に連絡することのできないようにすることにあった。一方、日本人客は、遊女を介して唐人屋敷や出島の情報を簡単に手に入れることができた。

名付遊女・仕切遊女

丸山遊廓の遊女には、通常の遊女以外にも、「名付《なつけ》遊女」と「仕切《しきり》遊女」と呼ばれる遊女がいた。これは遊女の職階ではなく、契約上の特色による区別だった。

名付遊女とは、文字通り名義のみを借りた遊女である。すなわち遊女屋と身代金を介して遊女奉公契約を結ぶのではなく、「名前借」と称して手数料を払い遊女屋に名義を置き、源氏名を名乗る。表面上は他の遊女と見分けがつかない。遊女奉公契約を結ばないのは、遊女としての奉公の義務を負わないためと、揚代をはじめとする収入をすべて自ら手にするためであった。

なぜ、手数料まで支払って遊女を名乗るのかというと、唐人屋敷と出島に出入りできるからである。遊女稼業で大金を得るとすれば、唐人屋敷と出島に出入りしてピンハネされることなく裕福な外国人から揚代や貰い物を手にするのがいちばんである。古賀十二郎によれば、名付遊女は唐人屋敷内で組織的に連絡を取りあって縦横に活動していたという。[29]

一方、仕切遊女とは、特定の相手だけに接する「愛人」としての遊女である。名付遊女が遊女屋に対する関係性を表す名称とすれば、仕切遊女は客との関係性を表す名称である。どちらも、客は日本人ではなく唐人・オランダ人であり、唐人屋敷、出島に出入りするための方便であった。したがって、名付遊女であっても仕切遊女のように特定の客だけを相手とし、仕切遊女であっても遊女屋の名義を借りるという働き方をしていることもあった。

公式の文書にも、この仕切遊女という名称はしばしば目にすることができる。「犯科帳」に以下の仕切遊女の名が記録に残っている。[30] 宝暦元（一七五一）年八月、寄合町石見《いわみ》屋の仕切遊女「都路」が唐人屋敷の上手にある小田《こだ》ノ原《はら》に墓参に行く途中、唐人屋敷の建物内から唐人の船客「姜再遇」に声をかけられ、東古川町《ひがしふるかわまち》に住む儀助への金の催促を頼まれ伝言したというのがその罪状である。なぜこれが罪に当たるかというと、「都路」は同年三月から唐人屋敷出入り禁止の処分を受けていたからである。取引の内容を知らず、金銭授受の文面も見ていないが、中身の察しがつきそうな内容にもかかわらず、伝言に応じたのは不埒《ふらち》につき、三〇日押し込めの罰を受けている。

仕切遊女「都路」が唐人屋敷出入り禁止になっていたのは、「都路」だけでなく多数の名付遊女・仕切遊女が奉行所から処分されていたことに関連していた。[31]その処分の内容とは、名付遊女・仕切遊女の名目で市中の隠売女が唐人屋敷に紛れ込んで商売をしているので、一二〇人の者たちを捕まえて丸山・寄合両町に下す。親類に身請けさせることは構わないが、三年間ただ働きをさせても、他国へ売っても自由である。もちろん女たちは唐人屋敷・出島への出入りを禁止するというものであった。

長崎市中での隠売行為は御法度であり、見つかると厳罰に処せられた。例外として奉行所管轄外の郊外の村に「ひゃーはち」と呼ばれる春を売る女性がいて、そこへ遊びに行くのが市中の男たちの楽しみとなっていた。このように、名付遊女・仕切遊女は日本人相手ではなく唐人・オランダ人を相手にして効率よく稼ぎたいという女性たちであった。名義を借りてまで出島や唐人屋敷に行っていたのは、それだけ稼ぎが大きかったからである。しかし、一〇〇人を超える者が参入しては、丸山・寄合両町の遊女にとっては営業妨害である。遊廓の規則に縛られない女性の存在は、唐人やオランダ人にも好都合であったため希望者が多く、時折このようにして厳しい「警動」（隠売女狩り）を加えなければならなかった。仕切遊女「都路」が唐人屋敷に出入りできなくなっていたのはこのような理由からであった。

二町組とされた丸山・寄合両町

広義の長崎は、八〇ヵ町の市中と長崎村、浦上村《うらかみ》二つの郷村から構成されていた（後に高来郡《たかき》郷七ヵ村が加わる）。いずれも幕府直轄領、いわゆる天領であった。市中では長崎奉行を頂点とする一〇〇人ほどの武士をのぞけば、上は町年寄から下は砂糖漬けの職人まで、すべて町人からなる最大二〇〇〇人を超える地役人がまちの行政を動かしていた。

市中では町を最小の行政単位として、踏絵や人別の管理、住民の厚生、地子銀《じしぎん》の徴収、防犯などの民生のほか、貿易利銀を先述の箇所銀・竈銀として分配したり、諏訪神事に町をあげて参加したりしていた。長崎奉行は、各町の上に連帯責任をともなう五町組制度をつくり、市中の八〇ヵ町を五町を一単位に分けた。内町と外町の別、隣接町ということを考慮して、五町組を一三、割り切れないものを六町組二つとした。残り三町のうちオランダ人しかいない出島町は除き、丸山・寄合両町は、傾城町という性質を考慮して他町との組み合わせはおこなわれず、この二町で一組とされた。両町ともいう。

丸山・寄合両町は遊廓として特別地区の扱いを受けていたのではなく、長崎奉行所管轄の町として、他町同様に位置づけられていた。したがって遊女は遊廓の遊女というほかに、長崎住民の一人として、正式に町の構成員と位置づけられていた。枠外ではなく、しっかり枠内に組み込まれることで長崎奉行所のコントロールを受ける立場であった。他町と同じく両町でも乙名、組頭、日行使《にちぎょうじ》などが任命され、それぞれ俸給を受けていた。

一段低く置かれた両町の役人

もっとも、両町の役人がまったく差別なく他町同様の待遇を受けていたわけではなく、格を他町の下に置かれる冷遇を受けていた。丸山・寄合両町は、傾城町として遊女屋、遊女、禿、遣り手などの管理や、遊客の監視、トラブルの防止、さらには出島・唐人屋敷での遊女の管理や揚代、貰い砂糖の代銀管理など商売に関する職務に加えて、長崎八〇ヵ町を構成する一つの町としての人別、旅行、箇所竈拝領銀、救米代、町内での事件の処理などの民生、さらには付町としての貿易業務にいたるまでの多種多様な職務を行わなければならなかった。そのため、乙名の下に置かれた組頭が一町につき四人に増員されるなど配慮はあったものの、受用銀で見れば一般の町である「惣町」の半額でしかなく、格式も一段低く置かれていた。遊女稼業の両町役人を軽視することで、同列にあった他の町役人らを納得させるとともに、市中の行政に両町の役人も組み込むという長崎奉行の巧妙な方針である。遊女を軽蔑のまなざしで見るのではなく、遊女屋とその経営者を遊女の生き血を搾り取る憎まれ役に仕立てることで、奉行所は市民の感情を巧妙にコントロールしていたのだった。

本書の随所で述べているように、丸山遊女の多くは市中の貧家の娘。そのため住民は、遊女に対して自分の娘、あるいは近所の娘という親しみを共有していた。長崎の住民にとって遊女は蔑む者でも避ける者でもなかった。むしろ国外に流出する金銀銅、国内他都市へ流出する貿易利益などに抗して、彼女たちが体を張って稼ぎ出す利益は、すべて市中に還流されるという意味において住民にはこの上もなくありがたいものであった。

苦労の多い乙名

両町の乙名は一名ずつ。世襲ではなく、町内に住む「箇所持」町人による選挙によって選ばれた。役料は、当初は惣町の乙名と同額の銀四貫目であったが、後に銀二貫目に減額された。同じ乙名であっても惣町乙名よりも一段低くされたのである。町内を治める職務は惣町乙名とかわらないが、他町のように貿易に関する業務や旅行、盗賊方などの行政上の加役を命じられることはなく、また役料の増額や職務上の栄誉を得る機会もなかった。副業も禁止されていたため、困窮を理由に他町同様の役料への増額を願い出ることもあったが待遇が改善されることはなかった。

両町の乙名を差別したのは、傾城町独特の職務に専念させるためであった。他町にはない遊女町としての風儀取り締まり、遊女に関わる煩雑な事務、また特別な職務としての諏訪祭礼での踊り奉納、さらには犯罪者が死罪に処せられる時に、磔木、獄門台、竹枝等を提供したうえで町内から人夫を出したり、牢屋掃除の役を命じられたりするという特殊な職務もあった。

天明六（一七八六）年、丸山町の乙名、藤野百次郎と寄合町乙名、芦苅茂次之助との連名で奉行所に提出された勤方書《つとめかたがき》をもとにして、惣町との共通の職務、および両町のみのものをあげると次頁の表のようになる。

〇の項目が両町だけの職務で、そのほかは惣町と共通の職務である。民生、治安、会計、消防など境目のない多種多様な職務をこなし、時には乱暴者を取り押さえるなど常に緊張感をもって仕事にあたらなければならなかった。

町の面倒と遊女の面倒をみた組頭

惣町では各町に二人の組頭が置かれ、一人あたりの受用銀三〇〇目であったのに対し、丸山・寄合両町の組頭は四名ずつで、受用銀も一人あたり銀二〇〇目という違いがあった。日行使は惣町同様に両町ともに一人ずつだが、その受用銀は、通常、銀七〇〇目であったところ、その半額にも満たない銀三〇〇目だった。

乙名の職務

・踏絵による宗門を改める事。
・町内五人組に申合せ帳を読み聞かせ印形を取る事。
・町内で宗旨寺替の者があれば、調べて役所へ提出する事。
・踏絵帳を役所へ提出する事。
○毎年諏訪神事に踊りを奉納する事。
・町内の者に書付けと触書を申し渡し、印形を取る事。
・町民の他国への引っ越し、越年旅行時に往来切手を申請する事。
・転入者、欠落の立ち帰り者などの住居願いを提出。人別帳面に書き加える事。
・町民への往来切手の世話。事故がある時、行き先での事情の調査をする事。
・町民の欠落届けを出す事。
・担当者に町内を回らせ火の元を確認させる事。
・長崎会所（丸山町)、唐人屋敷（寄合町）での消火にあたる事。
・町民の便宜のため旅行先の用達商人や各藩蔵屋敷役人へ取計いを依頼する事。
・町内での行き倒れ、変死人があればただちに役所へ届け出る事。
・町内に旅人到着時の調査と旅人の世話をする事。
・町内への転入希望者の世話をする事。
・町内の家屋敷売買の世話をする事。
・組頭が退役、死亡した時は、入札で後任を決める事。
・箇所竈銀を町民に渡す事。
・町内貧窮の者に救米代銀を渡す事。
・唐船の付町を務める事。
・唐船付町雑用残銀を箇所持へ配分する事。
○唐人屋敷に遊女や禿が出入りの時には乙名宅で改める事。
○出島への遊女、禿の出入り改めとして、両町組頭と日行使を仲宿に出勤させる事。
○遊女屋が手に負えない遊女・禿の場合について先方の乙名に掛け合う事。

組頭の職務

・町民、町内に滞在中の旅人に踏絵をさせる事。
・火の元の用心を第一に努め、出火の場合乙名に付添い消火する事。
・箇所竈銀配分の時に勘定する事。
・貧窮の者への御救い米代を配分する事。
・唐船付町の庶務。
・唐船付町雑用決算銀を勘定する事。
・夜番を務め、夜中に巡回する事。
○唐人屋敷に出入する遊女の改め。
○出島に出入する遊女の改め。
・乙名の体調が悪い時の代理。
・町内への旅人の改めと届出。
○出島唐人屋敷出入の遊女・禿・遣り手の誓詞血判をとる事。
・町内での喧嘩口論を鎮める事。
○苦情や厄介事を乙名と相談してなるだけ穏便に取り計らう事。
○両町と隣接している小島郷との境目の外回りを毎晩巡回する事。
○遊女が唐人やオランダ人から貰った砂糖の代金受け取りに立会う事。
○諏訪神事での踊り稽古の世話。
○出島と唐人屋敷出入の遊女・禿・遣り手を集めて法度を読み聞かせる事。

組頭の仕事は、大まかにいえば乙名の代理としての会計を中心とした事務手続きや対外折衝《せっしょう》など、乙名の職務の代行であった。それ以外の特別な職務として、遊女が出島、唐人屋敷に出向く時、現地で待機するというものがあった。これは館内での遊女の不始末の手当てのほか、遊女と偽って入り込もうとする隠売女を排除する見張りの意味もあった。唐館・蘭館にはつねに遊女が入っていた。そのため組頭のうち必

日行使の職務

・町内の出入や事件について、乙名に報告し指図を受ける事。
・喧嘩口論を仲裁し、乱暴狼藉者を取り押さえる事。
・正月踏絵で乙名に付き添い、町民や旅人の印形をとって乙名に納める事。
・町内自身番所に交代で詰め、夜間町内を見回り、火の元の確認をする事。
・預かり者、吟味で呼び出された者に付き添う事。
・町民の町外での変死や急病の時にはただちに駆けつけて様子を見て、乙名に報告する事。
・町内の旅人の帰国改め、無届けの旅人滞在の改め。
・出火時町内の火消しを率いて乙名の指図の下、消火にあたる事。
・御救い米代を請け取り配分する事。
○諏訪神事で遊女や禿が粗相しないように指導する事。
・唐船付町の時は付き添って万事失敗のないよう勤める事。
○牢屋掃除の時は人夫を出させ、道具をもたせて牢屋に差し出す事。
・町民旅行の往来切手願の証文を申請する事。
○出島唐人屋敷出入の遊女・禿・遣り手を集めて誓詞血判をとる時の手伝い。
○遊女への唐人オランダ人からの貰い砂糖の代金、オランダ人の遊女揚代を長崎会所から受け取る時に遊女屋を連れ、組頭とともに同行する事。
○出島へ遊女が出向いている時に江戸町の仲宿に日勤する事。
○廓内に酒狂狼藉者があればただちに駆けつけて鎮める事。
○遊女・禿の実家とのトラブルについて先方の日行使に掛け合う事。[32]

ず一名は詰めておかねばならず、惣町の二倍の人数を要していた。その職務内容をあげると前頁の表のようになる。

乙名の職務よりも具体的な内容がうかがえる。廓内の治安を守り、遊女屋、遊女を守ることが基本だが、乙名の代理として役所との折衝も重要であった。

町内の隅々まで知っていた日行使

町の行政を隅から隅まで把握して動かしていたのは組頭の下にいる日行使であった。日行使は、長崎の行政上、重要な職務として認められ、乙名と日行使だけに「増箇所《ましかしょ》」という、箇所配分銀をつかった特別な手当があった。職務は右表の通り。

日行使の職は、大まかにいえば町内のあらゆることに関わり、乙名の指図を受けて、町内町外の者とかけあって、内済によって解決させることである。他町の日行使と連携し、それでも解決しない場合は、乙名どうしの話し合いで解決を図った。廓内での困り事や相談事があれば真っ先に頼りにされる職務であり、いわば町内の生き字引的存在でもあった。

第三章　長崎丸山の遊女たち

遊女（中央）と禿（左）遣り手（右）。
山口重春「桜花花魁図」（長崎歴史文化博物館）

『延宝版長崎土産』[33]

「日見峠《ひみとうげ》一の瀬と云所を過るほど、すべてえ知れぬ香り鼻に入りて、胸心悪く、問えばこれなん長崎の匂いと申す」

この文章で始まる『延宝版長崎土産』を著者島原金捨が書き上げたのは、延宝九（一六八一）年辛酉のことであった。長崎の入口は険しい日見峠を越えた先、市街を貫く中島川《なかしまがわ》の源流をまたぐ一の瀬橋である。『延宝版長崎土産』の著者島原金捨は長崎が江戸、京都、大坂の三都と違う街であることを匂いで表現している。外国人たちの存在から、長崎の匂いは肉食、香辛料、香木から発していると想像され、雅な日本人は、その匂いを嗅ぐと具合が悪くなりしばらく卒倒するというのが当時のお約束であった。

一の瀬橋は長崎の中心部から遠く離れた田園地帯にあったので、匂ったとすれば肥《こえ》の類だっただろう。想像を膨らませた旅人が感激のあまり、田舎の匂いですら長崎のものは違うと勘違いするほど、長崎の存在は特別であった。

金捨の目的は、丸山遊廓で遊女を買ったり評判を収集したりして、遊女たちの長所と短所をわかりやすくランキング付けした評判記にまとめることにあった。第一線では長くても一〇年ほどしか商売できない遊女の評判は、生ものと同じで賞味期限が限られていた。それでもこうした商売が成り立つほど遊女の情報は重宝がられていた。

三都の遊女評判記が好評だったことから、その拡大版として金捨は長崎を対象に選んだようである。長崎の街には外国人が住み、丸山遊女たちは外国人を相手にしているという特殊事情が好事家たちの興味を高めたのだろうが、長崎を空前の景気に導いた市法商法《しほうしょうほう》という貿易方法時代の雰囲気を反映し、物語を超えた史料として当時の様子を伝えてくれている。[34]ここでは、金捨の筆を借りながら、延宝（一六七三〜八一年）の長崎丸山遊廓を訪れてみよう。

『延宝版長崎土産』「一の瀬入口の図」

長崎に入る

『延宝版長崎土産』の主人公氏、京は上京の生まれ。幼少時に両親と死に別れ、兄弟親戚、嫁もいなければ舅もいないという天涯孤独の身で、にもかかわらず遣いきれないほどの遺産をもち、手代《てだい》に贅沢三昧《ぜいたくざんまい》に育てられたという、現実にはありえないようなお気楽な身分の設定になっている。商売は手代に任せ、江戸吉原、大坂新町、堺、大津《おおつ》、室《むろ》、鞆《とも》、下関《しものせき》などの遊廓を制覇し、残るは西の果て、唐船の寄る長崎のみとなった。さいわい市法商法という濡れ手で粟の商売株を相続したので商売を理由に長崎に下ることとなった。長崎の入口一の瀬橋で卒倒しそうになったのは前述の通りだが、卒倒からすぐ現実に戻ると、寄り道もせず一路丸山遊廓に向かっている。

主人公が見た延宝七（一六七九）年の長崎は次のようなものであった。

「思いしよりは狭き所にて、古郷にたとえば洛中を二十ばかりにわけたらんほどして、形は大津のようになんありけるどもげにや三国一の湊なれば、沖より三里かほど流れ入りて、両岸は峩々《がが》たる山なり」[35]

長崎市中は外周をゆっくり歩いても一時間足らずで回りきるほどの規模で、京都の二〇分の一という表現でさえも過大である。京都出身の主人公が長崎の湊を大坂や堺ではなく大津に譬えたのは、長崎の港湾に琵琶湖《びわこ》を思わせるような波おだやかな風情を感じたためであろう。

主人公が見た長崎は、寛文三（一六六三）年の寛文長崎大火から完全に復興した直後の全く新しい町であった。寛文の大火とは、同年三月八日午前一〇時ごろ市内に住む一浪人が乱心して自宅二階の障子に放火し、それを隣家の藁《わら》屋根に投げつけて発火させたものが、北風に煽《あお》られて周囲の町へ広がっていき、二〇時間燃え続けた結果、市中をほとんど焼き尽くしたという大災害である。大火以前は、ほとんど無秩序な市街地拡大のため、道は狭く排水溝も未整備で家屋も安作りの雑然とした町であったが、大火を奇貨《きか》として新しい町に変貌した。まさにリニューアル直後の長崎を主人公は訪れたわけである。もっとも主人公は市内を素通りして一路丸山を目指したのだが。

主人公は市内を東から西に通り抜け、鍛冶屋町《かじやまち》から思案橋を渡って大門をくぐった。廓内には京で聞いていたよりも大きな造りの店が立ち並び、高灯台《たかとうだい》の光に照らされた遊女たちが並んでいた。太夫らしき遊女は禿や遣り手にあおがれて堂々と座し、それよりも下の「見世」や「並」の遊女は正面ではなく斜めを向いて座り、あばたのある遊女は壁に向かって客待ちしているように見えた。

主人公は大門から入ってすぐ右手の博多屋理右衛門の店に登楼した。奥に行くと一段高い中二階があり、二〇畳ほどの能舞台が設えてあった。能舞台を囲むように太夫以下、主な遊女の個室が並んでいた。博多をルーツとする丸山は、店の造りも遊女の仕草も島原や吉原とは違って博多を手本としていた。歌や三味線でもてなされた主人公は、初日ということで早々に辞した。このあたりが遊び上手のゆえんであろう。遊廓の通りや店を見物すると京で聞いたよりも規模が大きい廓で「轡《くつわ》百三軒、遊女の数七百六十六人、内太夫百二十七人のよし」と一夜二夜では見切れないとわかったので、夜更けて宿に帰った。

現在の清水寺

「丸山遊廓問答」

翌日、日暮れを待って丸山に向かった主人公だが、長崎の夏は午後八時頃まで明るく登楼もその頃になる。時間を持て余した主人公は清水寺《きよみずでら》に参詣《さんけい》して時間をつぶした。現在、国の重要文化財となっている長崎の清水寺は、丸山遊廓から東に三〇〇メートルほど隔てた高い石垣の上に築かれた、ちょうど京都の清水寺のような見晴らしの良い寺である。元和九（一六二三）年、京都清水寺光乗院《こうじょういん》の僧慶順が開創。寛文八（一六六八）年、帰化唐人何高材、何兆晋親子が私財を投じて堂塔を改築した結果、旅人が訪れる風光明媚な景勝地となった。主人公は本堂に祭られている観音菩薩が遊女、禿、遣り手から日ごろの罪消しとして厚く拝まれていることを聞いており、丸山登楼の前に拝んでおいたらご利益があるのではと急な階段を上ってきたのだった。

参拝を終えて本堂の脇に進むと、小さな稲荷の社が建っていた。そこに、齢七〇～八〇に見える品の良い二人の老女が籠っていた。この老女と主人公が問答することで丸山遊廓の起源や歴史、遊女屋の評判や盛衰、遊女の良し悪しなどを解き明かすというのが『延宝版長崎土産』の主題である。

問　立派な本堂ではなく、蚤《のみ》や蚊の巣のような所に籠っておられるが如何《いか》なるお人か。

答　我らはもと丸山の住民で理由があって終夜昔話が尽きないのでここに籠っている。

問　自分は長崎見物のためはるばる京より下ってきた者である。国内の遊廓はほとんど廻ったが、くらべると長崎は特別な遊廓に思われる。昔と今の遊女について話を聞き、京の友達の土産話にしたい。いかがか。

答　若い男の求めるものは今も昔も変わらない。今さら隠すことではないが、我は博多屋新右衛門という女郎屋の後家で、その昔花月という名の遊女だった。もう一人は昔美濃屋《みのや》で杉という名で遣り手をしていた者で、中頃入角の後家として遊女屋の主をしていた者である。長年の罪滅ぼしのため二人で懺悔《ざんげ》として昔語りしているところである。問答したところですべては夢の戯れに過ぎないが、我らも京の話を聞きたい。いざ通夜物語せん。

丸山遊廓の初め

問　長崎での遊女の始まりはいつか。

答　我は女の身で、しかも呆けて朝のことは夕方には忘れてしまうほど、そう思って聞いてほしい。昔、異国舟はどこにでも入港できたが、今では津軽外ヶ浜《つがるそとはま》に漂着した唐船さえも長崎に回漕させられるご時世となった。

そもそも筑前博多の遊女屋がわずかな遊女を連れてきたことが長崎の遊女の初めである。今から一〇〇年も前のこと。昔の女郎屋は今の古町という所にあり、妙介《みょうすけ》、大坂屋、伏見屋などが女郎屋の初めだった。その後、京で遊廓を島原に移した翌年に、長崎でも今の丸山に移された。そしてその外の町々に散らばっていた遊女屋を集めたのが今の寄合町である。

問　長崎ができたころの遊女の質はどうか。買い手が多く、しかも遊びなれていない客ならば質はそうでもない遊女でももてはやされたのか。

答　長崎の初めの頃は遊女の質は問題にならなかった。当時乱れていた天下が治まり、侍から百姓町人に至るまで、鰐《わに》の口を逃れたような安堵感で、銭も金も持っているだけ遣うようになった。長崎では「糸割符《いとわっぷ》」という商売があって、五ヵ所商人といわれる京大坂の豊かな商人も長崎を訪れるようになったりで、朱印船で異国に渡るものなど明日の命が知れない者などが集まったり、馴染みなどは関係なくどんな遊女でも売れた。今はそういうことはなく、遊女は当時の一〇〇倍いるが、唐人以外に買う者はいない。売れなければ質が低いと思われる。「世に伯楽なければ名馬出ぬ」の譬え通りである。

遊女屋稼業

問　遊女屋が今のような不景気に多くの遊女を抱え、衣装代を費やし無駄飯を食わせるとは商売下手ではないか。

答　泰平のこの時代、惣領《そうりょう》は親の跡を継げるが、弟たちには他の職につく機会がない。特に女郎屋の主人は他の仕事の者とは付き合いがなく、子どもが三人あれば三人とも女郎屋にならせるしかない。一人の子に女郎一五人ばかりつけて独立させると女郎屋は増えるばかり、少ない客を奪い合う結果になる。女郎屋は女郎たちを二手に分けて競わせることで売り上げを伸ばすものだが、資金の乏しい女郎屋は、安いからといって器量の良くない遊女を多数抱えているのでそれもできない。年齢を重ねると顔も尻も肉付いて禿には大き過ぎ、遣り手にするには若輩で、暇を出そうにも掟でそれもできない。仕方なく安傾城に仕立てても暇を持て余して、売れっ子の遊女に嫌がらせをしたり、そそのかして悪い仲間に誘い込んだりといい加減な勤めしかできない。

また遊女屋の主人も遊女の見た目だけでは流行る流行らないが判断できない。顔形ではなく利発さや気立てで流行る遊女がどの廓にも一人か二人はいて、そういう娘かもと期待してしまうことがあり、盗人に追い銭のように無駄な銭を費やしてしまう。そうこうしているうちに店の流行り遊女が年季明けで、遊女屋の中は若いだらしない遊女ばかりとなり、客足が遠のき、賑やかな店もやがて廃れてしまう（主人公の問いかけに二人の老女は、良き遊女良き遊女屋についての自説が強いらしく話が止まらない。特に遊女屋の経営については経験上言いたいことが山ほどあって、二人で終夜語っていたのもこの類の事だったのだろう。話は遊女屋経営の秘訣に及んでゆく）。

遊女屋を営む上で大事なことが三つある。第一に遊女屋は時節を見る目をもつべきこと。第二に家内が猥《みだ》らにならないようにすること、第三に家内に流行り遊女が絶えないようにすること。この三つを油断なく心掛ければ遊女屋がつぶれることはない。一人で一〇人にも勝るのが流行り太夫。江戸の三浦、京都の上林《かんばやし》、大坂の又次郎などの流行店は遊女の数を定め、よくない遊女はあえて抱えず、儲かった年の金銀は人に預け、足らない年はそこから補うという話を聞いた。

ところが長崎の遊女屋は、親譲りの金銀があれば仲の良い遊女屋仲間に貸したり、遣り手にはずんだり、他の遊女屋と遊女を取り替えたりといった具合で家内に締まりがない。女の遊女屋は悋気《りんき》（やきもち）がまさり、目先の金銭に目がくらんで遊女のやる気をなくさせ、上客のもてなし方も知らず、腐り酒、塗りの剝げた椀、水臭き冷素麵《ひやそうめん》や蕎麦切《そばき》りなどを出して、豆腐の吸い物さえも出さない。客は鼻毛を伸ばしてどのようにしても来ると勘違いしていて、上客はそっぽを向いて遊女を買わずに立ち去ってしまう。また、遊女屋仲間と夜咄《よばなし》して寝酒を飲み、珍しい魚鳥を集め自慢しあったり、美食を食い散らかしたりして酔狂淫乱腎虚《すいきょういんらんじんきょ》をして店を左前にさせて、後を継いだ今の倅《せがれ》たちが哀れに見える。

長崎の遊女屋は揚屋も兼ねているため、接客をおろそかにしては客も寄りつかず、よい遊女がいても唐人たちに買われるばかりで日本人の相手ができなくなる。せっかく江戸上方からお大尽《だいじん》が下ってきても、評判の悪い遊女屋に寄ってまでよい遊女を求めることはなく、唐人相手の安遊女を買い散らかしては、その悪評を帰って周りに言い広められてしまうが、これも仕方のないことである。

遊女屋は銭湯の風呂のよう。儲からないから人数が少ないからといってぬるく焚《た》いてはお客は寄りつかない。人数が多かろうが少なかろうがいい湯を焚きつづけることで評判が上がり繁昌するものだ。茶屋揚屋に限らずすべて人情の中で商売する者は、節約を先にしては繁昌できるはずがない。この頃では格式高い寺でさえ、参拝者を集める工夫に怠りはないのだから（遊女屋が贅沢三昧の生活を送る反面、商売への投資を惜しみ、そのため客足が途絶え商機を逸していることが残念でならないようである。主人公は長崎の遊女屋だけでなく、他の都市でも目先の利益にこだわって商機を逃すことは同じようなものだと老女たちを慰めた）。

主人公は話題を長崎に戻し次のように問う。

問　長崎は遊女の数で日本二、三番目の遊廓。しかも長崎に限っては遊女が廓の外に自由に出ること、衣食はどこよりも美麗なことで有名である。これはどういうことか。

答　長崎は日本の西の果ての地で蝦夷《えぞ》松前と同じような場所。異国舟が来なければ塩焼き、海士《あま》、漁師でさえも住めない辺鄙《へんぴ》な所で、一攫千金に期待するしかない金山のような場所である。それゆえ取り締まりが緩やかで、堅苦しいことなく住みやすい地となった。異国のモール人（ムガール人）も長崎の町を恋い焦がれるという。特に若い唐人などは長崎の遊女恋しさに商いを理由に長崎にやってくる。異国人たちは遊女屋に来て遊女を買うのではなく遊女を各々の小宿《こやど》（町々にある唐人の宿舎）に呼び入れて、月に雪によせて謡や舞を楽しみ慰めるのが業なので、廓の外に出ないと商売ができない。衣装が美しいのも唐人たちの気を引くため。「異国に持帰る銀子を、是《これ》がために長崎につかい捨つる事、一ケ年におよそ千貫目ほど成よし」（外国へ持ち帰るはずの貿易の利益を長崎に落とさせること年に銀一〇〇〇貫目。遊女が国益を守っている）。

また、糸割符の五ヵ所商人や近隣の金持ちたちもこの評判を聞いて長崎に下ることが多い。遊女が廓の外へ出たり美麗な衣装を着たりすることを無駄な出費と思う人は多いだろうが、遊女の働きがなければ長崎は現在の三分の一も栄えないだろう。九月の大祭くんちが派手過ぎるといわれることも同じように神国である我が国が八百万《やおよろず》の神々を大切にもてなさなければ異国人に恥をさらすことになるからである。踊り見物に近国から多くの人が訪れ、祭りのために長滞在となる商人も多く、そのため菓子屋、酒屋、肴屋までが潤うのだ。

問　長崎の太夫の内、日本行という遊女が一〇人いるそうだが全員がいい女なのか。彼女たちも頼まれれば唐人と酒宴を共にすることがあるのか。

答　日本行というからには唐人とは座を交えず物も言わず酒も飲まない。遊女屋の数は多いが日本行の遊女を抱えているのは四、五軒にすぎない。その店の一番いい遊女を日本行にするのである。見込みのある禿を日本行に仕上げても、流行らなければ唐人行に下ろし、一方、唐人行の遊女でも、評判がよく日本人の良い客をもっている者は日本行に上らせる。中には流行らない遊女でも日本行にとどめている者がいるが、それは禿にする時に親との約束があったり、遊女屋に縁のある遊女であったりするからだ。

　主人公は夜明けまで語ったのち、老女たちに別れを告げた。老女たちから長崎の遊女の評判を書き付けて、よき長崎土産にしてほしいと励まされ、いよいよ実地で丸山遊廓の取材に行くという設定で前書きは終わっている。

遊女のランキング

本文には丸山遊廓の太夫一二七人の名前を載せ、特に日本行一〇名は詳しい評判を記述している。相撲番付のように左「金山」(二二)対右「出羽」(二三)とランクの近い遊女を対決させ勝ち負けを付けている。「金山」には「容顔容儀云ばかりなく、末世には稀成《まれなる》ものにて、たとえて言わんかたなし」、「出羽」には「是も顔ばせの色つや、立ち姿のやさしさ似たるものなく」と長所を列記し、その後、お互いの口を借りて相手の欠点をあげつらうという趣向で勝負を繰り広げている。

「出羽」は「金山」を「立ち姿はじゃじゃ馬で、酒席ではしゃべりすぎ、床も雑。陰間のような風儀」と評すれば、「金山」は「長崎の遊女などではわからないのだろうが、自分は当意即妙の受け答えをしている。酒の相手も客においしく飲ませるため。床は最初から相手が上手なら息も合うし、二、三度なじめば客の気に入るようになる。男に惚れやすい性は人の妻になっても止まないものだ」と反論。

「金山」が「出羽」に対して「なよなよとして弱々しい。客にははじめからしなだれかかり、太夫の威光がない。床も夢中になりすぎる」と指摘すれば「出羽」も「弱々しいとは事情知らぬ人の評。京・江戸・大坂ならば住民も旅人も多く、気の強い女を好む客もいるだろうが、住民は少なく春夏は旅人もいない長崎では強い遊女を好む客しかとらないということは、藪医者が患者を選ぶようなもの。心を尽くして仇にも恩で報じるようにすればどんな悪い男でもほだされる。床好きを控えることはむしろ損と悟っている」と応える。評者の結果は引き分けであった。

日本行一〇人

日本行一〇人の横綱格にあたる「金山」(二二)、「出羽」(二二)の勝負は引き分けで両者ともに面目を保った格好だが、残りの八人の組み合わせでは、勝ち負けの判定を下された勝負もある。残り八人の太夫についても簡単に紹介しておこう。

副島九郎左衛門内「市之允」(二六)…顔かたち気高く肌柔らかにしてあくまで色白。あっぱれの遊女。昔からの長崎の太夫の風儀この人に残る。遊女の盛りは過ぎているが、酒面白く飲み、座敷重々しく床上手。客がない時も媚びず、人気が出ても恩人を見捨てない。

豊後屋五郎兵衛内「小太輔」(二三)…ちょっと色黒だが他はすべていい。若い時に芸を仕込まれ踊りも上手。どうしようもない男に夢中になり、将来の約束など交わしてから勤めに熱が入らなくなった。子どもまででき美しさは衰えたが、最近、男と別れてからは、元の見事な遊女に復した。また人気が出るだろう。

油屋太右衛門内「花かつら」（一五）…幼くまだ頼りないが、今年遊女になったとは思えないほどの風格がある。よい客が付けば末は雲に上るほどの勢いとなるだろう。

渡邊新左衛門内「小むらさ紀」（一五）…顔の色つや目元の気高さ、手足は玉を削ったような滑らかさ。顔かたちよりも心はさらに優れており、しかも床好き。この太夫と一晩過ごす者は家職を忘れ、二夜共にした者は妻子を捨てる。長崎の奥様方は一八〜一九になるころのこの太夫を息子に見せてはならない。また親父にも。

油屋太右衛門内「大和」（二二）…顔かたちはそれほどでもないが、心は素晴らしく良い。酒の席の座持ちよく、初会から心安く、一見《いちげん》の客もおろそかにしない。

伊勢屋太郎右衛門内「夜妻」（二三）…見た目はそれほどでもないが、正直でよく気がつく。一見の客も忘れず、七従弟《いとこ》までこまめに文通しているほど。同じ嘘をついても許してしまう心映えを持つ。最近まで唐人行だったが、病み上がりで養生して、里から帰ってくると日本行に上った。伊勢屋はいい家なので、「夜妻」の良さを見抜いたのだろう。

豊後屋五郎兵衛内「かほる」（一八）…顔はそんなに良くないが立ち姿はすらっとしてどこから見ても遊女らしい雰囲気を持つ。この太夫に接したら忘れようとしても忘れられず毎日夢に出てくる。初めてこの太夫に会った者は皆恋をしてしまう。

油屋太右衛門内「三河」（二三）…見目麗《みめうるわ》しく、昔、大坂屋にいた「大和」という名妓に仕込まれて若い時から利発であったが、油屋に移ってからはさらにいい太夫になった。以上、日本行遊女のアピールにお付き合いいただいたが、下は一五歳から上は二六歳までと、ほぼ全ての年齢層がそろっている。老女の言を借りれば、日本行は最高の遊女の階級で、各遊女屋の看板太夫かつ稼ぎ頭であった。遊女の価値は容貌、性格、芸や客あしらい、床の技などで評価された。ほとんどの遊女が小宿に滞在する唐人のもとへ出かけて商売する中、日本の富裕層だけを相手にするという待遇の良さが遊女たちのあこがれでもあったようだ。「夜妻」が唐人行から日本行に「出世」したことをねたむ声もあった。

「小太輔」のように子持ちであっても、また「市之允」のように年増であっても日本行は務まり、「花かつら」、「小むらさ紀」のような天性をもつ少女も日本行に連なっている。つまり、この『延宝版長崎土産』によれば、日本行遊女は多数の丸山遊女の頂点に立ち、廓の水準を外部に示す看板であったことになる。まさしく望ましい遊女のあり方を体現するという存在であったといえるだろう。

唐人頼みの遊女たち

延宝（一六七三～八一年）は、長崎が都市としての成長期から繁栄期に向かう右肩上がりで景気のいい時代であった。しかし丸山遊廓は住民経済とは釣り合わない大きさで、最初からその主客は長崎の住人ではなく、盛んに入港してくる唐人たちが想定されていた。唐人たちは、元禄二（一六八九）年唐人屋敷に隔離されるまでは長崎の町を自由に闊歩《かっぽ》していた。一七世紀初め頃は「指宿《さしやど》（差宿）」という、宿と仲売りを兼ねた宿所を個別に指定して使っていたが、延宝の頃には宿泊だけに使う小宿という所に滞在していた。それで遊女たちも、小宿に呼ばれる「町売り」という営業形態をとっていた。言うなれば当時の長崎の町全体が、遊女が稼ぐ遊廓であったことになる。

唐船が入港するとしばらくは、荷の確認や荷揚げ、踏絵などたくさんの手続きがあり簡単には上陸できないが、許可が下りると小宿の宿主（宿郎）が小舟で客の唐人を迎えにきて宿に連れ帰る。その報を受けて馴染みの遊女は小宿へ「お見舞い」に行く。そこで二〜三日、商売抜きで過ごし、唐人に遊女を買う意思があれば遊女に土産などをもたせて一ヵ月に五日、一〇日と呼び入れる。また出船前になると一ヵ月、二ヵ月続けて買い切りになる。こういう固定の馴染みをもっている遊女は現地妻のように唐人に仕える。そしてまた次回の約束を交わして出港を見送るという流れである。効率的に稼げるので、遊女は馴染みの唐人を得るための営業努力を怠らなかった。

日本を初めて訪れる唐人には馴染みの遊女がいないため、遊女たちはアピールして新規客の獲得にしのぎを削った。長崎が初めての唐人は、唐通事《とうつうじ》を同道して丸山に遊女見物に

『延宝版長崎土産』「唐船出港見送りの図」

来る。遣り手の巧妙な誘導で遊女屋に入ると座敷に通され、ずらっと居並んだ遊女全員を見ながら酒肴のもてなしとともに歌や三味線、踊りの馳走を受ける。その中で気に入った遊女がいれば小宿へ連れ帰るという流れが用意されていた。そしてもし気に入る遊女がいなければ次の遊女屋へ移る、ということを繰り返すのである。

馴染みの唐人方へ二～三日無料で泊まったり、全遊女総出でもてなしたりなどの先行投資をするのは、上客の確保が遊女屋と遊女の稼ぎに大きく関わっていたからであった。

一癖ある唐人たち

老女たちによると、唐人は日本人よりも悋気《りんき》であったらしい。日本語のわからない唐人は、自分のいるところでは相方の遊女にささやくことさえ許さず、自分が出かけるときは部屋に外から錠をかけて遊女を閉じ込める唐人もいたという。だが何度も来日して日本のしきたりに慣れてくると悋気ではなくなり、外へ出かけるときには宿主の奥方に預けて、手厚くしてくれるよう頼む姿も見られるようになる。清水寺の老女は異国へ出かけた日本人たちも同じようなものだったのだろうと語っている。

富貴な唐人は遊女によく物を贈った。逗留中は小袖、巻物などをたびたび贈り、出港にあたっては三〇両、五〇両とまとまった額を贈り、遊女がその後、困らないように配慮する。また、遊女に付いている禿や遣り手にまで手厚く贈る唐人もいた。トータルすると揚代以外に数百万円ほどの品物や現金を贈る唐人は珍しくなかった。

老女は語る。唐人にも生まれつき優しい人、いい香りなどを漂わせ琵琶《びわ》、琴《こと》などを弾いて楽しむ客もいる。特に南京《なんきん》人は明《みん》の都なのでそういう唐人が多い。「風俗あしく息くさき日本人と会うよりは、中々心安くてよろしきよし」[36]。唐人でも特に都会出身者は洗練されており、そこいらの日本人よりずいぶんいいと言っているわけで、上級の唐人をつかまえることは遊女としての成功であるとしている。

一方、貿易で損失を出したり船が破損したりして貧窮することも往々にしてあった。その場合、馴染みの遊女も試練を迎えることになる。人情として困ったときは助けてやりたいと誰しも思うだろうが、遊女商売は客を取っていくらの稼業であるため、揚代も払えないような者はもはや客とはいえない。本来はそれが縁の切れ目だろう。

ところが、落ちぶれた唐人客を見限った遊女には、その不義理をほかの唐人や通詞《つうじ》、小宿にまで言いふらされて軽蔑されるという仕打ちが待っていた。揚銭を払う資力もない無一文の唐人も、遊女が請合《うけあい》(立替)で支えてやらなければならないという無形の圧力があったのだ。物語ならば帰国した唐人が大金を携えて長崎を再訪し、遊女を自由の身にしてやったり莫大な贈物で報いてやったりという美しい結末も期待されるのだろうが、唐人が再起するという保証はなく、多くの場合、遊女の借金が増えるだけであっただろう。

遊女の恋

長崎の住民は大なり小なり貿易に依存して生計を立てており、貿易利益からの分配を社会保障の一環として全住民が受けるという特殊な構造下にあった。外国船の入港が多い年には周囲からの流入で人口が増え、少ない年には半減する。商家や富家の奉公人や人足稼ぎなどの仕事の多寡が人口増減の理由である。人口の増減は長崎周辺の長崎村、浦上村、茂木《もぎ》村などの天領郷村が吸収し、景気が良くなれば長崎へ、悪くなれば郷村へと労働人口が移動した。耕地が少なく人口の多い郷村は、都市長崎を支える下層労働力の提供に適しており、多くは長崎市中の住民として定着し、都市的生活に慣れて借家層を形成した。

遊女の供給源もそのほとんどが、こうした出自を持つ市中の借家層であった。出生から一〇年ほどで遊女屋奉公に上がり、二五歳のころ年季が明けて出身の町へ帰った。長崎住民の内、丸山遊廓の客として登楼できるのは箇所持の富裕層のみ。遊女の願いは長崎の客と馴染みになり、年季が明けて所帯を持つこと[37]。丸山遊女が市中の男たちから蔑まれていただろうという憶測は現在の価値観にすぎない。遊女は貧しい若者には手の届かないアイドルであり、しっかりした修業と教養は庶民の尊敬に値すると考えられ、遊女を嫁にすることは男の甲斐性ととらえられていた。遊女にとって問題は、より条件の良い結婚なのであり、結婚することそのものではなかった。よい伴侶を得るためにできるだけ稼ぎ、一方では所帯を持てそうな客との関係を維持するための気の抜けない努力が必要であった。

ほとんどの遊女が唐人行で生計を立てているため、日本人の客と接する機会は限られ、髪洗いの帰宅、親の病気などを口実に日本人の男と密会する遊女も多かった。それを恋と称してつらい生活の中での張り合いにするのだが、多くの場合、遊女の希望が叶うことは稀で、悪い男に騙されてさらに借金を重ねるという悪循環に陥った。老女が言うには、オランダ人を相手にしなければいけない出島行の遊女は、特に言葉も文字も通じない鬼のような異国人を相手にしなければならないので、つまらない日本人にも熱を上げて騙され、ちょっとした旅人にも惹かれるのだという。これは主人公が旅人であることから、そういう遊女は付け入りやすいという暗示ともとらえられる。

しかし、遊女は簡単に一見の旅人のもとには来てくれないと主人公がいうと、老女は、一張羅《いっちょうら》しか持たない遊女は貸し衣を借りなければならないし、行列を組む場合は駕籠かきや鋏箱《はさみばこ》持まで雇わなければならないので、にわかの茶屋遊びなどには付き合えないからだという。さらに、床を共にするといっても遊女の源は白拍子である以上、遊女の価値も舞や小唄などの芸をもっている者が一番で、長崎の遊女は外で商売するために芸をたしなむべきであるという。一見客では元が取れず、芸が未熟な遊女が目立つということであろうか。

遊女屋の景色

続いて主人公は、長崎の遊女たちの特徴はわかったので、いい遊女屋を紹介してほしいと頼む。老女たちは人生のほとんどを丸山遊廓で送り、世間のことには疎《うと》くとも、廓内については各店の隅々、遊女の端々まで知り尽くし、長年の経験で店の盛衰、将来性など語ることができるという設定になっている。また、遊女の良し悪しは遊女屋の質で決まるという経営哲学をもっているので、延宝の遊女屋を語るにはたしかに最適であったろう。各店の一通りの良し悪しを次のように語っている。

一　伊勢屋太郎右衛門　下品な所は少しもなく、隅々にまで目が行き届く心配りがある。そのため、侍や町人など客層がよい。主人に思いやりがあって遊女もまじめに勤めている。また、禿や遣り手まで教育が行き届き接客がいい。

一　豊後屋前の五郎兵衛　かつて、茶の湯、連歌、俳諧に通じ、座興の踊りにまで関心をもつ上品で優雅な遊女屋であったが今はわからない。名妓「金山」、「かほる」を育てたのは五郎兵衛である。この頃は質の劣る安女郎を多く抱えているところを見れば、廃業を考えているのだろう。遊女屋をたたむ者の残念なふるまいは後世の悪い手本である。

一　ひけたや（引田屋）太左衛門　最近新築してきれいになり、店の経営や風儀もよくなった。これからは抱え遊女「薄雲《うすくも》」の時代となるであろう。

一　入すみの後家　前から風儀がよくいい遊女を置いている。

一　与三兵衛あと新左衛門　特にきれいなつくりではないが、昔から遣り手の手腕が高

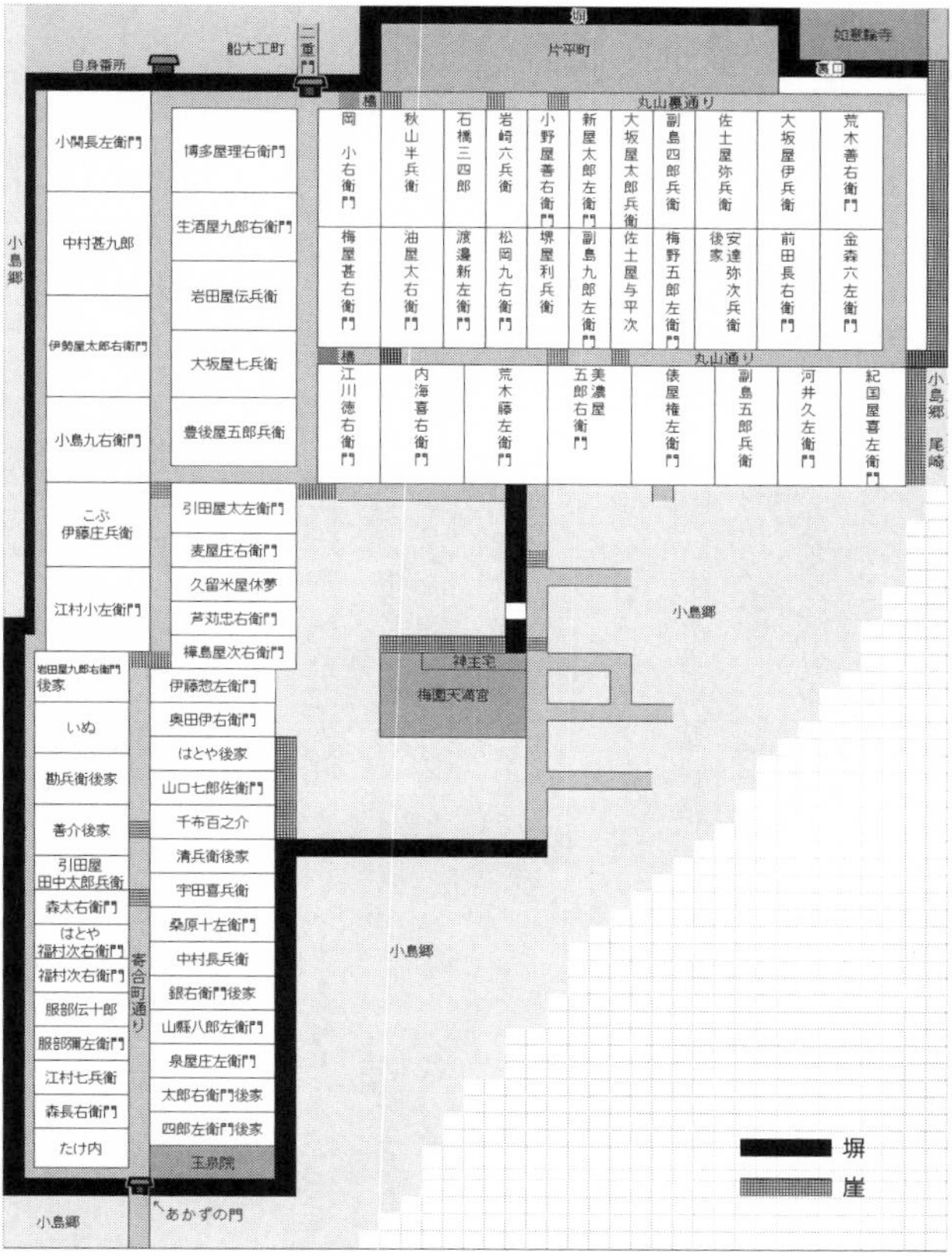

延宝版長崎土産の復元地図

い。近頃「小むらさ紀」、「加州」、「井筒」などの遊女が出てきたのでさらに良くなった。ただし建物が古く濡れ縁が腐っていて、むさくるしい。

一　さどや（佐土屋）後家よし　昔からいい伝統が残っており上品。上客を選んでいる。

一　副島九郎左衛門　最近は亭主の心配りが行き届き客をおろそかに扱わない。

右にあげた遊女屋は誰を連れて登楼しても恥ずかしいことはないが、それ以外の遊女屋は唐人しか相手にしていないため日本人の客相手はむずかしいだろうと老女は語る。そして、見かけは立派だがよくない店をよいというのは後々のためにならないので、正直に悪いところを述べるとして四軒の遊女屋をあげる。

一　寄合町長左衛門あと　玄関からニンニク臭く料理など期待できなかったが、代が代わってからはわからない。名前のある家で建物は悪くない。

一　はとやは唐人のほかには行く人がいないのでわからない。はかたや（博多屋）理右衛門あとは利左エ門が継いだが今は潰れた。

一　丸山の油屋太右衛門　物日など特別な日に行ってみれば美濃国の関宿《せき》や近江国の水口《みなくち》宿のような混雑。質の低い遊女ばかり抱えている。昔、「花かずら」などの名妓がいた頃はこうではなかった。

一 美濃屋五郎右衛門 一番構えの大きい店で能舞台の造り、部屋入りの手順などしっかりしており昔は長崎第一の遊女屋といわれた。遠く大坂にまで聞こえ、芝居にも取り上げられるほど。しかし今は部屋の前は小便の渕となり、ちり紙の白波が立つ。かつての能舞台には洗濯物が干してある。悪臭漂い取り散らかっている。出された器は塗りが剝げ燗酒《かんざけ》のお代わりはいつまで待っても来ず、使いにやった禿は戻ってこず、遣り手も見かけない。遊女は座を立って落ち着かない。

長崎の街が最盛期に差し掛かろうとしているというのに、景気から取り残された遊女屋が唐人を主客として細々と商売しているというのが丸山遊廓の実情であった。

貨物市法と宝の津

貨物市法《かもつしほう》[38]または市法商法などと呼ばれる貿易方法は、生糸《きいと》取引の方法のひとつで、長崎市中に利益還元が大きかったので良法と称えられ、このシステムを考案した奉行牛込忠左衛門は名奉行として歴史に名を残した。

それまでの糸割符制のように、決められた商人たちが利益を独占するのではなく、小口の資金でも参加できる画期的な制度で、貿易利益の六〇パーセントが長崎住民への助成銀として配分され、残りの四〇パーセントは地役人の役銀として還元させるなど、いいことずくめの商法と長崎の庶民から人気であった。住民は土地を所有していることで箇所銀をもらい、土地を持っていない借家住まいの住民も竈銀をもらうことで市中に銀が廻り、にわかに景気が良くなった。長崎での商売に参加したい商人は手代を代理人にすることが許されず、本人が定められた期日までに長崎に到着し、取引終了まで滞在しなければならなかったので、丸山遊廓にとってもまさに顧客獲得の大チャンスであった。

長崎住民はかつて朱印船貿易をしていた家の子孫も地役人化したり、大名や大店の代理店となったりして、大きな資本家がいなくなり、丸山遊廓を支えられるような旦那衆は育たなかった。それでこれまでは、遊女も唐人やオランダ人を相手に稼ぐしかなかったのだが、江戸や上方の大商人自ら長崎に来るという幸運が、ようやくめぐってきたのである。井原西鶴『日本永代蔵』や『好色一代男』もそのあたりの歴史的背景をもとに書かれている。

年中行事の中の遊女

また『延宝版長崎土産』の記された延宝期は長崎の街が落ち着き、現代の長崎につながる文化や風習が始まったころでもあった。それまでの試行錯誤の末に街の年中行事が固まり、一年を暦と年中行事にしたがって、日々の小さな変化を楽しみながら楽しく平穏に暮らせるよう、さまざまな工夫がなされていた。そのような中、丸山遊女も華やかな存在感を放つようになっていった。

『長崎歳時記《ながさきさいじき》』（野口文龍著　寛政九〔一七九七〕年初版）は長崎の年中行事を月ごとにまとめた史料である。何代にもわたって筆写され、その都度、加筆されている。記録された行事の中には、一世代後の天保期にはすでに行われなくなったり規模が縮小または本来の意味から逸脱したりした行事に変わったものなども見られる。この中に、遊女に関わる行事や遊女が参加する行事がある。遊女が見物に訪れるだけという行事が多く見られるが、これは行事に付加価値を添える役割が遊女に期待されていたからだろう。行事と遊女の関係を確かめることは、市民生活の中における遊女の存在を知るうえでも有効であろう。ここでは、幕末慶応の写しを用いてみてゆこう[39]。

正月八日には、丸山・寄合両町で**「踏絵」**があった。『歳時記』では、行事名は「絵踏み」といわず、踏む行為も踏絵と称している。「両町の踏絵は遊女ども美麗をつくし行儀あることとゆえ、以前は市中の遊冶児《ゆうやじ》ども姿をへんじ面を覆うて見物にいたる、其後群衆の者ども町役人と口論出来てより今見物のもののややおとろうという、旅客などもっとも見物に行く」としている。

「踏絵」は正月四日江戸町《えどまち》を皮切りに、八日の丸山・寄合両町を経て九日まで連日行われた。人口の多い町は踏絵一枚を終日かけて踏ませ、少ない町は午前午後に分けて他町と一緒に割り当てられた同じ一枚の踏絵を踏んだ。踏絵の管理は厳密で、当日朝、奉行所の宗門蔵《しゅうもんぐら》から貸し出され、乙名、組頭、日行使、さらに借家惣代までもが立ち会って踏ませた。

「踏絵」は、町内各家を町役人が持ち廻りですべての住民に踏ませ、台帳に当人の印形をとり、後に旦那寺の印形をとって踏絵帳として奉行所に提出するという手続きをとっていた。ふつう玄関の土間に続く部屋で行われ、外からも見えるようになっていた。丸山遊女の踏絵は人気遊女の生足が拝めるというので群衆が押し寄せる人気行事となっていた。遊女たちもそれを意識しておしゃれをして臨んだ。踏絵を踏む行為は、すべてがキリシタンであった長崎の住民には、当初、緊張感のあるものであったが、それらが忘れ去られた江戸時代中期以降は、なぜ踏絵を踏んだり踏ませたりするのかその意味も忘れ去られ、このような年中行事の一つとなっていた。

正月一四日、市中では**「鬼《おん》の骨《ほね》」**と称して家々からおろした注連《しめ》飾りを諏訪神社で焚き上げる行事があった。全国的にある「どんど焼き」や「左義長《さぎちょう》」と同様の行事である。

『歳時記』では「但《ただし》両町の遊女屋も注連おろしとて紋日に定め、妓女《ゆうじょ》客を迎え家内相賑わう」とある。紋日というのは営業促進日。割増料金にもかかわらず客はひいきの遊女のもとへ行かなければならない日とされていた。ちょっとした行事に絡めて設定するため、やがて遊女屋の暦は紋日だらけになった。

正月二〇日、「此日を又廿日恵美酒《はつかえびす》と称して稲佐《いなさ》郷恵美酒社へ参詣あり。以前は市中の男女老少となく小舟をうかべ、あるいは数十艘の屋形船におもいおもいに遊女など携えて興を催していたが、十七、八年前の安永八、九年、遊女町の出口にあたる船大工町で悪党どもと両町の者とが口論となり、遊女の通行が差しひかえられてからは参詣もおとろえた」としている。**廿日恵美酒**の楽しみは、市中から港の対岸の稲佐郷に遠足気分で船に乗り合わせて参詣することと、市中を夜間踊って練り歩くことであった。町踊りの類だろう。それぞれの町から始まった踊りの列が、最後に丸山・寄合両町に達してクライマックスに至るというものであったが、狭い市中は大混雑で、やがて取りやめになった。しかし、その後も湧くように踊りが発生し、この夜両町の賑わいはやむことがなかった。

正月の末頃、遊女が大挙して**諏訪社**、**伊勢宮《いせのみや》**、**松森社《まつのもりしゃ》を参詣**するイベントがあった。「遊女ども衣類美を尽し、市中列を正して参詣するゆえ、男女群衆をなし道をはさんで是を見る」。もっとも高級店である太夫店だけが集まって参詣し、社の側の料理屋で昼食を摂るという内容で、行事とはいえなくもないが、営業戦略としてのパレードといったところだろう。営業中の花魁道中ではなく、昼間の宣伝道中に引き寄せられた群衆が遊女を遠巻きに仰ぎ見るということは、遊女たちにとってもアイドル気分で、まんざら悪い気持ちではなかったろう。

三月一八日の**秋葉山祭礼**《あきばさんさいれい》は、深山の涼気を楽しむ参詣の行事だが、「この祭り春服すでになるころゆえ、市中の男女又ハ遊女のともがら各美をつくして参詣す」とある。ここでも行事の場に欠かせないものとして遊女が存在感を示している。

五月には端午《たんご》の節句《せっく》が盛んに祝われ、**「ペーロン競漕《きょうそう》」**が人々を熱狂させた。中国大陸や沖縄などでも同様の競漕がみられる。もとは、雨水や百虫《むかで》を司る呉越《ごえつ》の風習である龍船競漕が競技化したもので[40]、長崎八〇ヵ町の内、港の維持や船の航行、荷役の当番などを務める船手《ふなて》町三〇町が参加する一大イベントであった。街道の整備や馬方、人足の世話にあたる陸手《くがて》町にこの風習はない。町内対抗戦がエスカレートして刃傷沙汰《にんじょうざた》に及ぶことがたびたびあったので、禁止のお触れが出されることもあった。遊女や遊女屋がペーロンに関わることはなかったが、端午の節句に便乗して営業活動を行っていたことが記録されている。

「両町の遊女共、細き粽《ちまき》をつくり縫《ぬめ》また繻子《しゅす》などの袋に入れ、思い思いの客に贈る。遊《ゆう》治郎《やろう》ども是を得て栄えとし心に悦ぶ事はなはだし。けだし言伝う、常に是を懐中すれば運つよきよし」。遊女は粽を大量に配り、もらった方は自分だけと信じ、喜んで遊女に操を立てるというおめでたい話である。

六月には**祇園会**《ぎおんえ》をはじめとする**夏越祓い**《なごしのはらい》が各社で行われた。特に祇園社は、六月七日から一四日までの日程を一八日頃まで日延べするほど参詣が盛んだった。露店が出て賑わい、季節柄、団扇《うちわ》を買い求める客が多かった。遊女もまた参詣に出かけた。「同十五日祇園社参詣の老若男女肩をすり、踵を継ぎて群衆をなす。もっとも夜陰にいたれば旅客遊冶のともがら遊女を携えてうかれ出、種々の小間物類其他土産の品、女郎やり手又は禿の好に任せて調えくれ、全盛をなす者多し、あるいは万《よろず》の見世《みせ》もの追出し、芝居など有りて大に賑わし」とある。客が買い切った遊女をこれ見よがしに連れ、遊女だけでなく遣り手や禿にまで好きなものを買ってやるのを自慢するというのは大人げない光景だが、遊女がねだれば祭りや夜店に連れて行くのが長崎の粋な遊び方であったのだろう。

『歳時記』には八月七日に、「**稲佐郷弁天社**《べんてんしゃ》**祭礼**社壇のうしろ手に土俵を築きて角力《すもう》あり、市中の男女あるいは遊女各船を浮べて参詣多し」とある。諏訪神社の「くんち」の影響が郷村まで及び稲佐弁天社の祭礼もまた「くんち」と呼ばれていた。奉納相撲以外にも濁酒《にごりざけ》を飲んで酩酊《めいてい》する「飲み会」がメインという祭りも多く、遊女までもが呼ばれて、一夜を楽しく過ごしていた。

諏訪神社の祭礼くんちは九月九日重陽《ちょうよう》の節句に開催されることからこの呼び方が定着した。長崎最大の祭りとして丸山・寄合両町は主役級の働きをするので次項にあらためたい。

九月二一日には寄合町で**稲荷祭り**があった。「見物の男子面を覆い、貌《かたち》をやつし貴賤群衆なしけり」という賑わいで、両町に出入りする男子は面を覆うという表現がよく見られるが、この稲荷参詣もまた同様であった。面を覆うのは、互いに狭い市街地の住人同士で見物人も遊女も顔見知りであったことと、面を覆う行為が一種の様式美と考えられていたからだろう。面を覆うことで、羽目を外すことを許されるという気分があったと想像できる。もっとも、稲荷祭りは口実で、遊女屋が客を迎える紋日（年中行事に因むイベントで、営業促進日。揚代に割増料金が付く）として営業戦略上に位置付けていたことは確かだろう。

以上が、市中の行事に遊女が関わっている記録である。行事ではないが、風物詩として「遊女屋よりはやり手共付添い廻り、問屋問屋の客の取引、町々庶民の行きかうさま、大いに賑わし」と師走晦日《しわすみそか》の状況が描かれている。集金でさえ、遊女が絡めば風景になるということだ。このように、長崎の遊女は遊廓の中でしかその姿を見ることのできない隠れた存在ではなく、市民と共存していた。その登場は行事の価値を上げ、人々の耳目《じもく》を集めることによって集客に寄与したので、主催者にはありがたい存在であった。一般市民も遊女にあこがれや関心といった好感情を抱いていたことが想像できる。

くんちと遊女

遊女の寺社参詣がデモンストレーションを兼ねたものであったのに対し、諏訪神社での神事への参加は遊女町の存在意義そのものに関わる重要なものであった。行事への単なる参加ではなく、両町が最優先で担わなければならない役であったのだ。

諏訪神事とは、諏訪神社の本社から御旅所《おたびしょ》への渡御とそこからの還御の祭事の総称である。祭りのハイライトは神輿《みこし》行列。それに付祭りとして奉納踊りが花を添える。この形は現在の長崎くんちにも受け継がれているが、今日では奉納踊りがメインイベントの観を呈している。

そもそもこの神事は禁教令以前には全住民がキリシタンであった長崎におけるキリシタン対策のソフト事業として、日本の神のデモンストレーションの場として始められたものであった。しかし神輿の体裁や行列の組み方、道程、御旅所の選定などをしっかり固める時間もないまま祭りが始められたため、緊急的に祭りのノウハウと人員が遊女屋に求められた。このとき遊女屋が、神輿行列の警護と小舞奉納の役を担った。遊女屋は、非キリシ

『古今集覧長崎名勝図会』「遊女の行列」

タンであることを売りにして奉行所に食い込み、キリシタン摘発のための山狩り、キリシタンを刑場に護送、磔木の製作などの対キリシタン取り締まり最前線での役割を担っていた。その実績を買われ、華々しい祭りの運営を任されたのであった。

このように、遊女町の発祥と諏訪神事への参加は軌を一にしている。また禁教令が出されると、その政策の大きな柱として、寺社の創建と住民の参詣を促すため、幕府は資金を投入し、市中は寺社の建設ラッシュとなった。そして遊女屋が祭礼にも詳しいということで、非キリシタンであった遊女屋と遊女を寛永一一（一六三四）年、第一回の諏訪祭礼に関わらせることにした。これが恒例となり、以後、明治に至るまで諏訪祭礼の奉納踊りに両町は欠かせないものになった。[41]同年には丸山遊廓はまだなく、丸山にあった太夫町、中島川側にあった旧寄合町などに分散していた遊女屋から、「高尾」、「音羽」二人の遊女を出して小舞を奉納させたことが、その後の神事の始まりとなった。「高尾」、「音羽」は非キリシタンであったことから、従来からあった太夫町ではなく、博多などから移り商売を始めた旧寄合町の遊女であったと思われる。

　初めての渡御は緊張の中で行われた。当時は市民のほとんどはいまだにキリシタンで、神社も祭りも拒絶していた。そのためキリシタン時代、かつて聖体行列が行われていた通りを神輿が通ることには我慢がならず、豊後町《ぶんごまち》という町の四つ角で待ち構えていたキリシタンたちが神輿に石礫《いしつぶて》を投げて進行を妨害した。神輿を先導していた薬師寺久左衛門のとっさの判断で行列はキリシタンのいる本道を避け、新町筋《しんまちすじ》という小道に進路を変更した。キリシタンたちは警護の遊女屋手配の者たちに捕らえられ、奉行所に連行された。かくして通りからキリシタンたちが一掃されたので行列は再び本道に復し、大波止《おおはと》の御旅所に到着した。この経路は江戸時代を通じての定式のコースとなった。すべて本道を歩く現在の形式となったのは、明治になってのことであった。

　このように当初は市民には歓迎されない祭りだったが、奉納踊りだけは大成功だった。特に先陣を切って小舞を奉納した遊女町の「音羽」と「高尾」はその名が人々の記憶に残る名舞踊であったらしい。このことを先例として、毎年、遊女町から踊り奉納を出すという役が両町に割り当てられることになった。

神輿行列に供奉《ぐぶ》する御供町《おともちょう》を別名、踊町《おどりちょう》といった。毎年、一一の町が七年に一度、踊町となるように、七七町でローテーションが組まれた。八〇ヵ町の内、オランダ人が住民の出島町を除いた七九町の中で、丸山・寄合の二町は毎年奉納踊りを割り当てられたので、他町は七年に一度の晴れ舞台になるのである。

両町は毎年のことなので、町内での準備やお披露目などもいたってシンプルなものであった。禿から美貌の娘を選んで、くんちに備えて日ごろから舞曲能の曲舞を練習させておき、本格的な練習開始にあたる「小屋入り」から演目の特訓を行った。「小屋入り」とはどの町内でも六月一日ごろに諏訪社に参詣し、町内に練習小屋を設置することからこのように呼ばれた。美少女の禿は小屋入りに際し源氏名を与えられ、正式に遊女の待遇を受けた。無事、奉納踊りを務めてからいよいよ遊女としてデビューするという段取りである。数多《あまた》の禿から選ばれた二名の踊り子は、今日のアイドル並みの人気を集め、行く先々に人だかりができた。奉納踊りを舞うことは遊女稼業の大きな名誉と考えられていた。両町の組頭は踊り練習の進捗《しんちょく》状況を毎日確認し、くれぐれも粗相《そそう》のないように気を遣っていた。

祭礼の当月である九月になると本格的に行事がはじまる。まず、九月一日の「庭卸《にわおろし》」。踊りの稽古を終え正式に踊りを始めることをいう。踊町では、家ごとに表から裏まで開放し、座敷には伝来の什器や書画を飾り、主だった家では傘鉾や踊り子の衣装を展示する。家を表から裏まで開放することにより、キリシタンの信仰を行っていないことを示す目的もあった。この形式は現代まで「庭見せ」の行事として引き継がれている。

翌二日、踊町は家ごとに門前で踊りを踊って足揃えをする。「人数揃《にぞろい》」と称して、諸道具や衣装を身に着けて、本番さながらに踊りの出来を町内に披露する。丸山・寄合両町は毎年の踊り奉納であるためにこれも形式的で、各家をまわらず、稲荷社、乙名宅、遊女を出演させる遊女屋で踊った。

九日、この日は祭りの初めという意味で初日または前日といった。また、神輿が大波戸まで下るので「お下《くだ》り」とも呼ばれた。踊りの奉納は諏訪神社の「長坂《ながさか》」の下の踊馬《おどりば》場《ば》、西役所、御旅所、立山《たてやま》役所、代官所、町年寄宅の順番で回った。その後は、祭りのスポンサーである町役人宅や知人の家などで簡単に踊りを披露する「庭先回り」があった。

両町の奉納踊りは他町に先駆けて実施されるため、暗いうちから町を出発し、太鼓を打ち鳴らしながら諏訪神社に向かった。丸山・寄合両町は長崎の西南に位置し、諏訪神社は北に位置している。すなわち長崎の端から端までの行程。実は一・五キロメートルしかなく、その間にはびっしりと小さい町が肩を寄せあっているが、急げば徒歩一五分程度の道のりにすぎない。両町が選んだ経路は山側の寺が並んでいる比較的静かな道であったが、最初の祭りの際、途中でキリシタンに投石された上、太鼓のばちを奪われたことから、以後、この場所からは囃子方《はやしかた》を止めるのが恒例とされた。[42]
卯《う》の刻（午前六時頃）に両町の踊りが始まると、ただちに立山役所と西役所に注進が走った。これもキリシタン対策の名残である。奉行本人は踊場に来ることはなく、奉行の家老が名代として踊りを見た。午《うま》の刻（正午）頃に奉納踊りは終わり、未《ひつじ》の刻（午後二時頃）神輿が渡御を開始する。道筋は前述の通りである。この行列は、キリシタンへの警護の形をとり弓や長刀、槍などで武装して行われた。踊町は、神輿に先駆けて御旅所へ向かった。神輿の後ろに惣町の老若男女が付き従い、その中にあでやかな遊女禿の行列が続くこともあった。祭礼は一一日の奉納踊り流鏑馬《やぶさめ》を以ておわり、関連して一三日に神事能が行われることで、すべての神事が終わる。
遊女は、くんちには欠かせない存在であった。対キリシタン対策の尖兵として、キリシタンの海の中をかき分けていった両町の先祖たちの働きが、遊女屋と遊女が市民権を獲得するきっかけとなったからである。
年中行事の中の遊女は人々の憧れであった。港を中心とした狭いすり鉢《ばち》状の町で遊女の存在は娘たちの憧れとなり、男たちからは手の届かない高根の花のアイドルとなったのであった。

第四章　海を渡ってくる「お得意様」——唐人たちと遊女たち

長崎版画「唐館部屋の図」（長崎歴史文化博物館）

唐人屋敷の高札

唐人屋敷の大門前には、次のような高札が立てられていた。

禁　制

一　断なくして唐人構之外へ出事
一　傾城の外女人入事
一　出家、山伏諸勧進之もの並乞食入事
右之条々可相守之若違背者可為曲事者也
巳閏正月　日

この高札には、唐人の無断外出禁止と女性は遊女のみ入館が許される旨、示されている。この三条の規則は幕末、唐人たちへの制限がなくなるまで堅く守られた。

元禄二（一六八九）年に唐人屋敷が完成して隔離されるまでの間、唐人たちは制限を受けずに長崎市中を闊歩し、日本人と接触してきた。それが禁教及び抜荷《ぬけに》対策のために隔離が決まると日本人たちとの交流も途絶えた。その唯一の例外が遊女だった。

「唐人」という呼び名は日本人が付けたのではなく、自ら名乗ったものである。明清《みんしん》交代を挟んでの時期であったから、明人も清人と名乗ればよさそうなものだが、明人は蛮族として清人の呼称を嫌い、あえて昔盛んだった唐朝から唐人と名乗った。彼らが乗る船は「唐船」。それに乗る今日のタイやベトナム、インドネシアなどからの人々も併せて「唐人」と呼ばれた。つまり「唐人」とは、長崎に入港してくるアジア系で「唐船」に乗る人々ということである。長崎に来航する船には乗組員と客あわせて五〇人程度のこうした「唐人」が乗り合わせていた。商品が売れるまでの滞在だったので、短期のこともあれば年をまたぐ場合もあった。その間は長崎市中にとどまり、消費者として長崎の街を潤した。唐人が遊女の最大の顧客だったのには、こういう理由があった。

唐人屋敷

唐人屋敷の成立については、貞享五（一六八八）年、老中奉書の「唐人共の儀、来年より阿蘭陀人差し置かれ候出島のごとく、一囲に致し差し置きしかるべき旨、思し召され候、これにより松平主殿頭《とのものかみ》・松浦肥前守と相談をとげ存じ寄り申上ぐべき由仰せ下され候事」[43]という建設命令にしたがって、直ちに両大名は長崎を訪れ場所の選定を行った。

町年寄高島四郎兵衛が工事総支配役、出来大工町《できだいくまち》乙名岡崎喜兵衛が大工差配役となり、敷地を高低差に応じて上中下段に整え、それぞれを石垣で築き上げ通路を付け、およそ七ヵ月で竣工した。唐人屋敷の呼び名は長崎奉行川口源左衛門が付けた。

唐人屋敷が設けられた理由は、キリスト教禁令を強化すること、唐人貿易の抜荷を防ぐことの二点であった。当時清ではイエズス会宣教師マテオ・リッチが活躍し、その余波は日本にも及んでいた。輸入される書籍にキリスト教に関係するものが見つかったため書物改役《あらためやく》を置き検閲を開始するとともに、唐人を介して日本人にキリスト教が伝播《でんぱ》するのを防ぐため唐人の隔離が図られた。また、幕府は貿易量を制限しているにもかかわらず多数の唐船が来航するのは正規の取引だけでなく抜荷を行っているからだという疑いを持っており、その原因が唐人の市中散宿にあるとみていた。これら二つの憂慮を解決するために唐人屋敷は設けられたのである。

唐人屋敷は市の外れの十善寺《じゅうぜんじ》跡の山の斜面を切り開いてつくられた。その面積は竣工当時六八三〇坪ほどで、その後九三七三坪に拡張された。練塀の外に竹垣を設けたため、さらに一八三五坪が敷地に加えられた。入口は大門一ヵ所で、次に二の門がある。この間が広場になっていて、唐人のための生鮮食料品や日用品などの市が開かれた。二の門内側の約七〇〇〇坪が唐人たちの居住区で関帝堂《かんてい》、観音堂、土神堂《どじん》、媽祖堂《まそ》、霊魂堂などの諸堂が置かれた。

唐人の住宅は唐館といわれ二階建ての一九棟。階上は二〇部屋。船頭や客商などが住む本部屋。階下は乗組員が住む三〇の大部屋で取引額に応じて家賃を納めていた。豊かな上客や船乗りは棚子《たなご》という小屋掛けしたものを増築して別に住むようになった。また唐人部屋の二階に露台を付けて建て増ししているため当初の姿とはずいぶん異なった姿に変わっていった。屋敷内には小店や風呂屋などもあり唐人の故郷同様の生活が営まれた。

大門内のマーケットには許可を受けた日本人商人が出店した。伊万里焼、銅器物、蒔絵《まきえ》道具、和紙などの品から野菜、魚、肉などの食品、酒・酢・醤油などの調味料、薪炭など生活に困らない商品が販売されていた。

唐人屋敷は惣町から抜擢《ばってき》された日本人役人の手によって厳密に管理された。上位が唐人屋敷乙名。その下に唐人屋敷組頭。さらに唐人番、辻番、探番《さぐりばん》、杖突《つえつき》など警備の役職があった。唐人屋敷乙名は組頭を指揮して、唐人屋敷内の取り締まり、唐人からの請願の取次、取引の立ち会い、施設管理などが主な職務であった。唐人屋敷乙名が取り締まるのは唐人と館内で働く日本人。唐通事や奉行所の役人は乙名の管理外であったが、逆に唐通事を監視する唐通事目付から唐人屋敷乙名も監視されていた。唐人屋敷乙名は受用銀九貫五二〇目（約二〇〇〇万円）、同組頭は五貫二七〇目（約一一〇〇万円）という高給であったが、抜荷や不祥事があれば容赦なく罷免《ひめん》されるなど常に緊張感のある職であった。

唐人番は二の門の番所に詰め、出入りする者の門鑑《もんかん》を改め、唐人が館外へ出るときは付き添う。辻番は館内の辻番所に詰めて監視、探番は門外から入る唐人の懐《ふところ》を探る。杖突は館内のパトロールをして不審な唐人をとがめる役である。唐人や出入りの日本人は隙を見つけては抜荷しようと企んでいたので油断のできない職務であった。

宿舎は出港地別に部屋分けがしてあり、どんなに混雑していても出港地の異なる唐人が同じ部屋に起居することはなかった。食事も出身地や職階別で自分賄《まかな》いをした。唐人が営む煮売屋などもあった。明和元（一七六四）年に長崎に来た浙江省銭塘《せっこうしょうせんとう》の人汪鵬《おうほう》が書いた『袖海編《しゅうかいへん》』[44]（『長崎県史史料編第三』所収）を手掛かりに、唐人たちの館内生活の一端を見てみよう。

汪鵬の目撃した遊女

長崎に到着した唐人たちは、港口の換心山《かんしんざん》（高鉾島《たかほこじま》）を眺め、新地荷蔵《にぐら》に架かる落魂橋《らくこんきょう》を渡ると人が変わったように金を湯水のごとく使うようになる。何かにつけ盛大な宴会を開き、そのために莫大な出費をしているが、金銭感覚が麻痺していて浪費に気づかない。金銭について合理的な唐人であっても唐人屋敷では感覚が麻痺し思わぬ出費をしてしまう。

『長崎名勝図絵』「唐人宴会卓子料理図」

その原因として唐人屋敷に出入りする遊女たちが大きく関与していることに汪鵬は気づいている。遊女は男性しかいない唐人屋敷に出入りできる唯一の女性であるため、汪鵬の目から見ても貴重な存在であった。遊女を迎えるにあたっては「撒羹《さんこう》」という宴会を必ず催さなければならなかった。珍味の並ぶ宴会の主賓は遊女。夜が更け酔いつぶれるまで参加者は引き上げることができなかった。珍しい肴の出費は中流家庭の半年の食費に相当し、遊女の歓心をかうために傾ける酒代は貧乏役人の数年分の俸給に等しかった。

遊女には賢い者が多く、言葉も対応も巧み。化粧も上手で美しい顔に見事な衣装を着けている。一四～一五が妙齢、二五になると廓を出る。三〇になると年寄り、と遊女の年齢が若

『長崎名勝図絵』「唐館遊女出代之図」

いことに汪鵬は感心し、太夫は品よく客をもてなし痒《かゆ》い所に手が届くサービスを一生付き添う伴侶のようにしてくれると褒めている。遊女や禿の気配りに唐人たちの恋心は揺れて、湯水のように金を使うようになるというのが、汪鵬の遊女評であった。享保一六（一七三一）年一年間で延べ二万七三八人の遊女が唐人屋敷に入り、銀高一〇三貫六九〇目（現価約二億五〇〇〇万円）の売り上げがあった[45]。

唐人屋敷に行く遊女は「唐人行」、あるいは屋敷の所在地の地名から「十善寺行」、また「唐人屋敷行」、「唐館行」などとも呼ばれていた。

遊女は官命により居続けが許されず、入館翌日には丸山に帰ることになっていた。もっともこれは建前上のことで、いったん門外に出てすぐ引き返して入るなどの方便があり、その様子がむしろ名物となっていた。『長崎名勝図絵《ながさきめいしょうずえ》』という書物には遊女の出代り日（滞在の上限に達した遊女と新規の遊女の交代、名目的に遊女が一斉に入れ代わる日）として朔日《ついたち》、五日、一〇日、一五日、二〇日、二五日を示し、俗に「出かはり」と称したとある。正徳三（一七一三）年からは一夜に限らず二夜三夜寝泊まりできるようになった。その後、出島も同様に、五日を一期として滞在できるようになり、天保の頃には船頭や財福、客唐人相方の遊女には一〇日の居続けが認められるようになった。[46]

遊女や禿が唐人屋敷に入るときには、まず丸山町・寄合町それぞれの乙名宅で所持品や服装などの検査を受け、その後、唐人屋敷の番人に差紙《さしがみ》と呼ばれる唐人屋敷乙名発出の許可証を提出する。唐人屋敷でも乙名部屋に詰める両町の組頭が同様に検査する。これにはダブルチェックという意味以外に、抜荷の品を持ち込ませないという意味もあった。幕末の絵図には、遊女は太鼓帯を締めず扱帯《しごきおび》のまま下駄履きで歩く姿が描かれている。これは探番といわれる役人によって髪飾りから衣装まで細かく検査されるので、その面倒なボディーチェックを避けるために最初から簡素な衣装にしていたのである。探番からは、大きな帯は何でも隠せる宝石箱のように見られていた。

唐人と遊女の交遊

唐人は丸山遊女を嫖子《ピャウツ》、禿を小杉板《ショウサンパン》、遣り手を老杉板《ロウサンパン》と、遊女屋の主人を忘八烏亀《ワンパウキ》と呼んだ。嫖子は遊女という意味で、小杉板、老杉板のサンパンというのは小舟のことで、遊女を運んでくるという意味である。小や老は見かけ。忘八烏亀は人でなしという意味。特に日本でも遊女屋の主人は「忘八」の蔑称で呼ばれていた。遊女と遊んで遊女屋を憎むとは偽善の極みだが、少女らの生き血を吸うという定型の敵役《かたきやく》として、遊女屋の主人は忌み嫌われていた。

前記『長崎名勝図絵』に、「唐館和語ニテ妓華客ニ戯ル」と題して遊女と唐人の簡単な会話が載せてある。唐人が片言の日本語を使って遊女とどのような会話をしていたかを知ることができる。

君是妾心坎　君何不愛吾　妾今回去後　君又別楼呼

（君ハ是レ妾ガ心坎　君何ゾ吾ヲ愛セザル　妾今回リ去リテ後　君又タ別楼ヨリ呼バン）

オヤマ　ワタシガ　シンカンサン　オヤマ　ワタシ　スコナカナ　ワタシ　イマモド

ロ　スンダモ　マタベチヤド　ヨボウジャロ

（あなたは私の心坎〈親愛なる人〉さん。あなたはなぜ私が嫌いなの。私が帰った後は、また別の

妓楼から誰かを呼ぶのでしょう）

華客答和

娘口甜如蜜　心刀多瞞吾　欲帰今便去　莫管別楼呼

（娘ガ口甜《あま》キコト蜜ノ如シ　心刀ノ如ク多ク吾ヲ瞞ス　今便《すなわ》チ去ル　別楼ヨリ呼ブコトヲ　管スルコトナカレ）

『長崎名勝図絵』「唐人に浄瑠璃を教える遊女」

コナタ　ハナソ　クチモ　サトウ
ト　オナジコト　ココロ　ホウチ
ヨ　オナジ　タッサン　ダマソ
モドロ　ホシイモ　イマモドロヨ
カ　ベチヤド　ヨボウ　カンマン
サンニウジヤロ[47]

（お前の言葉は蜜のように甘いが、心は包丁のようでたくさん私をだます。戻りたければ今すぐ戻ればいい。別の妓楼から誰を呼ぼうと私の勝手だよ）

たわいもない遊女と客唐人の会話である。遊女が中国語を話すというよりも、唐人が中国語の語順でうろ覚えの日本語の単語を使った会話のように見える。遊女はまだ少女といっていい年齢で物覚えも早く、利口な娘はかなり正確な中国語で会話ができたと思われる。中年や壮年も多い唐人は、遊女の拙《つたな》い中国語に対して覚えたての日本語で苦心しながら自分のいいたいことを伝えていたのであろう。かくして日中混合の「ちゃんぽん」語がコミュニケーションの手段であったのだろう。唐人との交遊により、自ずと丸山遊廓の国際的な性格がつくられていった。遊女が唐人屋敷で使っていた言葉が市中に伝わって今日も年配者が使っているものに、アチャさん（阿茶＝唐人の敬称）、欽銭（キャンスイ＝金欠）、相思（シャンス＝愛人）、湯匙（トンスイ＝ちりれんげ）などがある。遊女と唐人、遊女と一般住民の連繫で、市中でも使われるようになったのだろう。

遊興目的の唐人

唐人の目的が交易であることは言うまでもないが、利益が薄くなっても、入港数を制限されてもなお、来航が途切れることがなかったのは、彼等の目的が、たんに交易で利益を得ることではなかったからだった。商用にかこつけた唐人、それどころか商用のまったくない唐人が、長崎行の船には多数便乗していたのである。この経緯について、唐権《とうけん》氏の『遊興都市』長崎へ――江戸時代における中国人の日本旅行に関する研究一六八四～一八三〇」[48]に依ってみてみよう。

中国大陸における明から清への王朝交代は、以前から長崎とも密接な関係にあった江《こう》南《なん》、浙江の地を荒廃させた。明朝では都市文化の中で娼妓が占める地位が高く、妓楼は単に売春宿ではなく、文化の発信地およびその中継地としての役割を果たしていた。しかし、王朝交代の際の戦禍により南京、蘇州《そしゅう》、揚州《ようしゅう》など江南の妓館、酒楼などの娯楽施設は破壊され、さらに清朝は娼妓の存在を認めず、関連する文化も否定した。かくして華やかな文化を誇った江南の地にはいまや遊女は隠し遊女しかおらず、芝居に登場するのは老女しかいないというありさまとなった。この娯楽の低調が一〇〇年余り続いたため、その間は長崎に行くことだけが快楽を求める唯一の方法となっていた。

唐や宋の時代には世界の果てであった日本も、倭寇《わこう》の往来などにより明の時代には心理的な距離が近くなり、清の時代になると江南から長崎までの距離と所要時間も正確に把握されていた。南京や寧波《ニンポー》からは平均して一週間程度の航程だが、中には奇跡的に丸一日で到達する例も見られたという。当時の遊客にはこの程度の距離と移動時間であればまったく問題にならなかっただろう。

前章で取り上げた『延宝版長崎土産』でも、「若唐人などは、長崎の遊女を恋しつつ、商いにことよせ、渡海するものあるとし也」と元遊女の老女が語っている。出島オランダ商館医ケンペルも、『日本誌』に次の一文を残している。「ちょっと想像できないことであるが、ときには一〇〇人を満載してきたジャンクも数度あった。これらの人々の大部分は船客で、品物を売って儲けようという連中であり、他の者も遊びがてらやってきた連中である。遊びがてらやってきた連中というのは若い金持ちのシナ人であり、長崎でただ遊ぶというよりは、正しく言えば女遊びをするためにやって来るのである。シナでは金で女を買えるところはどこにもないが、日本では至るところで女郎買いができ、特に長崎の町の遊女は、他の町の女郎よりもずっとよい稼ぎをしている[49]」。

一七世紀の清朝では個人の海外渡航への統制が緩く、また日本でも貿易許可証にあたる信牌《しんぱい》を船頭が所持しているかどうかだけが問題で、乗船者の身分確認などはなかった。つまり唐船に乗せてもらいさえすれば、容易に長崎に来ることができたのだ。当時の感覚としては、唐人の客と遊女とは東シナ海を挟んでの、ちょっと遠い隣人程度だったのだろう。

優遇される唐人

唐船貿易といっても日本側から唐船に積載できるようなこれといった商品はなく、精錬した銅を棹《さお》状にした棹銅《さおどう》を代価として支払うという、実質、購入のような形式であった。清朝では銅銭を鋳造するためにいくらでも銅を必要としていた。唐船は薬種や生糸、書籍、雑貨などを長崎に運び、長崎から棹銅を中国大陸に運んで大きな利益を得た。日本の産銅量が安定していれば唐船商売も安泰だったのだろうが、やがて銅資源は枯渇し、銅の海外流出を止めなければならなくなった。江戸時代を通して何度も貿易制限令が出されたのは、国内資源の枯渇が原因であった。

貞享元（一六八四）年に発せられた貿易制限により、積載した荷を積んだまま戻らせられた唐船が日本近海で密貿易を行う事態が続出した。日本の小舟が沖合で唐船に漕ぎ寄せて行う抜荷は厳罰を科しても止むことがなく、幕府は貿易制限を緩くすることで抜荷を減らすという弥縫策《びほうさく》をとらざるを得なかった。[50] また度重なる貿易制限により唐船貿易の旨みがなくなると、唐船の来航数が減少し、今度は逆に日本側が必要とする薬種や書籍、貨物を手に入れられなくなる恐れが出てきた。例えば梅毒治療薬の山帰来《さんきらい》が手に入らなければ、社会的な問題になることは明らかであった。そこで、唐船をつなぎとめるための手段として用いられたのが丸山の遊女たちであった。

幕府では、唐人たちを喜ばせるために丸山遊女の揚代を低く抑える方策をとった。オランダ人が出島に呼んだ太夫に一日あたり三〇匁（約六万円）揚代を支払っているのに対して、唐人には同じ太夫に六匁（一万二〇〇〇円）という、比較にならないような安価な揚代で済ませていた。これが唐人たちを引き留める措置であった。この安価な揚代のために、毎日一〇〇人近くの遊女が唐人屋敷に入り、唐人たちを慰めていたのである。かくして、貿易だけではなく、安く遊べる魅力的な遊興都市として、唐人たちに長崎が印象づけられることになった。

唐人からの貰い物

遊女には身代金の返済を行うための年季が設けられ、借金は揚代から返済される。すべてを取り上げられると身の回りの品を買う金や、小遣いに不自由するので、いくらかの収入を歩合でもらえることになっていた。揚代のおよそ二割程度の収入があったらしく、それが稼ぐためのインセンティヴにもなっていた。丸山遊女の収入源として最も大きく、また魅力的であったのが、唐人とオランダ人からの貰い物であった。貰い物は、「大貰い」と「小貰い」に分けられていた。厳密な区別ではないが、砂糖などのように大量にもらって換金できる高価なものを「大貰い」、日用品や小物、装飾品などの安価なプレゼントを「小貰い」といっていた。

そのほかに、貰い銀や貰い銭など、チップ的な金銭の贈与もあった。本来、外国に持ち去られるはずであった日本の銀銭が遊女たちを経て国内に還流されることは幕府にも歓迎された。しかし、幕府が唐人屋敷内では正銀の代わりに銀札《ぎんさつ》を使うよう定めると、唐人たちは遊女が喜ぶので、珍しい品物の形で贈りたがるようになった。下級の船員たちには砂糖などの手持ちがないので五貫文までは銭を贈ることが許されていた。これには下級船員の相方となり粗食で酷使される遊女の救済の意味もあった。[51]

「小貰い」は反物や布、小間物、衣食住の道具などで、舶来品に限らず国産の品もあった。建前としては唐人が館内で使用している私物を贈るということだが、わざわざ贈物として喜ばれる換金性の高い物を購入して贈られた。また、遊女が無心して貰うことも多かった。気前の良い唐人たちは遊女からも禿からも人気があった。遊女にとっての上客とは、まさにこのような、高価な贈物をしてくれる客のことであった。

唐人屋敷に隔離される以前には、長崎市中に散宿し遊女を現地妻として抱える唐人が多かった。そういった家には大量の、唐人個人の持ち積荷が蓄えられていた。遊女たちはその中から高価な物を貰い、それを転売することで大きな収入を得ていた。本来ならば幕府の統制外で商品が売買されるのは抜荷と変わらず、当然取り締まりの対象になるべきであった。限度を越えた貰い物の習慣が唐人屋敷に蔓延すると、はじめは緩やかに、後には厳密に、幕府も貰い物を管理した。

一方、実質的には貿易品と同様の「大貰い」は、唐人屋敷乙名に届け出て、対外貿易一切を取り仕切る長崎会所で正規に売却した上で、その代銀が遊女町の乙名から遊女屋を経て遊女に渡された。「小貰い」にも同様の届け出が必要だったが、こちらの場合は特に支障がなければ貰った現物が遊女に渡された。貰った布や小間物は自分で使う以外は売却したり人に贈ったりした。遊女が売却する場合には、遊女町乙名に届け出、売却先の相手方の乙名に「釣合状《つりあいじょう》」という書面で通知をして怪しい取引ができないよう監視した。

「大貰い」も「小貰い」も、中間で抜き取られることなく遊女の手元に現金ないしは現物が届いた。しかし手続きがあまりに煩雑《はんざつ》だったので、貰ったものを隠して館から出る遊女も多かった。それで先述のように探番という役人が、持ち物、衣服の中、髪の毛の中までボディーチェックを行った。かなりの確率で小物は発見された。遊女に関する「犯科帳」の記録に最も多いのが、こういった軽犯罪の類であった。その場合、軽い叱責《しっせき》と唐人屋敷出入り禁止が申し渡された。唐人屋敷に入れない遊女は出島にも入れない。貰い物のない遊女は大幅な収入減となるから、これには刑罰以上の抑止効果があった。

しかし、禿たちには世間知らずのためか面倒な手続きを嫌ってか、小貰いを持ち出す者が多かった。一五歳に満たない遊女たちがたびたび「犯科帳」に載せられたのも、プレゼントをもらう機会が多く、また発覚するのはほんの一部にすぎないという安易な考えの子が多かったからかも知れない。

遊女の貰い砂糖

砂糖は、長距離の航海を経て長崎に入港する唐船蘭船とも大型船のバランスを取るためのバラストを兼ねた商品として大変重宝された貨物である。一八世紀末までは国産化された砂糖はごくわずかで、国内需要は唐船蘭船がもたらした砂糖が供給源となっていた。日本に持っていくだけで砂糖の原産地東南アジアでの価格の一〇倍で売れ、しかも重しとしてバラストにもなるという、まさにおいしい商品であった。

長崎会所が置かれる以前は、砂糖一〇〇斤《きん》が銀一〇〇匁（約二〇万円）ほどの価格で国内流通していたが、長崎会所が掛物《かかりもの》（関税）二〇〇パーセントを課すと国内価格は砂糖一〇〇斤あたり銀三〇〇匁（約六〇万円）と高騰した。この差益で長崎会所が運営されていた。

丸山遊女は唐人やオランダ人から贈物として砂糖を大量にもらった。もともと安い砂糖を買って大量に持ってくるため、贈物も破格のトン単位であった。現物を貰うのではなく長崎会所で売り払い現金を貰った。「寄合町諸事書上控帳《よりあいまちしょじかきあげひかえちょう》」には具体的な贈物の実態、金額や礼金などが記されているのでみてみたい。

一　長崎会所払方年番より切紙を以て、明日九つ時遊女貰い物代銀相渡すべき間、遊女その外遊女屋遣り手とも直に請け取り罷り出候よう、もしまた病気にこれ有り候わば、追って相渡すべき段申し来、右請け取りに組頭勘助殿下役太右衛門市郎太唐人屋敷筆写正右衛門出勤左の通り、此方忌中に付き罷り出ず

在留卯九番船

岩見屋ふく内

白砂糖千斤

立花

一　弐貫四百拾八匁四分四厘

内三拾目　町内稲荷社勧化

九拾六匁七分三厘七毛六弗　町役人中礼銀

四匁二分九厘　仲宿礼日雇賃弁当代

正ミ〆弐貫弐百八拾七匁四分一厘二毛四弗

百五拾斤

岩見屋ふく

一　三百六拾弐匁七分六厘六毛

遣手

百斤

一　弐百四拾一匁八分四厘四毛

在留卯九番船は越年した唐船で天明四（一七八四）年来航。出航にあたり世話になった遊女と遣り手たちに贈物として砂糖を与え、その売却代金を長崎会所へ受け取りに行かせたという寄合町乙名の記録である。

贈り主唐人の名は見えないが、岩見屋《いわみや》抱えの遊女「立花」に対し白砂糖一〇〇〇斤を贈っている。一〇〇〇斤は約六〇〇キログラムに相当する。その代銀が二貫四一八匁四分四厘（約五〇〇万円）、その内、町内の稲荷へ銀三〇匁（約六万円）、組頭や遊女小使などの町役人に九六匁七分三厘七毛六弗《ふつ》（約二〇万円）の謝礼と遊女の詰所仲宿と砂糖の運搬にあたった日雇いに四匁二分九厘（約九〇〇〇円）支払っている。残高二貫二八七匁四分一厘二毛四弗（約四七〇万円）をすべて遊女「立花」が受け取った。

贈り主は遊女あてとは別に岩見屋の遣り手に白砂糖一五〇斤（約九〇キログラム）、銀三六二匁七分六厘六毛（約七三万円）と白砂糖一〇〇斤（約六〇キログラム）、銀二四一匁八分四厘四毛（約五〇万円）を贈っている。遊女「立花」の身代金をはるかに超える贈物であり、それ以上は差し引かれることなくすべて受け取ることができた。銀二貫は寄合町乙名の年俸に匹敵し、いかに大きい金額であったか想像できるだろう。また、「立花」の職場環境を差配する遣り手への心遣いも手厚い。贈り主がこの砂糖をどの程度の金額で仕入れてきたかといえば、計算上は白砂糖一斤あたり五〇〇〇円で換金されているが、実は日本に持ってきて一〇倍、掛物で三倍とすれば、二〇万円足らずの出費にしか過ぎない。砂糖の値段が極端に高かった時代の数字のマジックだが、遊女の莫大な稼ぎに砂糖の贈物は欠かせなかったのである。

遊女「立花」が特別にたくさん砂糖を贈られたというわけではなく、同年同様に砂糖を貰った遊女の記録があり、もらった白砂糖の量と換金した後の手取りは次の通りであった。

・白砂糖二〇〇〇〇斤（一・二トン）　銀四貫五七四匁（約九一五万円）　引田屋　遊女夕梅
・白砂糖一〇〇〇〇斤（六〇〇キロ）　銀二貫二八七匁（約四七〇万円）　筑後屋　遊女花松
・白砂糖五〇〇〇斤（三〇〇キロ）　銀一貫一四五匁（約二三五万円）　筑後屋　遊女花世
・白砂糖五〇〇〇斤（三〇〇キロ）　銀一貫一四五匁（約二三五万円）　引田屋　遊女しつか
・白砂糖九〇〇〇斤（五四〇キロ）　銀一貫六〇一匁（約三三〇万円）　引田屋　遊女姫きく
・白砂糖二〇〇〇〇斤（一・二トン）　銀四貫五七四匁（約九一五万円）　油屋　遊女萩ノ戸

砂糖は遊女だけではなく、町役人、遣り手、禿などに広く贈られ、本業での稼ぎを上回る収入があった。上記の遊女はもちろん町娘憧れのエース級である。その稼ぎは遊女本人の手にとどまるのではなく、親の手を経て費消され長崎全体に還元されたものと考えられる。親にとってエース級遊女の娘を持つことは一攫千金に値する幸運だった。

遊女が得た収入こそ、庶民が貿易利益を得ることのできる最も確かな収入であった。

禿の持ち出し

宝永五（一七〇八）年から宝暦七（一七五七）年のおよそ五〇年間、「犯科帳」に記されている唐人に関わった遊女の犯罪は二八件。そのうちの一三件、半数近くの事件に禿が関わっている。

寛保三（一七四三）年、寄合町の肥前屋和太夫の遊女「桜木」と禿「よね」は「長官」という唐人から抜荷の代銀請求を頼まれて唐人屋敷出入りの小間物商人平三郎のもとに行き、返済が滞っていることと商品の売れ行きを確かめたことが露見し、両人とも唐人屋敷と出島の出入り禁止を言い渡されている。また同じ年、寄合町の筑後屋忠三郎の禿「小笹」が唐人屋敷から古金《こきん》を持ち出して処分を受けている。「小笹」の姉遊女「崎の戸」に金を渡してほしいと唐人「万官」から頼まれた同僚の「二官」が「崎の戸」の代わりに

石崎融思『唐館蘭館図絵巻』部分（長崎歴史文化博物館）

「小笹」に無理やり古金を持たせたのが発覚したのであった。何も知らないうちに「小笹」は唐人屋敷と出島への出入り禁止を言い渡された。

同じく丸山町の新屋権左衛門の禿「まさ」が唐人「めん官」から以前にもらった唐木綿《とうもめん》を着物の裏に縫い付けて持ち出そうとして咎《とが》められている。「よね」は姉遊女の付き添い、「小笹」は無理やり持たされたもの、「まさ」は隠して持ち出そうとしたと三者三様だが、処分はすべて唐人屋敷・出島出入り禁止であった。処分期間の明記はないが、最大の稼ぎ場所から遠くなるのは禿とはいえ痛手であった。

処分を受けた禿たちのほとんどは、唐人からもらった物の持ち出しが理由であった。持ち出したものは、古金、唐木綿、屑糸、土焼人形、鼈甲《べっこう》、薬種、木綿切、真綿、人参などと、貿易品というよりも唐人の私物のようなものだった。唐人は軽い気持ちでお駄賃代わりに与えたつもりだったのだろうが、持ち出した禿は咎められるという罪つくりであった。しかし摘発されたのは氷山の一角にすぎず、詳しく身体検査したならば、ほとんどの禿が何かを隠して持ち出していた。禿が実家にもらった物を持ち帰ると親に褒められるので、さらに持ち出しに励むという、誘惑の多い環境であった。[52]

丸山遊女にとって裕福な唐人と馴染みになることは、自分だけではなく家族や親類、地域社会まで恩恵の及ぶ機会を得ることであった。禿時代から唐人屋敷に出入りし、売れっ子遊女の術を学び、言葉を含めたコミュニケーションを磨いた少女たちが、遊女になり裕福な唐人たちをつかむことは、偶然の出会いではなく、たゆまざる努力の結果である。禿の持ち出しについては、遊女修業の一環、あるいは誘惑の関門といったところになるのであろう。

今日の価値観では想像しがたいが、いわゆる鎖国下の長崎ではこのように、唐人と長崎住民との親和性は高かった。初期には市中の民家で、唐人屋敷がつくられてからは囲いの中で、唐人たちと遊女たちの交歓が繰り広げられ国境を越えた恋も芽生えていた。そして唐人たちの費やした莫大な銀銭は遊女を通して長崎市中の住民を潤した。長崎の都市としての存続や丸山遊廓の存亡は、海を渡ってくる唐人頼みだったのである。

第五章　ラクダをプレゼントされた遊女
——出島のオランダ人と遊女

長崎版画「駱駝図」（長崎歴史文化博物館）

長崎出島

現在の長崎市中心部には「出島」という電停やバス停がある。近年、復元工事が進み、ずいぶん往時の様子を甦らせることができるようになったが、かつて島であった出島は埋め立てられ、いまでは市街地の中に埋没している。人工島がつくられたのは、長崎の街を開いたポルトガル人を隔離するためであった。しかし、完成後まもなくポルトガル人が国外追放になって空き家になり、平戸《ひらど》からオランダ人が引き移されることになった。

出島には日本人の住民はいないのに、「出島町」とされている。これは、出島が町人の出資によって造られた私有地であったため、貿易配分銀「箇所銀」を受けるための措置であった。町の役などは免除されたが、オランダ人は出島町に住む「住民」という位置づけであった。

半世紀もの長きにわたって市中に日本人と共棲していたポルトガル人には、出島へ隔離されてからは遊女だけが心の慰みであった。遊女もポルトガル人に依って生計を立ててきたため出島に出入りしていたが、ポルトガル人が追放された後は、少しのブランクを置いて新しく出島の住人となったオランダ人を客とした。

ポルトガル人追放で対日貿易を独占する見返りに、オランダ人たちは当時商館を置いていた平戸から長崎出島に移動させられ、不自由な生活を強いられることになった。そうしたオランダ人たちの無聊《ぶりょう》を慰め、トラブルを防止する意味でも遊女の存在は大きかった。つまり丸山・寄合両町は、幕府公認の遊廓として、初めからオランダ人たち外国人のニーズを独占的に引き受ける役目を負って誕生したのだった。出島行遊女の仕組みはポルトガル人を相方として得た経験を踏まえて制度化され、制度の運用については長崎奉行所、実際の商売については丸山遊廓という分担で始まった。

初夏の南風を帆に受けてバタビア（ジャカルタ）を船出したオランダ船は、真夏に長崎港に入港した。一隻の乗り組みは五〇名ほど。出島に勤務する商館員や召使などその内の一五名ほどが上陸し、残りは船にとどまり船の修繕や清掃などの作業にあたった。上陸できない乗組員への水や食糧は出島から小舟で運ばれた。「阿蘭陀人乗組人数名歳」によると天保九（一八三八）年入港のプリンセス・マリアンヌでは、船長の「いあとみらある」三七歳、ヘトル「よはねすうゑでういんにうまん」三七歳をはじめ多くは一〇代から三〇代の若者であった。[53]

出島に駐在したオランダ人は「カピタン」と呼ばれた商館長、「ヘトル」と呼ばれた次席の他、書記、医師、倉庫番、料理人、召使の黒坊など合わせて一五名ほど。オランダ船入港時は引き継ぎもあわせてその二倍の人数が出島に滞在した。秋風とともに出帆する船に交代要員が乗り組むと、次の入港まで一五名ほどのオランダ人たちが出島の住民となった。出島への出入りは門番がいて厳しく取り締まっていたので、あまり人の出入りがなさそうだが、春の閑散期であっても一日に一〇〇人から一五〇人ほどの出入りがあり想像以上に賑やかであった。[54]

　オランダ船は水深の深い長崎港中央部に停泊し、人や荷物はバッテイラという小舟で出島水門まで運ばれた。積荷は砂糖や生糸、布、雑貨などアジアの商品が多く、注文により本国から書籍や機械、工業製品なども持ち込まれた。入港するとキリスト教に関係する聖書や書籍は集められ箱に入れ釘付けされて出港まで奉行所に預けなければならなかった。また、船載されていた石火矢《いしびや》（大砲）、砲弾、火薬、舵輪《だりん》なども預ける決まりだった。

　日本からの輸出品は、時代によって変動があるが、銀、銅、陶磁器、樟脳などであった。荷揚げ作業には一〇日ほどかかり、さらに積荷目録と照合して振り分けるなどの忙しい作業が続いた。また、積荷を降ろすと同時に船底のバラストとしても必要な銅を積み込んだ。商館員は自己消費用という建前で脇荷物という名の換金性の高い商品を持ち込み、出島での生活費や遊女揚代の原資にした。

ケンペルが見た丸山遊女

丸山での遊女とオランダ人。右手に出島が見える。オランダ人は出島の外には出られない建前だったが、実際にはこのようだった

ケンペルはオランダ商館医として、元禄三（一六九〇）年に来日し、二年間、日本に滞在した。帰国後に執筆した『日本誌』は、日本を知るための基本文献として後世に影響を与えた。シーボルトも彼の著作で日本に関心を持ち、来日後、ケンペルに感謝の意を込めて出島に顕彰碑を建てた。ケンペルは江戸参府で将軍に謁見するなど特別な体験をしたが、『日本誌』は二年間の滞在では取材不可能な緻密さで記されている。今村源右衛門らオランダ通詞の協力によるところが大きかったと思われる。ケンペルは、丸山遊廓についても、「日本人は寺社によく参詣するが、遊廓にもよく通う」と、遊廓に通うことは寺社参りのように普通だとしている。

「この遊廓のある地区を傾城町という。この町のある丘の名に因み、またの名を丸山（Mariam）

という」と書き「この一廓には長崎全体の中で最も美しい建物が立ち並んでおり、妓楼の楼主以外、一般人は居住していない」としている。この情報は、通詞から得たのではなくケンペル自身が目撃して書き留めたものだろう。丸山・寄合両町には遊女屋以外にも一般の世帯も多くあり、一般の住民は店の裏側に住んでいた。そのことは地役人の通詞であれば周知だが、表にはケンペルがいうように美しい妓楼が連なっていたため、一般人の存在が見えなかったのだろう。

「貧しい人々は、自分の見目麗しい娘を売って、暮しの助けにすることができるし、一方この施設は、（情欲に駆られている）内外人の御馳走用に、この種の娘をたくさん抱え、京都に次ぐ全国的に有名な所とされている」。この「内外人」にオランダ人も含まれているかは微妙だが、ケンペル自身は遊女との関わりをもたなかったようで、伝聞以外の個別の観察はみられない。

「少女達は、幼い子供の頃にわずかな身代金で一定の期間（一〇年か二〇年）を決めて売られ、楼主の資力に応じて七人から三十人位まで、年長者も年少者もともに一つの家に寝起きさせられる。女達はみな便利な部屋を持ち、毎日踊りや三味線の稽古をさせられ、手紙の書き方や男を蕩《た》らす手練手管の術を練習させられる」。また、年季が明けた遊女は「ちゃんとした男と結婚すれば、もともと好きで身を持ち崩して遊女になったわけでなく、それに相当の教養も積んでいるので、一般社会に出ても結構一人前の主婦として扱われる」と遊女に対する世間の見方を述べている。一方、遊女屋の主人に対しては「いくら金持ちであっても世間からは、まともには扱われず、一般の人に交って暮すわけにはいかない」と手厳しい。[55]

ケンペルの遊女に関する見聞は以上である。遊女たちは日常的に出島に出入りしているにもかかわらず、ケンペルは遊女には縁遠かったようである。

遊女の出入り

丸山遊女の仕事は、夕方に始まり翌朝に終わる。江戸吉原などは、これに加えて昼見世という昼から夕方にかけての仕事があったために、慢性的な睡眠不足と過労が遊女の健康を蝕《むしば》んだ。一方、丸山遊女たちにとっては朝から夕方までは休養や用事などにあてられる貴重な時間であり、わずかながら一般的な生活を過ごすことも可能であった。出島へ行く遊女たちも、夕方、島に入り、翌朝、島を出て丸山へ戻った。オランダ人から求められれば、いったん丸山に戻った後、夕方再び出島へ入った。出島への出入りの際には、そのたびごとに厳重な持ち物検査を受けなければならなかった。

丸山遊廓の遊女は大きく分けて唐人相手、オランダ人相手の二つの組分けがなされていた。両者は明確に分けられ、両方を行き来することは許されていなかった。

前章で述べたように、元禄二（一六八九）年に唐人屋敷が完成すると、唐人たちは一人残らず集められた。それまでは、下宿先へ遊女を呼び寄せて、夫婦同然に暮らす者もあった。唐館の中へ隔離されるとそれもできなくなったので、最終的には遊女の唐館出入りは昼夜構わないとされた。

唐人を前例にして、カピタン以下オランダ人の顧客たちも遊女の出入り時刻の制限をなくしてくれるよう願い出た。このことについて『長崎実記年代録《ながさきじっきねんだいろく》』[56]に、「遊女の儀、夜分さえも入候上は昼とても苦しからず候、あわせ置き続き候は無用に候、朝入候者晩に出し、晩に入候者明朝出し候様」と記録されている。昼夜出入りはできるが、やはり朝入った遊女は夜退出、夜入った遊女は昼退出で、この時点では滞在の延長は認められなかった。

遊女の連泊が認められるようになったのは、正徳三（一七一三）年のことである。このとき、唐人屋敷も出島も同じように認められた。遊女の揚代は一日ではなく半日単位で計算されたが、当初は形式上、三日を一期、五日を一期などと区切りを定めていた。しかし、遊女が毎日大門の番所に届け出れば、幾日でも滞在延期ができた。かくして昼夜を問わず入館でき、長期滞在も可能になった。遊女が出島に出入りするための手続きが正式に定められることはなかったが、唐人同様に差紙という「願書」を出島の乙名部屋に提出して派遣を要請するという形式をとっていた。

蘭館医ツュンベリーの記録では、遊女の出島への出入り手続きは次のようにある。

①オランダ人でも唐人でも日本の遊女を呼び寄せるときは連日出島に出入りしている一定の者に頼むと、夕方彼は一人の乙女を案内してくる。

②この乙女には禿と称する付添の少女を随伴する。

③禿は乙女のために茶を煎じ、自宅から食物を持ち運ぶなどの乙女の用事をすべて弁ずる。

④乙女の招聘《しょうへい》は三日を以て一期となし幾度も延期可能で、一年あるいは数年に及ぶことがある。

⑤延期の場合は乙女が門番所へ届け出る。[57]

オランダ人が遊女を求めて申し出る先は乙名部屋で、その申し出を遊女小使が遊女屋に伝えた。特に指名がない場合には遊女小使が店を選び、みずからの出島での経験をもとに適当な遊女を選んだのだろう。オランダ人はいい遊女を付けてもらうために、遊女はいい客を紹介してもらうために遊女小使に謝礼をはずんだ。遊女小使には苦労人が多く、遊廓社会の機微にも通じていた。

『長崎古今集覧名勝図絵』「遊女出島ニ行ノ図」

出島の遊女出入りの一例を、『長崎古今集覧名勝図絵』の中の「遊女出島ニ行ノ図」という挿絵で見てみよう。そこでは「引田屋」の名の入った弓張提灯を持った若衆が二人、遣り手が二人、禿が一人いて、遊女の乗った駕籠を先導している。東南アジア系のオランダ人の召使らしい人々も遊女の行列の中に見える。召使の黒人の少年たちが遊女や禿と出島の中で親しむ姿は絵画史料などにしばしば見られるが、実際には原則、彼らは出島からは出られなかったので、この部分は創作だろう。駕籠は引き戸が付いた位の高い者が使用する乗物のようで、太夫が乗っている。駕籠の後ろ半分が切れていてわからないが、三人が交代で担ぐ三枚肩の駕籠だろうか。

丸山遊廓から出島まで九町（約九八〇メートル）の道のりを三〇分ほどかけての道中。人口稠密《ちゅうみつ》な長崎でも特に繁華な通りを行くために、見物人も多く、道端で知人から声をかけられることもあった。出島の行き帰りに、馴染み客から声をかけられる場合、その多くが出島内の人間との連絡依頼であった。抜荷かそれに近い話で、預かった手紙などが、しばしば身体検査で発覚した。

抜荷については別に譲るが、遊女や禿が衣装や小物、髪の中に手紙や貰い物などを隠し持って出入りすることは唐人屋敷の場合と同様、特別なことではなく、むしろ気軽に行われていた。また、連泊する遊女の遣いとして、禿や遣り手、日常の便宜を図るために置かれた遊女小使などが丸山と出島を往復するのも日常的な光景であった。

出島の遊女部屋

出島では、カピタン部屋と同じ棟内に遊女部屋があった。もっともこれは出島に滞在する遊女すべてが一堂に集まる部屋ではなく、カピタンに呼ばれた遊女と禿だけが使用する、カピタン専用の遊女控室であった。カピタン以外に呼び入れられた遊女は相方の居室にそれぞれ滞在した。カピタン専用の遊女部屋は棟の二階にあり、カピタンが執務する広間や食事所に隣接していた。外階段を上がった玄関の左側にあるカピタンのプライベート

石崎融思『唐館蘭館図絵巻』部分（長崎歴史文化博物館）

空間の中に含まれ、そこには自炊用の専用竈や雪隠《せっちん》も備わっていた。また、窓ガラスが使用され、さらには銅張りの網戸で蚊の侵入を防ぐなど、当時の長崎で最も快適な空間が、この出島の遊女部屋であった。[58]

石崎融思『唐館蘭館図絵巻《とうかんらんかんずえまき》』（長崎歴史文化博物館）に描かれている遊女に注目すると、カピタン部屋棟の向かいにあるヘトル部屋の二階の窓から遊女二名が通りで行われている荷役作業を眺め、同じ部屋のガラス障子を透かして遊女三名が酒宴に侍っている様子が見える。植物園の通路には遊女二名に禿一名が従っている。また、表門には禿が二名、風呂敷包みを抱えており、「遊女手道具持運体」と説明がある。この絵巻は出島水門での荷揚げ荷下ろしを主題としている。そこでも遊女は出島の景色の一つとして外せないものであった。カピタン部屋など出島の中心部は描かれず、江戸町側の西役所から見える範囲に限定されているが、それでも遊女禿が一〇人描かれているところに出島における遊女の存在感が表れている。

出島を描いた絵図や絵画に登場する遊女には大雑把にとらえれば三つある。大門や通りを歩いている姿。一人ではなく集団で歩き、禿が付き従う。禿にちょっかいを出そうとする黒坊の少年もよく描かれる。次に窓から顔を出している姿。出島の建物の作りとして一階部分は倉庫、二階は居住棟であることから、遊女は滞在中のほとんどの時間を建物二階で過ごしていた。さらに二階での過ごし方に関連して、宴席に侍っている姿がある。オランダ人たちの宴席はテーブルを囲んだ椅子席で行われる。遊女は着席することなくオランダ人の後方に立ち、飲食もしない。興の乗ったオランダ人たちの踊りの相手をしたり、舞を見せたりすることはあるが、じっとたたずんでいる姿がオランダ人と遊女の関係を端的に表している。

融思筆の絵巻には、主に荷役と検査などの業務中の様子が描かれている。そこには遊女の姿はなく、避けるように二階から作業を眺めていたり、離れた場所を歩いたりしている。仕事中の現場に遊女を立ち入らせることはなかったのだろう。絵図や絵画に描かれている遊女は、昼や夕方の日の高い時の様子であるためか一人ではなく複数おり、オランダ人たちもまた複数である。場面は宴会やビリヤードなどの遊びがほとんどで、そこでは遊女はオランダ人たちの様子を眺めている。

出島遊女の揚代

出島行遊女の揚代は、当初、唐人屋敷行遊女の揚代の二倍ほどの高額だった。しかし、奉行所からの命令で助成を条件に値下げされた後で、梯子《はしご》を外されるようにその助成を打ち切られた。その間の遊女屋の窮状について、寛延四（一七五一）年、次のような嘆願書が出された。

「私共儀、丸山町、寄合町遊女屋どもにて御座候、此間願い差出し申し候通り、阿蘭陀人方へ遊女売込み候揚代、以前の儀は一日に拾七匁を以て請取り、その上三割増し仰せ付けさせられ有難く家業相続き仕り来たり候、その後割増御止め遊ばされ、然るところ近年の儀は、阿蘭陀人揚代相払い候節は、およそ一日に五匁一分程のつもりを以て相払い、その上取り不足など御座候いて、いや以て難儀千万に存じ奉り候[59]」

オランダ人が平戸から出島へ移され、遊女がオランダ人相手に商売を始めた時の揚代は銀三〇匁。遊女屋のお得意様であったが、奉行所から高すぎるという理由で揚代は一七匁、助成がその三割で合計二二匁ほどに抑えられた。揚代を下げたのは長期滞在のオラン

孤独だけが、存在の真理へといたる次元を開く。

マルティン・ハイデガー

ダ人への便宜を図るためだが、代償として奉行所が遊女屋存続のために助成金を出したのだ。このことは、遊女揚代の決定権は奉行所にあり、同時に遊女屋を保護するという役目を負っていることを表すとみることができる。

文政一三（一八三〇）年「阿蘭陀人江遊女売込直段《ねだん》」[60]では、奉行所から両町に尋ねられた際に時系列でまとめた出島行遊女揚代の変遷がまとめてある。

一　往古より、寛保元（一七四一）年迄は三拾目宛
一　寛保弐三年之頃、拾七匁に三割御増銀被仰付《おおせつけられ》其頃無程御増相止
一　宝暦四（一七五四）戌年より、七匁五分に被仰付、当時迄右之通唐人江遊女売込直段
一　往古は地商売同様、太夫拾五匁店拾匁、其後銭遣ひに相成太夫壱貫弐百文店八百文
一　享保十八九（一七三三〜三四）年之頃、太夫六匁店三匁八分に十割増被下置候
一　元文四（一七三九）未年五割増に相成
一　寛保三亥閏四月右五割増相止、当時迄太夫六匁店三匁八分に被仰付候、

江戸時代は人件費が極端に安く、一方、米価などの物価は高いため、金銭の価値を現代にあてはめがたいが、ここでは仮に銀一匁を二〇〇〇円と仮定して話を進めたい。出島行の遊女揚代は史料では銀三匁八分から三〇匁という幅でとらえられる。現価では七六〇〇円から六万円程度になる。廓内の揚代は一〇匁から一五匁、二万円から三万円。オランダ人価格が当初三〇匁と高いのを除けば大して差はなく、値下げ後はむしろ安価であった。当初のオランダ人を相方にすれば儲かった時期から、出島へ行くほど赤字になる時期まで、遊女屋は奉行所の指示に振り回されていた。

廓内での揚代は一泊酒食付きの値段である。出島では酒食はなく宿泊のみの値段というサービスの差はあるが、奉行所が補塡してまで値下げしたのは、オランダ人の要望があったからではないかと思われる。オランダ人には妻同様に遊女を呼び寄せる者がおり、積み重なる揚代は彼らにとって問題となっていた。

オランダ人の揚代支払い

オランダ船の出帆は、毎年九月二〇日までに完了するきまりだった。すなわちオランダ人にとっての日本での一年間は、前年の出帆から当年の出帆までであった。揚代の清算も、当年の出帆後に年間分を合わせて行われた。揚代は合計してもオランダ通詞ひとりの年俸程度。揚代を上げて丸山遊廓の収入を増やすよりも、遊女から得る安らぎによって出島の秩序や商取引の円滑さを維持することを期待して、幕府は揚代を抑制していたのだろう。もっとも、毎日のように遊女を呼び入れれば、さすがに負担は大きくなる。

揚代の支払い手順は、一年間の遊女揚代計算書を出島でオランダ人に確認した後、丸山町・寄合町の組頭、日行使、遊女小使などが長崎会所へ提出し、会所がオランダ人から集金した。一一月か、遅くとも一二月中には長崎会所で遊女町役人が揚代銀を受け取った。現銀を手にするまでの手続きには三ヵ月を要していた。[61]

オランダ人は「脇荷物」として持ち込んだ私物を売ったり、遊女に贈ったりすることで容易に遊女を呼び寄せることができ、また遊女もそこから時には莫大な副収入を期待することができた。オランダ人は下級船員の唐人とは違い、支払いを渋ったり悪銭で支払ったりすることがなく、遊女の収入が安定していたので、会計上のトラブルは少なかった。オランダ人たちは、商館に信用を保証され、かつまた通詞たちも保証人の役目を引き受けてくれるという、まさに上客であった。

常連のオランダ人たち

「寄合町諸事書上控帳」には、オランダ人がどの程度の頻度で出島に遊女を呼び寄せ、揚代をいくら支払っていたのか記録が残っている。

覚

一	銀弐貫百九拾七匁	数弐百九拾三	りんきす
一	同弐百弐拾五匁	三十	ほるとまん
一	同五拾弐匁五分	七ツ	すてるまんてよんこ
一	同拾五匁	弐ツ	はんふらつと
一	銀九拾匁	十二	ろうこまん
一	同弐百八拾五匁	三十八	うえきえつ
一	同百四拾弐匁五分	十九	かせる
一	同弐百五拾五匁	三十四	はんでいき
一	同九拾目	十弐	あるふると
一	同拾五匁	二ツ	はんていき
一	同百弐拾目	十六	えいきほうと
一	同八拾弐匁五分	拾壱	筆者こすとる
一	同壱貫四百七拾匁	百九十六	すけりんける

一　同弐拾弐匁五分　三ツ　れんのう
一　同七百五拾五匁　九十九　ひいとる
一　同百四拾弐匁五分　十九　はんす
一　同四百四拾匁　五十九　すてるまんこすとる
一　同壱貫九百八拾匁　弐百六十四　古かぴたん
一　銀三百九拾七匁五分　五十三　べんへつき
一　同壱貫弐百六拾匁　百六十八　古役人
一　同弐百拾七匁五分　大工べいまんす
一　同五百五拾八匁壱分七厘五毛　筆写こすとる分
一　同弐拾弐匁五分　ろけい
一　同弐拾弐匁五分　ふるすべいき
一　同百弐拾七匁五分　けりつと
一　同五拾匁　こうふまん

小使貰

〆拾壱貫三拾五匁六分七厘五毛

亥九月　寄合町

右之帳面十月十三日出ス外ニ帳面壱冊十月二十九日通詞部屋へ出ス

〆弐冊　乙名部やニ出ス

三助　印

「亥十月」とあるのは、宝暦五（一七五五）年一〇月のことである。集計としては並び順や回数の欠落など不完全で、名前も役職との混記が見られるものの、遊女に費やした金額や呼び寄せた回数など生々しい史料である。この年は一年が三五四日しかないが、その内二九三日も遊女を呼び寄せていた強者がいたことに驚かされる。

寄合町の遊女小使、三助が、記録をもとに計算し、押印の上、通詞部屋と乙名部屋へそれぞれ提出した。その手数料の意味も込めて小使貫として銀五〇匁（約一〇万円）を計上している。

揚代銀二貫一九七匁で二九三回遊女を呼んだリンギスは、一回につき遊女の揚代銀七匁五分（一万五〇〇〇円）を支払っていた計算になる。太夫の揚代が一五匁（三万円）、店七匁五分という規定で、リンギスは店の遊女を二九三回呼んだことになる。しかし、これは単純にリンギスの相方が店だったということではなく、店の揚代を適用して計算されたとみるべきである。それでもリンギスの支払った揚代は、現価に直せば約四五〇万円という多額で、楽な支払いではなかったろう。

リンギスの贈物

もっとも、揚代を払えば遊女が思いのままになるというわけではなかった。故郷を遠く離れたオランダ人は遊女から振り向いてもらうために、多額のプレゼントを贈っていた。

リンギスも、毎日のように遊女と過ごしながらも、プレゼントを惜しむわけにはいかなかった。輸入品と重複する品物は少量であっても奉行所に届け出なければならなかったので、贈る品物には気を遣った。リンギスが相方の遊女に贈った品物が記録に残されている。

覚

一　縞かひき　　　　壱切
一　すあや　　　　　壱切
右之通阿蘭陀人りんきすより町内岩見や茂三太内浅妻貰置申候間、御願御渡し可被下《くださるべく》候、為其如斯御座候、以上
六月十七日

芦苅善太夫

嶋谷金兵衛殿
山田伝右衛門殿
今村源右衛門殿
楢林十右衛門殿

ちなみにこの「覚え」は、乙名の猪三八が旅行で不在だったため、代理の乙名見習、芦苅善太夫が届出人となっている。

寄合町の遊女屋、岩見屋茂三太お抱えの遊女「浅妻」はリンギスの贔屓《ひいき》であった。彼が私物として持ち込んだ商品から「浅妻」にプレゼントをしたのだろう。本来なら手渡しで十分のような一切れといえども届け出は必須だった。上申先の嶋谷金兵衛、山田伝右衛門はともに出島乙名。今村源右衛門は阿蘭陀大通詞目付、楢林十右衛門は楢林重右衛門のことで、当時、阿蘭陀大通詞であった[62]。「かひき」は甲斐絹《かいきぬ》のことだろう。南蛮船によってもたらされた絹の裂《きれ》を模して甲斐で盛んに織ったので名がついた。「すあや」は紗綾《さあや》。これも絹織物。もちろんリンギスが運んできた舶来品である。

覚

一　かひき　　壱切
一　さや　　　壱切
〆

右は阿蘭陀人りんきすより町内岩見屋茂三太内浅妻江遣し候を御渡し罷成《まかりなり》、早速右之遊女江相渡し申候処、相違無御座候、以上

亥六月廿六日　　芦苅善太夫

嶋谷金兵衛殿
山田伝右衛門殿
今村源右衛門殿
楢林十右衛門殿

前述の通り「かひき」は甲斐絹、「さや」は紗綾。一〇日もおかず同じ品物を贈っているのは、小出しにして歓心をつなごうというリンギスの意思だろうか。

覚

一　べつから　　　六枚
一　爪　　　　　弐つ
右は、阿蘭陀人りんきすより町内岩見屋茂三太内あさつま江遣し候を、御渡し被成、早速右之遊女江相渡し申候処、相違無御座候、以上
十二月十日
寄合町乙名
芦苅猪三八
嶋谷金兵衛殿
山田伝右衛門殿
名村勝右衛門殿
名村三太夫殿

名村勝右衛門は阿蘭陀大通詞、名村三太夫は同小通詞であった。[63] リンギスが寄合町岩見屋の遊女「浅妻」へ鼈甲《べっこう》六枚と玳瑁《たいまい》の爪二つを贈っている。鼈という字は本来スッポンを指すが、甲羅や肚《はら》を細工に用いるのは玳瑁という海亀である。加工前の原料であったが、長崎鼈甲、江戸鼈甲などの材料として需要が高く転売しやすいので人気の品であっ

た。原産地はインドネシア海域のため、オランダの独占的な商品。リンギスは脇荷として布以外にもさまざまな商品を持ってきた。何が喜ばれ、金になるのか商館員たちは経験上よくわかっていた。さらに、リンギスは同月中にも「浅妻」に贈物をしている。

覚

一　かひき　弐切
一　さらさ　壱反
右は、阿蘭陀人りんきすより町内岩見屋茂三太内浅妻江遣候を、御渡被成、慥《たしか》に請取早速、右之遊女江相渡申候処相違無御座候、以上
十二月廿六日　芦苅
嶋谷金兵衛殿
山田伝右衛門殿
今村源右衛門殿
楢林十右衛門殿

「さらさ」は更紗。木綿を染色したもので、異国趣味として珍重された。一反や二切れ

という量から、個人消費として認められたもので、「浅妻」にも現物が渡された。稀少な布類は換金しやすい商品で遊女に喜ばれた。

覚

一　嶋越後帷子　　壱反
一　紅ちゝみ　　壱反

右之通阿蘭陀人りんきすより町内岩見屋茂三太内浅妻貰置申候間、御願御渡し可被下処、為其如此に御座候、以上

四月　　寄合町乙名
　　　　芦苅猪三八

嶋谷金兵衛殿
山田伝右衛門殿
今村源右衛門殿
楢林十右衛門殿

覚

一　嶋越後帷子　　　壱反
一　紅ちゝみ　　　　壱反
〆
右は阿蘭陀人より町内岩見屋茂三太内浅妻江遣し候を御渡し被成、慥に受取早速右之遊女江相渡申候処、相違御座無く候、以上
五月十日　　　　芦苅善太夫

「嶋越後帷子」は縞模様の麻織物で、夏用の着物に使用する。「紅ちゝみ」も薄い夏用の布地で、「浅妻」に夏用の新しい着物を仕立てるようにという心遣いだろう。

覚
一　どんす帯　　　　壱筋
右は阿蘭陀人より町内岩見屋茂三太内浅妻江遣し候を御渡相成、早速右之遊女へ相渡之処相違無御座候、以上
亥九月十八日　　　寄合町乙名
芦苅猪三八

嶋谷金兵衛殿
山田伝右衛門殿
今村源右衛門殿
楢林十右衛門殿

「どんす」は緞子。高級な織物で作った帯。九月といえばオランダ船が出航準備を始める時期。また、くんちをはじめとする祭礼が行われる時期で、遊女の外出も多く、高級な帯は遊女にとってありがたい品であった。

覚

一　羽二重呉服　七つ
一　小倉織嶋縮　壱反　油屋利三太内　浮島
一　布種服（ママ）帷子　壱反
一　今織帯　壱筋
〆
一　べつこう爪　廿五　右同人内　夕ばえ

一　黒志ゆす　　弐反
〆
一　べつこう　　五枚　　岩見屋茂三太内　浅妻
〆
一　色かいき　　壱反　　油屋利三太内　若浦
〆
右は阿蘭陀人より右之遊女共遣候を御渡相成、早速右の遊女共へ相渡申候処相違無御座候、以上
十月廿一日

この日は貰い物が複数あり、合わせて届け出ている。布類と鼈甲が主なプレゼントであった。オランダ人が運んでくる商品は大別して、糸、反物、薬種、荒物であった。遊女にプレゼントした脇荷も同様の品ぞろえであったと思われるが、薬種を貰うことはほとんどなかったようである。唐人相手と同じく砂糖の貰い物は大量で、こちらのほうは、ほぼ通貨のような扱いであった。

一　九月四日阿蘭陀人より岩見屋茂三太内浅妻江郡内嶋《ぐんないじま》壱反遣し置候に付願書毎通差出シ同八日相渡候に付毎々廻候受取書差出ス、右郡内受取浅妻へ相渡し申候、仁兵衛持来

これは宝暦六（一七五六）年九月の記録。贈り主の記載はないが、これも同じくリンギスだろう。「郡内嶋」は郡内縞。絹織物で袴などに用いられる高級品。宝暦五年に遊女（ほとんどは「浅妻」と思われる）をほぼ連泊で二九三回も呼び寄せ、銀二貫一九七匁を支払った上に高価な贈物をして、はたして出島でのリンギスの生活は成り立っていたのだろうか。翌宝暦六年のリンギスの遊び方に注目したい。

宝暦六年のリンギス

覚

一　銀壱貫三百八拾目　古かひたん
一　同弐百九拾弐匁五分　役人へつき
一　同壱貫百七拾匁　古上外料
一　同壱貫五百三拾匁　ふるすへつき

一　同八拾弐匁五分　　右同人
一　同三百三拾七匁五分　　弐番船上外料
一　同四百弐拾目　　壱番船上外料
一　同三百五拾弐匁五分　　大めすとる
一　同九拾七匁五分　　きりしてやん
一　同百五匁　　すてるまん
一　同三拾目　　新下外料
　　　但二番のすてるまんこすとる払
一　同百五匁　　はんゑいき
一　同百四拾弐匁五分　　あくたむ
一　同百四拾弐匁五分　　やん
一　同三百七拾匁　　すてるまんこすとる
一　同七拾五匁　　こんくるまん
一　同四拾五匁　　ゑひきほうと
一　同六拾目　　ふるゑむ
一　同四百九拾五匁　　古下外料

一　同三百三拾目　　りんきす

一　同拾五匁　　船頭はんすより

一　同五拾目　　ニの上外料払

べつき

但小使江大儀料

〆　七貫六百弐拾七匁五分

子九月　　寄合町

三助

右九月廿八日百田紙相認差出す

寄合町組頭

芦苅六次郎

同　千布和太夫

同　森太助

同　山下杢右衛門

同町日行使　佐内

右当七月以来、相違無御座候、尤《もっとも》芦苅猪三八儀、当七月退役御免之上、跡役私儀相

勤申候、為其如斯に御座候、以上

子九月廿□日　　　　　　　　　芦苅善太夫

黒川勘八郎へ　□□持参る

数値は再計算後の小使の手数料も含めたものを載せている。統計が七月から九月までなので前年とは比較しがたいが、古カピタン（前職のカピタン）は銀一貫三八〇目（約二八〇万円）、一回の費用一五匁で割れば九二回と、ほぼ毎日遊女を呼んだことになる。一方、前年度最多のリンギスの銀三三〇匁は七匁五分を単価とすれば四四回。ほぼ毎日遊女を呼び寄せていた前年度からは大幅に減少している。同時にリンギスから「浅妻」へのプレゼントも途絶えるようになった。

カピタンの「豪遊」

オランダ商館長はカピタンという、ポルトガル由来の称号で呼ばれていた。今に残る長崎版画ではカピタンは、出島のカピタン部屋に鎮座し、時々むずかしい仕事の息抜きに馴染みの遊女を呼んで酒杯を傾けているようなイメージで描かれているが、実際は多数の遊女を引き連れて豪遊することもあったようだ。支配勘定という役職で長崎に赴任していた大田直次郎（南畝《なんぽ》・蜀山人《しょくさんじん》）が、耳にしたカピタンの姿を書き留めている（国立公文書館内閣文庫蔵『瓊浦雑綴《けいほざってつ》』より筆者抜粋）。

三月廿八日、加比丹、遊女二十人ばかり、座頭《ざとう》をもいざなひて、茂木の浦にゆきて引かせ、裸になりて水をもをよぎしといふ（略）。遊女揚代ばかりの雑費三百五十目にて、すべての弁当仕度などの物入は壱貫目なるべし。

右三条は紅毛通詞今村金兵衛話。　三月尽

オランダ商館長が遊女二〇人ばかりと座頭を引き連れ、茂木海岸に遊びに行き地引網を引いて裸で泳いだという話。通詞が実際同行し、その様子を今村金兵衛が大田に語ってくれたものである。出島の外に遊興目的で出かけ、遊女二〇人をあげるという豪勢な遊び方をしていたことには驚かされるが、その費用も現在の数百万円に上るとあれば、遊女たちにとってオランダ商館長ことカピタンが最上級の客だったのは間違いないだろう。

遊女の営業活動

遊女の勤めは客の求めに応じて、さまざまなサービスを提供することである。性的なサービスはもちろん、人間が求めるあらゆる欲求に対して誠実に応える心映えとコミュニケーション能力がその真価とされていた。もっとも遊女の誰しもが客の求めに応じることのできる器量や能力を持ち合わせていたわけではなく、特に優れたものが名妓として名を残している。一見では遊女の価値すべてを客にわからせることはできないだろうが、もう一度会いたいという気持ちにさせる情を伝えることはできる。それはひと時の安らぎであったり、心配りであったり、房事であったりした。

「太夫」や「店」、「並」などという遊女のランキングは、客の評判や稼ぎなどで自ずと差が出てきたものを、客が一目でわかるように区別したものである。太夫には太夫の格が備わっているという前提で客は太夫を買う。一方、太夫は揚代に見合うサービスを提供することで、固定客を獲得し、効率よく稼げるようになる。

日本人相手の場合には、言葉、仕草、気遣いなど、アピールする術は多かった。しかし、丸山遊女の主客は唐人、オランダ人という外国人で、このような手練手管は通じない。唐人であれば共通する文化や似ている外貌のため、言語さえ克服できれば日本人とさほど変わらない対応で行けたが、オランダ人とのコミュニケーションにはさすがに苦労したようである。オランダ人は故国を遠く離れて望郷の念や人恋しさなども大きかったはずだが、文化の違いから、遊女の気持ちや考えなどを受けとめたり、自分の感情を理解してもらったりするのは簡単ではなかったことだろう。

遊女の手紙

その半面、カピタンやヘトルなどの寵愛を得れば莫大な収入を得ることができた。そのため遊女たちはオランダ人の心に食い込もうと涙ぐましい営業活動を繰り広げた。オランダ通詞と巧妙に連携を取りながら努力をした遊女たちの営業活動について、片桐一男氏が『出島遊女と阿蘭陀通詞　日蘭交流の陰の立役者』（勉誠出版、二〇一八年）で明らかにしている。

遊女の最大のコミュニケーションツールは手紙だった。日本語が読めないオランダ人のために、オランダ通詞が文章の脇にオランダ語を書き込み、それをオランダ人が読み取ることで意思の疎通を図っていた。すなわちこの営業戦略にはオランダ通詞の協力が必須だった。

片桐一男氏は、オランダのハーグ国立文書館に所蔵されている遊女の手紙を翻刻し、通詞のオランダ語の加筆をもとにその内容を紹介している。宛先は一九世紀初め出島に駐在した商館長ブロムホフ（Jan Cock Blomhoff　一七七九～一八五三）。送り主は六名の遊女。この六名はブロムホフの滞在中に出島に呼んでもらっていた。ブロムホフの一番の馴染みは

「糸萩」という遊女。残りの五人は呼ばれたり呼ばれなかったりという、微妙な立場であったらしい。五人の中で一番熱心に手紙を送っていたのは「花」という遊女であった。

ま事ニ　一さくじつの　おんふみの
おもむきにて　いろ〳〵あつき
おせわ様なし下され　かけしも
御ありかたくそんじまいらせ候
さよふ候へハ　此《この》うへなからよろしく
御ねかいあけまいらせ候　また〳〵
さくじつハ　御ふみさしあける
はつニて　しめしおき候へとも
わたくし　すこし　やすみ
すこし候ゆへ　ひつねん
いたし候へとも　かならす〳〵
あしくものとおほしめし
下され候よふニ　おんことわり

申しあけまいらせ候　此ぼんも
あなた様の　おんかけニて　よろしく
せきお　いたし候て　いわい
申まいらせ候　せき〳〵かねばかり
申あけ候ゆへ　おんこまりの
不とさつし候へとも　よくせき
おことニて　御さ候ゆへ　御はらだて
下されぬよふニ此たん　ひとへニ〳〵
御ねがいあけまいらせ候として
いまた　たくさん申あけたく
候へとも　ふみニてわ　つくしニ
かたなく候ゆへ　わたくし　しまへ
まいり候うことお　かみかけて
あさゆう　ねんしまいらせ候
此うへなから御せわ様なから
よろしく御たのみ申あけまいらせ候

か様　　　まつハあら〱
　　　　　　かしく
したへニ　あつさも　おとろい
申し候ゆへ御いたミ下されぬ
よふニ此よし御ねかいあけまいらせ候

十三日　　花より

遊女「花」が「か様」に宛てた手紙の一通である。「か様」とはすなわちカピタン・ブロムホフ。ブロムホフの初来日は文化六（一八〇九）年。[64] はじめは荷倉役として勤務した。同九年に遊女「糸萩」との間に女児をもうけたが早逝《そうせい》した。その後、当時の商館長ヘンドリック・ドゥーフから派遣された先のバタビアでライバルのイギリスに拘束されたが、解放後オランダに帰国してティティア・ベルフスマと結婚、同一四年、妻子、乳母、召使を連れて来日して人々を驚かせた。なにしろ、日本人が西洋の女性を見たのはこれがはじめてのことだった。妻子はすぐさま送還されたが、その後は商館長として勤務し、文政六（一八二三）年、オランダに帰国した。彼はわが国の英語学習への貢献、西洋婦人として初めて日本を訪れた妻ティティア・ベルフスマの存在によって有名である。「か様」と呼ばれて「花」から手紙をもらった時期は、妻ティティア帰国後のカピタン在任中だろう。六人の遊女がブロムホフの指名をめぐって手練手管を繰り広げていたことが、「花」の手紙から窺《うかが》われる。この「花」の手紙はブロムホフからの手紙の返事にあたる。返事が遅くなったわけを体調不良のためとして詫びている。ブロムホフのおかげで「盆の席」を祝うことができたと、盆行事の援助の礼を述べている。また、いつも「お金」のことばかり申し上げてお困りと察しているが御腹立てにならないようにとお願いしている。そして、「しま（出島）」へ呼んでもらうことを神かけて朝夕念じていると述べて手紙を終えている。[65]

「花」は時々呼ばれて出島に行く程度でしかなかったらしく、手紙からは必死さが伝わってくる。カピタンはまさに上客中の上客、「花」の稼ぎはカピタン・ブロムホフ次第であった。だがブロムホフは、「花」を呼べば何だかんだと金の無心をされるので、頻繁に呼ぶには至らなかったのだろう。

ブロムホフと「糸萩」

ブロムホフ最初の来日で子をなした「糸萩」は出産後、出島で子育てをした。不幸にも女児は早逝してしまったが、育児のために乳母も形式的な遊女となり出島入りを許された。「糸萩」と同じく門屋《かどや》抱えの源氏名「萩の戸」という乳母遊女である。

ブロムホフ二回目の来日は商館長としてであった。伴侶のティティアと幼児、その乳母などを連れた来日として注目され、西洋婦人の美貌は評判となった。その姿は長崎の民芸「古賀人形」西洋婦人として今なお親しまれている。残念ながら女性の出島滞在は許されず、乗ってきた船でバタビアに送り帰された。

「古賀人形」西洋婦人

妻子と引き離された失意のブロムホフを慰めたのもまた遊女であった。ブロムホフは荷倉役であった前回来日の時よりも、断然収入も多く（本俸は一五〇〇ギルダー＝一五〇〇万円、副収入はその一〇倍以上）、引田屋抱えの遊女「糸萩」を呼び寄せ出島で悠々と暮らすことができた。ブロムホフの子を産んだ「糸萩」は、二度目の来日の時はすでに廃業して久しく、同名の「糸萩」

か、ブロムホフが「糸萩」と改名させたものか、全く別人の遊女「糸萩」を迎えた。

文政四（一八二一）年、オランダ船が舶載してきた雌雄のラクダ二頭が幕府から献上不要とされたため、ブロムホフは新たな「糸萩」に贈った。もちろん遊女がラクダをもらっても困惑以外の何物でもないが、ラクダは香具師《やし》が引き受けることになり、肥田織《ひたおり》木綿三〇端、色縮緬《いろちりめん》五七端、青梅縞《おうめじま》七〇端、紋羽《もんぱ》三〇端がブロムホフに謝礼として贈られ、それが「糸萩」に与えられたという。反物は現価であっても一〇〇〇万円を超える金額であり、当時の価値は計り知れない。「糸萩」は一躍、全遊女や遊女を目指す者の憧れになったであろう。

このラクダはその後、江戸で見世物となり空前のラクダブームを引き起こし、大きくて鈍な者をラクダと呼ぶようになったとされている[66]。

「糸萩」はブロムホフの正妻のような位置にあり、前出の遊女「花」がたびたびブロムホフに手紙を送っても返事がないときには、代わりに出島にいる「糸萩」に挨拶して帰るというような存在であった。もっとも「糸萩」はブロムホフを独占したのではなく、むしろ他の遊女がブロムホフと馴染めるように配慮していたようである。ここに、出島出入りの遊女のあり方をみるようだ。

妻子との別離を嘆くブロムホフを慰めるための遊女は、彼の人柄や嗜好を踏まえた者でなければ務まらなかった。新たな「糸萩」は偶然に見つかったのではなく、かつての「糸萩」を参考に、誰かが発掘しブロムホフに引き合わせたと考えられる。これはブロムホフにとどまらず、有名なシーボルトと「其扇《そのぎ》」（お滝さん）の出会いも同様であったろう。

遊女のマッチングシステム

元来、遊女屋の男衆や遣り手は、客と遊女の相性を見極めてマッチングする手腕に長《た》けた者が務めた。オランダ人たちの長年の注文や好みなどを蓄積し、オランダ人が好む女性のタイプや個人の嗜好を反映したマッチングが可能であった。遊女に贈物を贈る時に、遊女小使や遣り手へも贈るのは、その労に対する礼と今後の期待をこめたものであった。

現役の遊女であれば遊女小使などがマッチングできるが、素人の町娘を紹介するためには、オランダ人や唐人の「名付遊女」「仕切遊女」への希望者を把握し、遊女屋とつなぐ存在が必要であった。

長崎の町々にはこのような紹介者がおり、さらにそれを束ねる者も存在したであろう。このような仲介者があって初めて、素人が遊女として出島や唐人屋敷の高位高官のもとへ出かけることができた。この長崎独自のシステムにのっとって、オランダ商館長や唐人の富商、開国後の外国人と長崎の乙女たちの恋愛（実質はマッチング）が成就したとしか考えられない。悲恋の物語であるがマダム・バタフライとピンカートンの出会いの舞台を演出したのもこのマッチングシステムということになるだろう。

出島や唐人屋敷は遊女たちの主な稼ぎ場所であるが、すべての遊女がカピタンや富商の馴染みになれるのではなく、その周辺に位置するだけでも大変な努力が必要であった。カピタンの散財の余沢を競って営業努力を重ねる遊女たちには、「糸萩」や「其扇」の存在はまさに別格であった。

「糸萩」「其扇」のその後

ブロムホフ帰国後、二人の「糸萩」の消息についての記録はない。しかしながら、手厚くフォローされたのは間違いない。累計すれば上級役人もかなわない収入があり、さらに資産を運用して利子で生活する手立ても用意されていただろう。その一つの手がかりとして、有名な商館医シーボルトの相方、「其扇」のその後について触れておきたい。

出島滞在中のシーボルトの本俸は、商館長の三分の二ほどの現価約一〇〇〇万円程度はあったと思われる。また、別に調査費などの資金も与えられていたことだろう。かなりの収入があったことは確かだが、貿易利益から一定の歩合で与えられた商館長の収入には及ばないことを前提として例に示したい。

「其扇」が帰国後のシーボルトに宛てた手紙の中に、貰ったお金に対する礼が書かれている。その数字を引用すると、シーボルトが「其扇」と娘「イネ」のために「其扇」の叔父に託しておいた金額が銀一〇貫目、商館員ビュルゲルに託した銀が五貫目、合計銀一五貫目（約三〇〇〇万円）を出島出入りのコンプラ仲間に預けて運用してもらい、月に銀一五〇匁（約三〇万円）もらえることになったと礼を述べている。[67]運用益を見越した手当を残しておくとはさすがに商業の国オランダならではだろう。

また、ブロムホフの前任商館長ドゥーフが息子丈吉のために、長崎奉行所に預け、長崎会所で運用するように残した砂糖の代銀は、実に銀一四〇貫目（約二億八〇〇〇万円）、年の利子銀四貫目（約八〇〇万円）だった。[68]さらには成人後役人として登用されるという約束も取り交わしていた。

このように、二人の「糸萩」はシーボルトやドゥーフ同様の手厚い支援を受けたものと考えられる。さらには、現職の出島商館員からも手厚いフォローを受け続けることができる特典もあった。これこそ究極の丸山遊女の成功者の姿だった。

「糸萩」の得た収入は、彼女自身のためだけでなく、家族、親戚、町内の住民など広く長崎市中の人々を潤したのであろう。貿易に直接参画できない人々は遊女を介して還元される資金によって小さな長崎という社会で生計を立てることができていたのである。

多くの逸話を残したブロムホフは、帰国後再婚し、日本で収集した品物を売買しながら一八五三年、七四歳で亡くなるまで悠々自適の余生を送った。

オランダ人の子を産む遊女

江戸時代を通じて、「遊女は子を産まない」ことが全国の遊廓に共通する通念であった。もちろん妙齢の女性であるから、妊娠し、時には出産に至ることもあっただろうが、遊女が出産したり家庭を持ったりすることは、遊廓そのものの存在の否定になる。遊女屋が提供する遊女の性とは子どもを産まない性であり、一般家庭との大きな違いはまさにこの一点にあった。しかし、丸山遊廓では遊女の妊娠・出産は当然とされ、出産前の休暇や療養、出産後の子の養育などもあらかじめ遊女奉公契約の項目に挙げられていた。子どもの親が唐人やオランダ人であることも特段おかしいことではなかった。

父親が唐人の場合は、日本人の子と見分けがつかないことから遊女本人の申告任せとなるが、唐人の子とは届け出ずに出産することが多く、日本人の子として養育された。一方、オランダ人の場合は出産後の子どもの外見で容易に父親がオランダ人であることがわかる。出島での相方は原則一人しかいないので、父親も特定されることになる。「糸萩」の場合も出島ではブロムホフとだけ関係していたのでブロムホフの子であることは確かであった。関係者が望めば出島の中で子育てもできた。ただし、子どもは外国へ連れて行くことはできず、母親のもとで日本人として養育された。古賀十二郎の『丸山遊女と唐紅毛人』を手掛かりに、オランダ人と遊女の間に生まれた子どもについて見てゆこう。

享保二〇（一七三五）年、商館医ファン・ハステルは丸山町丹波屋のお抱え遊女「若松」を出島に呼び入れていたが、翌元文元（一七三六）年、「若松」は女児を出産した。この例をはじめとして、遊女の出産は頻繁に見られるようになった。生まれた子は夭逝する場合が多く、成人することは稀であった。例外として古賀は「きり」をあげている。「きり」は宝暦七（一七五七）年、商館員フルスヘッキと寄合町の油屋利三太のお抱え遊女「若浦」の間に生まれた女児で、フルスヘッキは出島内で養育したいと願ったが「若浦」とその両親から拒絶され、「きり」は祖父母のもとで育てられることになった。「きり」は健康体であったようで、三〇歳のころ、寄合町の油屋に同居している記録が見られる。天明六（一七八六）年九月二日夜、外出したまま行方不明となり消息が途絶えた。オランダ人の種が長崎に根づき確かに生きていた記録である。

寛政一一（一七九九）年に来日したヘンドリック・ドゥーフは享和三（一八〇三）年から文化一四（一八一七）年まで足掛け一五年にわたり商館長を務めた有名なカピタンである。初めは寄合町の筑後屋お抱えの遊女「園生」に馴染み、「おもん」という女児をもうけたが、文化八年ごろに夭逝した。また、寄合町の京屋茂八のお抱え遊女「瓜生野」も寵愛し、さらに同じ家の「いろは」、寄合町の引田屋お抱えの遊女「此滝」なども呼び入れた。茂木海岸で遊女たちを引き連れ豪遊していた姿を蜀山人が聞き書きしたのがこのドゥーフであった。

蜀山人の記録にはもう一件、文化二(一八〇五)年二月一一日の条にドゥーフの記事が見られる。

二月十一日、村田氏の寓居の庭より、出島の方を見しに、例の青白紅の旗立てたり。これ加比丹の外に出しなるべしと云ふ。夕ツかたに、垣の外に、人志げくゆきかふ声すれば出て見るに、娼妓十余人を先にたたせて、加比丹ならびヘトルなどのかへるなり。供人あまた倶して、合羽籠《かっぱかご》もたせしもおかし。機関のやうなる箱をもになひてかへるなり。今日は浦上へ白魚とりにゆきしといふ。めつらかなる見ものなり。[69]

〈蜀山人が村田氏の家から出島を眺めると三色旗が翻っていた。これはカピタン〈商館長〉が出島から外出していることを表しているそうだ。しばらくして賑やかな声が聞こえてきたので外に出てみると、一〇人以上の遊女を先頭にカピタンやヘトル〈副商館長〉など大勢が外出から帰るところだった。大名行列のように合羽籠を持たせているのも面白い。何か道具が入っているような箱を担

いでいる。今日は浦上村へ白魚取りに行ったそうだ。めったに見られないものを目撃した）

文化五年一〇月、遊女「瓜生野」は男子を出産した。子は丈吉と名付けられ、父ドゥーフの手厚い保護を受け、成人して長崎の地役人になった。惜しくも一七歳で世を去ったが、遊女とオランダ人の間に生まれた子どもが、差別されることなく日本人と同様に生活していたことを表している。丸山遊女は子を産む女性として認められていたのであった。

孤独なオランダ人のなぐさめ

最盛期には年間一〇隻を超える入港があったオランダ船だが、江戸時代半ばごろからはそれも一～二隻となり、貿易量の減少にあわせてオランダ人の来日も減少した。唐船の来航はオランダ船の一〇倍ほどあったが、唐人が船員、乗客すべて唐人屋敷に滞在するのに比べ、繁忙期であっても出島のオランダ人は三〇人ほど。秋風とともに船が出航してしまうと翌年の初夏まではわずか一五人程度となる。唐人とは比べるべくもない数である。唐人たちが唐人屋敷にそれぞれの出身地ごとにコミュニティーをつくっていたのに対し、オランダ以外の多国籍の人々も集まった小さなグループが出島のオランダ人だった。

しかし、当時、日本有数の大都市であった長崎の国際性を際立たせていたのは外国人としての多数派であった唐人たちではなく、このわずか十数名のオランダ人たちであった。オランダ人は地球の裏側からやってきた若者たちで、孤独を紛らわせるために、日本の風習や自然を調べたり、通詞に学問を伝えたり、趣味を追求したりして滞在中の長い時間を過ごした。

そして無聊を慰めるためにオランダ人が最も夢中になったのが丸山遊女たちとの交歓であった。カピタンといっても三〇代が多く、そのほかは多くは一〇代、二〇代。遊女たちも二〇歳そこそこであれば金銭のやり取りを越えた感情が芽生えるのも自然だろう。出島に赴任すればそこに丸山遊女が待っていることは、オランダ人の重要な引き継ぎ事項であった。長崎を去るカピタンが次のカピタンへ馴染みの遊女を紹介したり、遊女揚代の原資となる脇荷物をもってきたり、小出しに贈る遊女が喜ぶ品を準備したり、出島で暮らすということは遊女と交歓することとほとんど等しかった。

貿易という、ものの売り買いではなく、貧しい借家人の娘と遠い異国から来た若者との出会いこそが長崎での国際交流の真髄であった。

第六章　丸山遊女の事件簿
——「犯科帳」の中の遊女たち

『諸国名所百景』より「長崎丸山の景」（国立国会図書館）

遊女の犯罪

丸山遊女は仕事柄、常に犯罪や犯罪者に接する危険性を孕《はら》んでいた。遊女本人がその気になりさえすれば、抜荷や詐欺などに加担するのはいたって容易であったからである。また、知らないうちに犯罪に巻き込まれる危険もあったので、遊女屋の主人や町はその監視の義務を負っていた。

だがそれでも、完全に犯罪を防ぐことはできなかった。客がつかなければ借金は減るどころか増えるのが遊廓というシステムである。そのため自分の借金返済のためだけではなく、遊女の収入に生活を依存する家族のためにも、遊女は犯罪に手を染めざるを得ない状況に陥りやすかった。遊女がかかわった犯罪は、長崎奉行所の「犯科帳」に記録が残されている。「犯科帳」に記録されている遊女の犯罪は一三八件。ほとんどが唐人やオランダ人に絡んだ事件である。外国人と密接に接するのは遊女のみに許された特権だが、その特権にむらがる人々が犯罪を生んでいたのである。

二度売られた遊女

丸山町の油屋彦五郎の後家「きく」抱えの遊女「ふゆ」は、幼少で両親と別れ、八幡町《やはたまち》に住む叔父の源右衛門に養育されていたが、一一歳の時、一四年の年季で油屋に遊女奉公に出された。銀六〇目（約一二万円）が身代金であった。姪を遊女に出した源右衛門は強欲な叔父のようにみえるが、銀六〇目という身代金は金一両程度の価値なので、むしろ口減らしが目的で、「ふゆ」に過大な借金を負わせないという配慮があったのかもしれない。「犯科帳」には一四年と記されているが、年季は一〇年が上限とされていたので、残りの四年は年季に含まれない「唯養《ただやしない》」の期間であったことになる。一一歳から一五歳までは禿として過ごし、一五歳から二五歳まで遊女として奉公する契約だったのだろう。

宝暦二（一七五二）年五月、この「ふゆ」が、主人「きく」の折檻に耐えかねて、叔父源右衛門の家に逃げ帰った。源右衛門がわけを尋ねると、油屋から暇を取ったので、どこか別の奉公先を探してほしいと言う。源右衛門は折檻の様子を聞いて、これは油屋に返すわけにはいかないと考え、筑後国久留米《くるめ》領内に住む娘婿勘六のもとに「ふゆ」を連れて行き、奉公先を探してくれるように頼んだ。その後、油屋から「ふゆ」の居場所を問い合わせに来たが、源右衛門は知らないふりをしてやり過ごした。義理の従妹「ふゆ」を預かった勘六は、領内に住む甚左衛門方へ「ふゆ」を下女奉公に出すことにして、身代銀三〇〇目（約六〇万円）を受け取り、そのうち銀一五〇目（約三〇万円）を源右衛門に渡した。

やがて、油屋「きく」は「ふゆ」が久留米領にいることを探り出し、長崎奉行所に訴え出た。奉行は、源右衛門を取り調べのために牢に入れた。そして勘六と甚左衛門を久留米から呼び出し、さらに「きく」と「ふゆ」を尋問して事の概要を把握した。

吟味の結果、年季の途中で油屋を抜け出した「ふゆ」はもちろんだが、抱え遊女を折檻して逃げ出された主人「きく」の行いも不法とされた。また源右衛門も、「ふゆ」の身の上を心配して長崎から離れた久留米領に奉公させたようにみえるが、身代銀一五〇目を受け取っているのは「ふゆ」を二回売ったのと同じで看過すべきではないとされた。「ふゆ」は、油屋に戻されることなく、隣町の寄合町で無収入の奴奉公を三年間勤めることを命じられた。主人「きく」は抱え遊女を折檻したことから三日間の戸締《とじめ》を命じられた。源右衛門は家財を売って銀二〇〇目を都合し、「きく」に弁償することを条件に釈放された。

いっぽう、「ふゆ」を下女奉公に雇った甚左衛門は、遊女奉公中の者を雇い入れることは盗品を買ったのと同じとみなされ「ふゆ」を取り上げられたがそれ以上は「お構いなし」。口入れしただけの勘六もお構いなしとされた。身代銀三〇〇目は返却されず、彼ら二人は丸損である。本当に下女奉公だったのかどうかは奉行所は追及しなかった。売春行為は遊廓以外では原則禁止されていたため妾奉公や遊女奉公も多くの場合は下女奉公とされていたが、他の判例同様、奉行所の裁きは遊女に甘いものであった。

身元を偽った遊女奉公

盗品売買の嫌疑で取り調べを受けた出来大工町の住人、利兵衛が、余罪を追及され、苦しまぎれに、かつて偽人参を作り売り払ったことがあったと白状した。薬効が高く重宝された朝鮮人参は、高価なので、幕府はそれに代わる和人参を阿蘇《あそ》などの寒冷地で栽培し、数少ない輸出品として保護していた。偽人参を作るのは贋金《にせがね》作りと同様の重罪で、利兵衛の自白に基づき関係者が一斉に捕縛された。利兵衛は自白したため、死罪のところ、罪一等を減じられ壱岐島《いき》へ遠島。それ以外の六人は死罪に処せられた。利兵衛は性根の悪い人物だったようで、遠島先の壱岐島でも悪さをして結局、首をはねられている。

死罪になった六人の中には本紙屋町《もとかみやまち》在住の無宿人、甚右衛門という人物もいた。甚右衛門は、利兵衛が桔梗《ききょう》の根からこしらえた偽人参を人に売っただけでなく、厳禁の博奕で銀子をだまし取るなどの余罪も発覚した。さらには、寄合町の兵左衛門抱えの「よし住」を誘い出し、利兵衛方にかくまっていたことがわかり、調べると、この「よし住」も甚右衛門と似た性質の女であったことが明らかになった。

「よし住」は甚右衛門に誘われるまま、抜け出して利兵衛方に隠れ住んでいたが、居場所が発覚して店に呼び戻された。やがて兵左衛門の店の経営が傾き人手に渡ると、チャンスとばかり再び店を抜け出し、利兵衛方で妻同様に振る舞っていた。だが暮らしが苦しくなったので、再び遊女奉公に出ようと考え、船大工町《ふなだいくまち》の住人、嘉助に頼んで筑後柳川《やながわ》からの旅人と偽って、丸山町の彦五郎後家の店に奉公に上がっていたが、この偽人参事件が発覚した時には、行いが悪いとして店から追い出され、嘉助方に戻されていたのだった。二回も奉公先を欠落《かけおち》し、さらには身分を偽って遊廓に舞い戻ったことが「不届き」とされ、「よし住」は、非人手下《ひにんてか》という刑に処せられた。

「よし住」は、二度目の欠落では呼び戻されなかったのか、利兵衛の妻として好き勝手に振る舞っていたこと、身分を偽っての奉公でも追い出されたことなどを考えると、店にとっては迷惑な遊女だったのだろう。店の繁昌は遊女の質と直結していた。女性であれば誰でも勤められるような安易な稼業ではなかったのだ。

船番から殺された遊女

長崎奉行所に勤務する武士のうち江戸から派遣されたのは与力《よりき》などの直臣《じきしん》や奉行の家来などごく少数で、御船頭《おふながしら》、町使《ちょうし》、船番、唐人番、遠見番、牢守などそれを補完する役には、現地採用の者が充《あ》てられた。このような「武士」として、一〇〇名足らずの者がいた。彼らは両刀を帯び、絹の羽織を着るなど、身なりだけは上級武士のようだった。その中で治安維持を担っていたのが両組と呼ばれた町使と船番である。大きな事件には彼らが捜査にあたった。

この船番の任にあった吉田左次兵衛の倅《せがれ》である吉田権七（二二）が、出島泊番のため不在にしていた船番仲間の山口由兵衛の家に、「かつ野」という遊女を連れて勝手に上がり込んだ。奉行所の役人が丸山町・寄合町に登楼することは禁止されていたので、「かつ野」は「町売り」として権七の所に出向いたのだろう。山口家の者が制止しても権七は聞かず、困った同家の小者が権七の家に行って注意するように頼んだ。怒った権七の母が深夜同家に乗り込み権七をさんざんに叱りつけると「かつ野」と同衾していた権七は、いきなり立ち上がって脇差で母を一突きし、「かつ野」を連れて山口家を飛び出した。

翌早朝、長崎から外へ出る口に当たる西坂《にしざか》を越えた山道で、「かつ野」を斬り殺し、自害して果てた権七の遺体が発見された。大罪を犯した報いとして、権七の首は桜町《さくらまち》の札《ふだ》場《ば》に三日晒《さら》された。一番安全なはずの、言うなれば警察署のような船番屋敷でトラブルに巻き込まれて命を落としたのだから、「かつ野」は、まったくの殺され損であった。

帰れない遊女

油屋町《あぶらやまち》在住の太十郎と大村《おおむら》の人、利右衛門は、かねてからの遊び仲間だった。二人は丸

け、止めようとする人々にもさんざん暴力をふるった。我慢の限界に達した町民たちは、「甚八は乱暴者で、日ごろの火の始末も悪い。何とぞ牢に入れてほしい」と嘆願した。この嘆願には町乙名も加わっていた。奉行所の役人が吟味すると町民のいう通りだったので四月一一日、甚八は入牢となった。八月八日、甚八の娘で丸山町肥前屋の遊女「花咲」が、甚八を牢から出してくれるように奉行所に嘆願した。しかし、町内には甚八の身元を引き受けてくれる者がもはやだれもいないので、出牢はむずかしいと告げられた。

奉行所はたしかに甚八は乱暴者として牢に入れているが、公儀の法度を破ったわけでもないのでいつまでも牢にとどめておくことはできない、町内や親類などで身元を引き受ける者があれば牢から出しても構わないと町内の住民に告げた。これを受けて、乙名と町の者たちが身元を引き受けさせられ、性根を改めさせることを誓い、甚八は釈放されることになった。親孝行な娘の思いを受けて、甚八はどう変わったのだろうか。その後、「犯科帳」に甚八の記録は出てこない。

腹立ちまぎれに娘を遊女にしてしまった父親

序章でもふれたように、長崎では婚姻にまつわる「嫁盗み」という風習があった。町内の若い衆に依頼して目当ての娘を待ち伏せて無理やり駕籠に押し込んで男の家に連れて行くと、男の家では簡単な祝言《しゅうげん》の用意がされており、近所の女房たちが娘の体裁を整え二人を取り結ぶ儀式をする。最後には娘の親が折れ、丸く収まるというのが大筋である。裕福な家では見られないが、貧家では結納や祝言を省いたり、嫁に出すのを渋る親をあきらめさせたりするために行われた。しかし、人を略取する形であるため、犯罪すれすれとなる場合もあった。男女双方の気持ちが通じていればサプライズのプロポーズ。通じていなければ誘拐である。そのため、娘には逃げ出すことが認められ、振られた男は笑いものになった。また、親が強硬な場合は大騒動になって取り返しのつかない事態に陥ることがあった。

　享保八（一七二三）年、北馬町《きたうままち》の権左衛門の倅、源七が、桶屋町《おけやまち》の次郎左衛門の娘「せき」を嫁盗みで自宅に連れ帰った。「せき」とはあらかじめ話がついており、二人で所帯をもつ段取りで嫁盗みという形をとったのであった。二人の家は近隣で親同士も知らな

『長崎名勝図絵』「嫁盗みの図」

いわけではなかったろうが、「せき」の父、次郎左衛門は源七の嫁盗みに激怒し、「せき」を帰すよう源七に申し入れた。だが一向に帰す気配がなかったため「せき」本人にも話をしたが、親のいうことを聞かないというので、こともあろうに奉行所に訴え出た。

本来ならばこうした民事は奉行所としても、内々での協議で落着させるべき事案だったが、この場合、不幸にして話が江戸の老中まで上がってしまい、親不孝はけしからんということで、若い二人は厳罰に処された。源七は五島へ遠島、「せき」は遊女屋に下げ渡された。次郎左衛門としては娘の幸福を願ってのことだったのだろうが、究極の不幸に娘を落とす羽目になったわけである。

遊廓への「払い下げ」という刑罰は、主に隠売行為や不貞に適用される裁定だったが、払い下げと同時に身内が身請けするので実際に執行されることはまれだった。刑の執行についての「犯科帳」への記載はなく、ましてや、嫁盗みという風習でのトラブルでもあり、懲戒という意味が大きく、普通は実際に遊女屋に渡すことまでは行われなかったのだが、「せき」への処分は執行された。「せき」の処分ついて、「寄合町諸事書上控帳」に記載がみられる。寄合町備前屋順左衛門が出した願書の写しである。

「桶屋町鍋屋次郎左衛門娘せき、十六年以前石川《いしかわ》（河…筆者注）土佐守《とさのかみ》様御在勤の砌《みぎり》、丸山町寄合町へ下し置かれ候、その節私へ両町役人どもより傾城勤め仕らせ候ように申し付け、これにより年来傾城勤めとして召し置かれ候ところに、次第に歳更け候ゆえ引き入れ召し置き候えば、去るころより殊のほか病身に罷《まか》りなり最早勤めも相成り申さず、別けても今年に至り労鬱甚だしく相見え申し候、しからば親次郎左衛門存生のうち、私へ相頼み候は、せき儀御赦免仰せ付けさせられ候わば、袋町《ふくろまち》尼子平右衛門と申す者所縁これあり候間、彼の者方へ相渡しくれ候ように申し置き候、就中《なかんずく》年来実体に相勤め候えば至極ふびんに存じ奉り候、衷《こころ》より御慈悲の御上、今度御赦免仰せつけさせられ候わば偏《ひとえ》に有難く忝《かたじけな》く存じ奉り候」

結果的にわが子を遊女にしてしまった次郎左衛門は、いつでも御赦免があれば娘が困らないようにと後事を尼子平右衛門に託し、その旨を備前屋の主人に伝えていた。刑罰であるため家に帰ることもできず、三〇歳を超えても年季明けもなく、ついには、「せき」は心身とも変調をきたし、遊女屋の主人が赦免を願うに至ったという切なく同情を誘う話である。この願書はどうしたわけか、桶屋町乙名の承諾がもらえず提出されず、文面のみ筆写されて残っている。

刑罰としての遊女

遊女屋へ払い下げられるということは、女性にとって十分に重い刑罰として認識されていた。遊女町や遊女屋の掟、過酷な労働などから、当時としても懲役同然と考えられていた。とくにこの「刑罰」は、倫理違反、すなわち親不孝などの非行に多く適用された。期間は決まっておらず、場合によっては赦免を受けられず一生を遊廓で送る者もいた。

例えば「なつ」という女性の場合、些細なことから丸山遊廓に下げ渡された。「なつ」は以前、吉郎兵衛と夫婦であった。だが、吉郎兵衛の酒乱と不行跡のために離縁させられていた。しかし、二人の関係はその後も続き、「なつ」を実家から無理やり連れだそうとして吉郎兵衛が刃物を振り回して暴れたので、取り押さえられ奉行所に突き出された。吟味の結果、吉郎兵衛は町人の身分を剝奪。「なつ」は親のいうことを聞かなかった咎《とが》で丸山町・寄合町に一生下され、その扱いは勝手次第という重い罰が下された。「なつ」が恩赦で廓を出たのは、明和三（一七六六）年。実に三七年もの長きにわたって刑罰は続いたのだった。

だまされた遊女

丸山町音羽《おとわ》屋の遊女「よし岡」は、唐人屋敷に逗留している「志為官」という唐人に呼ばれて唐館に出入りしていたが、ある日、途中で馴染みの江戸町の住人、与惣次に呼び止められた。「志為官」と話をつけて、人参を二〜三斤持ち出せたら、その金で「よし岡」

を身請けしてやろうという誘いであった。

すでに何度も述べたように、唐人屋敷への持ち込みや持ち出しは品物の如何を問わず禁止されていたが、中でも薬用の朝鮮人参は高級商品として取り締まりが厳しかった。「よし岡」は、出入りのボディーチェックで髪の中や帯まで解かれて調べられるのでとても無理だと断った。だが再度、今度は伊勢町《いせまち》の住人、吉平という者との二人から、迷惑はかけないから話だけ通してほしいと持ちかけられ、話だけならと引き受けた。

その後、与惣次と吉平は、唐人屋敷に日雇いで出入りする吉兵衛を仲間に入れ、「よし岡」から話を聞いていた「志為官」にメモを渡し、彼から八〇匁と一二〇匁の人参を譲り受けた。約束の票《ひょう》（附票、手形のようなもの）と人参の受け渡しは吉兵衛が行ったが、代金が滞るようになり、「志為官」は話を持ってきた「よし岡」に代わりに代金を請求した。

かくして「よし岡」は、「志為官」からもらう約束だった縮《ちぢみ》や砂糖の代銀一貫目から立て替えとして人参代を差し引かれたうえ、これまでの揚代、銀三〇〇匁も取り損なった。「よし岡」は取り損なった「志為官」の揚代を音羽屋に返済するために他の店へ変わり、その身代銀で揚代を支払ったのだった。しかしさらにまた、与惣次の揚代、銀一七〇匁も滞ったため、衣装や装飾品一切を売り払って返済したものの、ついに行き詰まって奉行所に自首したのだった。

奉行所が与惣次、吉平、吉兵衛を捕らえて取り調べたところ、「よし岡」の供述と相違なく、「志為官」への代銀が滞ったのは、長崎市中で人参を売りさばこうとしたが買い手がなく、吉平が出会った豊後《ぶんご》から来た商人に買った値段よりも安くにしか売り払えなかったからであったことが明らかとなった。豊後の商人は特定できず、人参の行方もわからずじまい。「志為官」も帰国し取り調べようがなかった。以上のことから、与惣次、吉兵衛は無一文、三人の中で唯一、小金を持っていた吉兵衛の財産を半分没収という裁きで落着した。「よし岡」も、これまでの蓄えを失くしたうえに借金まで負わされるという、まさにだまされ損であった。

抜荷の片棒を担がされる遊女と禿

唐人屋敷に出入りする遊女や禿は門外の「仲宿《なかやど》」という場所で着替えてから入館する決まりだった。私物の持ち込みは菓子の類でも禁止され、メモ程度のものでも書簡の持ち込みはできなかった。書簡には、抜荷の手はずや商品の注文、決済についてなど商売上の情報のやり取りのものが多く、中には証文のような重要なものも混じっていたからだった。

また、人参や玳瑁など軽くて値の張るものや、布のように持ち出しやすいものを着こんだり衣装に縫い込んだりして持ち出す遊女や禿が多いため、入館時は隠しどころになりやすい帯を身に着けることは禁止されていた。だが、それでも持ち込んだり持ち出そうとしたりする者が多いため、探番という番人を置きボディーチェックをするという、今日の空港並みの警備を行っていた。

実際、隙あらばと、何かを隠し持ち摘発されることは多かった。持ち込みで多いのは書簡で、髪に隠したり襟《えり》に縫い込んだりされたが、摘発するほうも慣れたもので見破るのは容易だった。厳しくチェックされる遊女ではなく付き人の禿の体に隠させたものが身体検査で露見する例も多かった。ただ、摘発されるのは氷山の一角にすぎず、また罰も、時折見せしめとして罰せられるという程度だった。

享保一三（一七二八）年、寄合町豊後屋のお抱えの遊女「和国」の付き人禿「こま」が、書簡一通を持ち込もうとしたのを大門で咎められ取り調べを受けた。

書簡の内容は、「和国」がお盆前にどうしても必要とする銀子を唐船の二九番船で訪れた「陳捷英」に無心したが、陳には持ち合わせがないので、「和国」の知り合いの日本人に立て替えてもらえないかというもので、その返済保証をしたものだった。「和国」が何のために銀子を必要としたのかは明らかでないが、このような場合、その多くは市中に住む親兄弟からの無心であった。「陳捷英」は用立ててもらった銀子を自分が返済するほど「和国」とは深い馴染みだったのだろう。「和国」が借金で頼ったのは本古川町の三五郎という者で、この者も「和国」の客だった。三五郎は「陳捷英」が一筆保証してくれるならばと「和国」に伝え、銀五五匁の借用保証の証文を受け取った旨の返信を「こま」に託したが、それを発見されたのだった。

問題は、その文の中に陳へ抜荷の取引を持ち掛けるくだりがあったことである。だが未遂だったため、「和国」は唐人屋敷出入り差し止め、三五郎は財産の三分の一を没収され、外国商売に係る場所へ近づくことを禁止されるという、比較的軽い処罰で済まされた。

享保一八(一七三三)年、寄合町筑後屋の「新山」が、本籠町《もとかごまち》の住人、甚八と、唐船一八番船で訪れた唐人「九官」の人参取引の仲介をした咎で唐人屋敷出入り禁止を言い渡された。この件も、禿が書簡を隠し持っているのが大門で発見されたことによって露見した。おそらく「新山」も安易に引き受け、禿に小遣いでもやって体に隠させたのだろう。甚八は「新山」を通じて、もし手持ちの人参があれば譲ってほしいと申し入れ、信用取引のために書付や証文のやり取りをし、人参や代金は探番の善六が受け渡すことで話がついた。しかし現物を館外に持ち出す前に発覚したのだった。

禿から書付を発見したのも、善六以外の探番だった。ということは、探番同士が結託していれば、完全犯罪になっていたということである。もちろんその場合は記録には残らないので、成功した抜荷の実態は明らかにはならない。

犯罪者の遊興

享保一九（一七三四）年、唐船の荷物を貯蔵する新地蔵《しんちぐら》で不明となっていた人参についで取り調べたところ、新地番所の小使である代助、五八、吉郎次の三人が自首してきた。三人は蔵の屋根瓦と裏板をはがして侵入し、人参四包を盗み取って、再び屋根をもとに戻し、人参は市中の者に売り払ったと証言した。自首したため三人は、死罪のところ罪一等を減じられ薩摩《さつま》への流罪となった。関係者も家財半分没収などの処分を受けたが、犯人が自首して減刑されたため罪は軽くて済んだ。

しかし、三人が自首した内容にはない人参の紛失もたびたび起こっていたため、さらに取り調べると、新地の常雇《じょうやとい》の番人である太惣次、善平次、伝次郎の三人が犯人とわかった。三人は封印を破って盗み、その後で再び封印を偽装して何食わぬ顔をしていたのだった。この行為が悪質ということで、三人は獄門に処せられた。また、盗品と知りつつ買い取った弥右衛門という男も死罪に処せられた。

新地蔵屋敷での事件は、荷主が唐人で国際問題である上に、内部の犯行ということで徹底的に追及され、人参の売却先、売り払った金の遣い道などが詳しく詮議された。

主犯の太惣次は盗んで得た金のほとんどすべてを寄合町で費やしていたことがわかった。寄合町の揚屋兵蔵方に筑後屋のお抱え遊女「金吾」を呼び入れ、享保一七年の七月から翌年の六月までほぼ一年通しで買っていた。それだけではなく、翌月から犯行が発覚するまでのあいだ、揚屋の清兵衛方に引田屋お抱えの遊女「霧ノ江」を呼び入れて買い続け、兵蔵方では銀一貫七匁二分を費やし、「金吾」にも銀二〇〇目と金一両を贈ってい た。また、清兵衛方では銀八六一匁を費やし、「霧ノ江」に銀七〇目を贈っている。狭い長崎で、このような分不相応な遊び方が話題にならないはずがなかった。

長崎では抜荷に手を染める者たちが遊女屋で分不相応な金遣いをすることがあるので前々から注意すべきだといっていた。そのため「惣じて長崎は前々より抜荷等に携わり候者遊女町へ参り、不相応なる金銀をも遣い候儀、これ有候に付き心づくべき儀に候」という理由で、太惣次が消費したすべての金銀を遊女屋と遊女から取り上げるという判決が下された。

揚代や料理代、心づけなどすでに手元に残っていないものまでも返却しなければならないということで、揚屋と遊女屋は遊ばせ損どころか、諸費用の負担で大損害を被った。抜荷は儲からないということを見せしめとして示したのだろう。

とばっちりを食ったのは「金吾」と「霧ノ江」である。彼女らが手に入れた贈物が身代金を上回る金額であったことには驚かされるが、まるまる一年身を削ってただ働きさせられたことには、誰しも同情したに違いない。

遊女屋の折檻

享保一九（一七三四）年、丸山町の唐津屋登兵衛と遣り手「むめ」が奉行所の詮議を受けた。もともと町役人へ訴え出たのは遊女屋の主人、登兵衛のほうであったのだが、関係者から事情を聴くと、訴えられた遊女よりも登兵衛と「むめ」の悪質さのほうが際立っていたため藪蛇《やぶへび》になったのであった。

登兵衛が奉行所へ訴えた内容は、遊女「若松」が実家に帰ったまま帰楼せず、何度も呼び返そうと使いをやったがかたくなに拒んでいるので奉行所から帰楼するように命じてほしいというものであった。その程度の事なら、店主が廓の若い者に命じて強引に連れ帰ればよさそうなものと思われるだろうが、親も店主も若い衆も同じ長崎の住民であることから手荒なことはできなかった。仮にやろうとすれば、親に加勢する者たちがあらわれ、大騒動になるのは明らかで、その場合の咎めを受けるのは一般住民ではなく店主たちであった。したがって、店主は懇願するという低姿勢にならざるを得ず、奉公している側の遊女は強く出られたのだ。

発端は、「若松」の唐人屋敷への逗留が長期に及び、店に帰るようにいっても、唐人が引き留めて帰れないと言い訳をして店主のいうことを聞かなかったので、店へ帰ってから説教したところ「若松」が反抗的な態度をとったので店主が折檻に及んだことにあった。「若松」は折檻で負傷したため、実家に帰って療養していたが、いつまで待っても帰楼しないので、登兵衛が丸山町の乙名に訴え出たのだった。

丸山町の乙名は「若松」の実家のある出来大工町の乙名に問い合わせた。乙名の聞き取りによって、登兵衛の折檻は軽いものだったが、その後の遣り手「むめ」の折檻で重傷を負ったことが判明した。登兵衛が「若松」のもとに医師を派遣して診察させたところ、商売に差し障るほどの想像以上の重傷で、「若松」の言い分が正しいことがわかった。遊女を直接、指導監督する立場にあった「むめ」は「若松」が大けがをするまで割り木で滅多打ちにしていたのである。

町乙名から報告を受けた奉行所では、遊女への指導として少々の折檻は仕方がないとしても、命に関わるほどの危険を犯すのは言語道断として、「若松」は遊女奉公の契約を破棄して実家に帰し、登兵衛には今後このようなことが起こらないようにきつく申し渡した。

遣り手の「むめ」は、本来なら主人と遊女の中に入って、代わりに謝ってやらなければならない立場であるのに、大けがを負わせるとは言語道断と、一ヵ月の手鎖《てぐさり》を命じられた。遊女の管理監督を任されていた遣り手としては、反抗的な遊女はきつく懲らしめて言うことを聞かせなければ示しがつかないということで、折檻に手加減がなかったのだろう。弱腰な経営者と生きるために遊女に厳しくあたらざるを得なかった遣り手の姿が切ない。

遊女をとりまく犯罪

「犯科帳」に記された遊女に関する犯罪の多くはこのように、遊女が巻き込まれたものだった。遊女に犯意があって主犯になるような事例は稀で、犯罪者から利用されたり、親に泣きつかれたりして、言われるまま、流されるまま犯罪に手を染めるようになる遊女の姿が見えてくる。

遊女が犯罪に巻き込まれてしまうのは、客や家族との距離があまりにも近いからだった。日本人客の多くは旅人や長崎駐在の諸藩の侍で、また地元住民の登楼もあった。地元の住民であれば狭い長崎の中では必ず何らかの接点があり、その接点には利害が絡むこともあっただろう。また、親との距離も、親からの頼まれごとや親への義理を果たすことのプレッシャーなどを感じられない程度であればよかったのだろうが、徒歩一〇分ほどに実家があったのでは、中には子におんぶにだっこの親もいただろう。このような要因でがんじがらめになり、犯罪に手を染めざるを得なくなる遊女がいたのである。

長崎で大金を稼ごうとすれば唐人・オランダ人との密貿易に如《し》くはない。発覚すれば重罪だが、成功した暁には濡れ手で粟の利益を得た。「犯科帳」を調べると、抜荷の多さに驚かされる。よくこんな危険な犯罪に手を染めることができるものだと感心するが、失敗事例だけが記載され、成功した抜荷は記録に残らないことを考慮すると、実際には無数の抜荷が横行していたのだろう。港外のオランダ船に横づけするという強引な手法を除けば、抜荷の多くはフリーパスの遊女の加担で小規模に、ひそかに行われたと思われる。遊女はほとんどが市中の借家人出身なので、たどって行けば家族親戚の誰かが遊女につながっているものである。この距離感の近さが遊女が犯罪に巻き込まれる原因となった。

その一方では、親や地域社会に近接していることで遊女がそこからの庇護を得ていたという有利な点も見逃せない。これは遊女自身が犯罪の被害者とならないように守られる環境にあったことを意味している。遊女が遊女屋で虐待を受けた場合、先の「若松」のように、我慢したり泣き寝入りしたりせずに親元に避難することが可能だった。親は保護者として遊女屋の経営者に立ち向かい、強引な相手に対しては、地域社会の顔役に頼る手もあった。さらに奉行所の裁定は遊女に甘く遊女屋に厳しいものになりがちで、遊女屋経営者は奉行所がまったく頼りにならないことを知っていた。遊女が病気になれば親元に引き取らせ、親が病気になれば看病に行かせるという濃密な関係性が丸山での遊女奉公の特徴であった。このように見ていくと、遊女奉公というよりも遊女屋での「就業」といったほうが、やはり実態としてはふさわしいのではないだろうか。長崎独特の環境から、遊女は犯罪を引き寄せるが、また逆に、その長崎独特の環境のゆえに犯罪の被害から守られるという一見矛盾した特徴が丸山遊女には見られたのである。

第七章　遊廓に出る女、
帰ってくる女

真村蘆江「遊女図」（長崎歴史文化博物館）

遊女奉公の契約

江戸時代であっても人身売買は原則禁止であり、長期間拘束される場合には年季奉公人契約を結ばなければならなかった。遊女の場合は遊女奉公契約である。一般的な奉公人契約では奉公人の人主《ひとぬし》である親や家長、および奉公人の身分を保証する請人《うけにん》が、雇い主と契約を交わすことによって成立した。

人主は父親でなく母親でもなることができたが、請人には女性はなることはできなかった。そのため請人は、同居していない親戚の者か地域の有力者がなる場合が多かった。また、口入れ業者が請人になることもあった。

請人の役割は①年齢、健康、前科など、雇い主に対する奉公人の身分を保証すること、②奉公人の過失に対する連帯保証人になること、の二つである。奉公人同士が互いに請人となって別々の奉公先と契約を結ぶこと、すなわち「相請《あいうけ》」は禁止されていた。[70]

基本的に、奉公人契約においては奉公する当事者は契約の主体ではなく、人主と請人から保証される客体に過ぎなかったので、奉公人自身の署名捺印は必要なかった。

このような契約によって交わされる手形や証文は「請状《うけじょう》」と呼ばれた。請状には奉公人の身元、奉公の内容、期間、前借金額、宗旨、奉公人の不始末についての保証などが記された。

長崎における遊女奉公の契約に関する研究には、古賀十二郎『丸山遊女と唐紅毛人』（長崎文献社　一九九五年）及び本馬貞夫『貿易都市長崎の研究』（九州大学出版会　二〇〇九年）がある。

では、遊女奉公の契約内容、請状の形式を、長崎歴史文化博物館収蔵『藤家文書《ふじけもんじょ》』「相定申書物之事《あいさだめもうすかきもののこと》」（筆者書き下し）を例にして見てゆこう。

相定申書物之事

一私実子の娘りくと申す女歳拾七に罷《まか》り成り候を此の節
其許《そこもと》方へ遊女奉公に召置き当申十一月十九日より巳十一月十九日迄
丸九ケ年限に相定めその身代銀銭四十五貫文唯今
慥《たしか》に請け取り申すところ明白実正なり、然る上はたとえ如何様《いかよう》の儀
これ有り候とも右年季の内此方より隙乞《いとまご》い申す儀御座有る間敷《まじ》く候
猶また私共儀は脇より申すに及ばず一言の異儀申者は壱人も
御座なく候、此の女遊女役に相立ち申さず候わば如何躰《いかてい》の下使にも
成らせらるべく候、且《かつ》また不作法不届の儀仕り候わば何分にも御心ままに

異見《いけん》折檻成らせらるべく候、若し此の者取盗み迯走《とうそう》仕り候わば其許様御尋に及ばず此方より早速尋ね出し盗み取り候品々相改め此のりくに相添え即刻返弁仕るべく候、勿論銀子御入用に付此の女書入の質物に成し置かれ銀米銭何程の御借取り成され候共または商売方ニ付何国何方へ御売替成らされ候とも右年季日限の辻にさえ御隙下され候わば是れまた申分これ無く候、将つまた誰人に依らず女房や或いは妾等に致し度き由に付き身請け望みの仁御座候わば此方に御届けに及ばず相対にて成らせらるべく候、其の礼物金として銀、器物何程御取成られ候とも此方においては一切これ構い無く候随《したが》って此のりく年季の内、私用出あるき致す間敷く候、尤《もっと》も親兄弟共病気致し候節、見舞に参り候わば三時《みとき》を限り罷り帰り申すべく候、且つまた傍輩衆または其許様ならびに御一族等に付如何様の出入りこれあり候とも此りく脇方へ引き取り置き取合い仕る間敷く候何分も其許において其の埒《らち》明き申すべく候、猶また元銀または不相応の銀子を以って親請け出しなどと名目を附け難渋《なんじゅう》がましき儀決して申し出間敷く候、此者懐妊仕り候わば人目立ち候頃より

平産の血気治り候迄勤め引き申すべく候、出生の子は男女に
拘《かかわ》らず親類共方へ引き取り養育仕るべく候、若しまたりく如何様の
煩い致し候とも親類共方へ引き請け療養相加え度き旨堅く申す
間敷く候、万一頓病頓死《とんびょうとんし》不慮の儀にて相果て候とも両損にて
相互に申し分なく御座候、宗旨の儀は一向宗観善寺《かんぜんじ》旦那
生所御当地の者に其れ紛れ御座なく候、此の外、如何の儀出来
仕り候とも其許様へ六ケ敷《むつかしき》儀聞かせ申さず何時も親請負人
罷り出、御公儀様内証とも急度《きっと》承り申すべく候、後日のため
親請状件の如し

天保七年申十一月

西古川町　力太郎後家

親置主　ひさ　印

右同人娘

寄合町肥前屋いと抱遊女尊山事

奉公人　りく　印

請負人　庄右衛門　印

恵美須屋のふ殿71

請状の内容

① 奉公人りくが一七歳であること。
② 遊女奉公であること。
③ 奉公期限が天保七（一八三六）年中一一月一九日より巳（一八四五）一一月一九日までの九年間であること。
④ 身代銀銭四五貫文受け取ったこと。
⑤ 年季中は奉公人にどのようなことがあっても親、親戚、知人が暇乞いや苦情をいわないこと。
⑥ 奉公人が遊女として役に立たない場合は下女として使ってもいいこと。
⑦ 奉公人に過失があったら説諭や折檻しても構わないこと。
⑧ 奉公人が盗んだ品物は奉公人とともに弁償すること。
⑨ 雇い主が借金するときに奉公人を担保に差し出してもいいこと。
⑩ 期限内であれば奉公人を他国やほかの雇い主に売り替えても構わないこと。
⑪ 奉公人を身請けさせて嫁がせたり妾奉公させるにあたって相談は不要のこと。また

礼金や礼物を雇い主が受け取っても構わないこと。

⑫ 年季中奉公人は私用で外出しないこと。ただし親兄弟の病気見舞いは三時（半日）を限度に店に戻ること。

⑬ 同僚や雇い主、その家族とのトラブルがあっても連れ帰ったりしないこと。

⑭ わずかな金額で奉公人を請け出そうとしたり難癖をつけたりしないこと。

⑮ 奉公人が妊娠して目立つようになったら親元や親類方に引き取って出産させ、生まれた子は男女を問わず奉公人側が引き取ること。出産後の休みを取りたいといわないこと。

⑯ 万一、奉公人が病気などで死亡しても親も雇い主も両損として苦情はいわないこと。

⑰ 奉公人の生所は長崎。宗旨は一向宗、観善寺の旦那であること。

⑱ そのほかにどのようなことがあっても奉公人に対し親や請人が言い聞かせ、雇い主に迷惑をかけないこと。

例示した請状の表題に「相定申書物之事」とあるように、所定の様式にのっとって契約を交わしている。まず、天保七年、雇い主は寄合町恵美須屋《えびすや》「のぶ」、親置主《おやおきぬし》は実母「ひさ」、請負人は庄右衛門、奉公人は「りく」である。「りく」は寄合町肥前屋「いと」抱えの遊女「尊山」とあるので、この場合、前出の「雇い替え」に該当する。

人主である「親置主」は実母の「ひさ」。人別などには単に「力太郎後家」と記されているが、この奉公人請状では特に名を記している。請人である庄右衛門の身分や居町は記されていない。また、先に述べたように奉公人自身は名の自署や押印は本来、必要ないのだが、ここでは本人「りく」の印が押されている。これはこのケースに限られたことではなく、管見の限り、丸山遊女の遊女奉公請状ではすべてに奉公人の押印が見られる。

まさに微に入り細を穿《うが》つような契約内容だが、遊廓発祥当初からこのようであったわけではなく、時間の経過とともに項目が増加して、このような形になったのであった。

前出の古賀は、宝暦から慶応に至る一〇〇年のあいだに遊女の置かれた環境が悪化し、遊女の人権がはなはだしく蹂躙《じゅうりん》されるようになったとしている。たしかに一見したところ古賀が言うように、雇い主が遊女をがんじがらめにして搾取しているように見えるだろう。だがこの「強い雇い主、弱い人主」という図式をそのまま受け取っては真実が見えなくなる。このように事細かに条目をあげているのは、契約時にこうして一筆取っておかなければならない雇い主側の事情があったのだ。吉原遊廓など他都市の遊廓とはまったく異なる遊女と雇用主の関係性が、丸山遊廓にはあった。

遊女屋の言い分

古賀十二郎は前掲書に、「嘉永三〔一八五〇〕庚戌年正月遊女屋中より盗賊方役場へ差出した別紙の内容」として、遊女と遊女の親元に対する遊女屋の言い分を記している。筆者が口語にして箇条書きで示したい。

・遊女が勝手に親元へ帰り、数日後、遊女屋へ帰る時もその間の揚代は決して支払わない。（夜に店が始まるまでの外出は大目に見られたが、親元に泊まってくるとその分の揚代は、本来、遊女が負担しなければならない決まりだった）

・遊女の親と遊女の馴染み客が結託して、親元から勝手に客の所に遊女を行かせているのに、遊女屋に帰す段になると「遊女が勝手に来たので揚代を出す理由はない」と遊女屋の損失になる。

・遊女が親元に帰り、そこから内緒で馴染み客の所に行っているのに、病気などを理由にして遊女屋へは帰さず、しかも俠客に頼んでわずかな金で身請けしようとする。それを断ると他の町からも世話人と称する者がやってきて無理難題の要求をする。

・遊女が親元へ逃げ帰り連れ戻そうとすると、もし遊女屋に帰したらひどい折檻を受けて殺されるかもしれないからと言って帰さず、何とか連れ戻しても、親の入れ知恵か井戸に身を投げようとするなど、想像もつかない行為に出る。

・逃げ出した遊女を連れ戻して注意などすれば親元から苦情が来る。

・唐人などが家出している遊女の居所を知っていて、その遊女を唐人屋敷に呼びたいとしきりに督促する場合、遊女がいないと断ると、騒ぎ立てて唐館の役場まで騒がす。[72]

確かに、こうした親や遊女はごく少数だっただろう。そうでなければ、遊女屋という商売自体が成り立たない。しかし、ごく少数とは言え、このように微に入り細を穿った契約を結ばなければならない事情があったこともやはり事実だろう。

この事例から、丸山遊廓の特殊な環境を垣間見ることができる。

まず、遊女が廓外に勝手に外出できることである。吉原遊廓と同じく丸山遊廓も外観上は塀に囲まれていたが、すでに述べたように丸山遊廓の場合、塀や門には防犯と境界を示す役割しかなかった。そもそも丸山遊女の主な稼ぎ場所は廓内ではなく、唐人屋敷や出島であった。つまり多くの遊女は廓外に出て徒歩で唐人屋敷や出島に出向き、滞在後も同様に廓内に戻ってきていた。唐人やオランダ人に見込まれれば、年間二〇〇日を超える長期滞在になる遊女もいた。また住居としての遊女屋の家屋は超過密で、仕事のない者は屋外でぶらぶらしていることが多く、遊女屋がしっかり把握しておかないと、遊女の居場所を把握するのはむずかしかった。在籍遊女が一斉にそろうのは正月の踏絵の時だけであった。

また、遊女の多くが徒歩圏内にある長崎市中の出身者だったので、家族との絆は遊女奉公によっても途切れることがなかった。早い者は七〜八歳から禿として勤めだし、遊女になって一〇年ほどの年季を勤めたが、現代の小学校低学年くらいの少女にとって、このように実家が近いのは何かと便利で、洗濯物など家に持ち帰って頼んだり、客からのプレゼントを持って帰ったりと、学校の寄宿舎生活とも大して変わらないような者が多かった。そもそも実家でも、その娘の稼ぎで生計を立てることを期待して、娘を送り出していたのである。また実家だけではなく実家のある町の住民も、遊女をコミュニティーの一員と認識していたので、仮に遊女や親が不満をもてば、それをわがことのように受け止めた。

加えて、序章にも挙げたように、「世話人」、「口入れ屋」と称する顔役が、しばしば遊女屋とのトラブルに介入した。先の例に俠客や世話人とあるのもこのような顔役で、こういった連中が民事に首を突っ込んで、話をややこしくした。「長崎ぶらぶら節」の一節にも「大井手町の橋の上で子どもの旗喧嘩《はたげんか》　世話町が五六町ばかりも　二三日ぶららぶらぶらりぶらりと云うたもんだいちゅう」とあるように、旗喧嘩という子どもの徒競走の勝負にまで「世話人」が介入してくるというのだから、ましてや金銭の絡む遊女と遊女屋のトラブルとなれば、彼らが見過ごすはずがなかった。

では、遊女屋や遊廓が強圧的に遊女を従わせることができたかといえば、むずかしいといわざるを得ない。遊廓内のトラブルは、丸山・寄合両町の役人が取り締まり、犯人を召し捕って奉行所に突き出さなければならなかった。取り押さえる際の多少の暴力は認められるが、犯人からの報復についてまで奉行所が守ってくれるわけではなかった。また、遊女を打擲《ちょうちゃく》してけがをさせて親元から訴えられ、手を下した遣り手などが奉行所から罰せられた前章のような事例もあったから、遊女屋は下手に強圧的な手段には出られなかった。親や地域社会からは責められ、奉行所からは梯子を外されと、傾城町も遊女屋も辛い立場であった。

このような実態があったため、トラブル防止のためには契約を結ぶとき、事前に細かく確認を取っておかなければならなかったのである。遊女の人権を制限するような、一見、一方的に見える契約には、このような背景があったのだ。

遊女のモンスターペアレンツ

吉原遊廓などは奉公の間、廓から外出したり実家に里帰りしたりできるような環境にはなかったので、まさしく「籠の鳥」のように、遊女屋を家とし経営者を親として、「親」には絶対服従の従属者として年季を過ごさなければならなかった。遊女屋の主人には、経営者としての権限に加えて家長としての権限もあり、煮て食おうと焼いて食おうと遊女を意のままに支配できた。一方、丸山遊女の多くは、市中の貧しい家の娘が禿としての「唯《ただ》養《やしない》」を経て、遊女としての年季奉公を勤めた。遊女奉公の約一〇年を勤め上げれば自由の身として、出身町内へ帰宅したり、事情がある場合は他町に出たりした。禿から始まる一四〜一五年の奉公期間は親元で過ごした年数よりも長く、そのため親との結びつきが薄くなると考えられるが、丸山遊女と親の関係は途切れることなく継続する場合が多く、遊女の親は陰ながらの保護者として遊女を守る役目を果たしていた。

遊女の親はほとんどが借家人で、同じ階層の者たちと地域コミュニティーを形成していたので、広義に見れば近所というコミュニティーも遊女の保護者的な存在であった。特に遊女の実家は一軒の家屋に何所帯もの家族が間借りで同居していたので、井戸や便所、台所を共用する多くの仲間が存在した。また、丸山遊女には客からのプレゼントなどの収入がある者が多く、親は多かれ少なかれ遊女の収入に頼っていた。また、前章でも見たように、近所の住民や地元客などに悪用されて抜荷のメッセンジャーをやらされることもあった。つまり、遊女屋の絶対的支配下に置かれる従属性は弱かった。遊女が地域社会で蔑視されたり、差別を受けたりすることもほとんどなく、奉公に上がった時と同じように年季が明けると再び地域コミュニティーの住民として復帰することができた。

遊女と親、親類、地域社会とのつながりは、遊女屋での年季奉公中も引き継がれた。病気療養や妊娠出産での里帰りは契約にも記されているが、これには遊女屋にも、無駄飯を食わせなくて済むというメリットがあった。奉公中の遊女の死亡が少ないのも、実家での手厚い看病や相談事のカウンセリングなどに恵まれていたことも要因だろう。また遊女屋の理不尽な所業に関しては、地域をあげて戦うことも可能だった。そしてこのことは、遊女屋がもっとも頭を悩ませる問題であった。

開国後の元治元（一八六四）年のこと、先輩遊女のいじめのため、遊女五人が家出するという出来事があった。

引田屋茂左衛門の抱え遊女、「糸滝」、「甲苗」、「揚羽」、「錦木」、「玉恵」の五人が、七月三日の夜、店を家出し、隣接する本石灰町の嘉吉の家に籠った。五人の言い分は、先輩遊女「九重」が日ごろから自分たちに厳しくあたるため、「九重」の下では遊女勤めができないということであった。五人と「九重」双方の事情を聴くために帰るように促したが帰ってこなかった。ようやく二八日に店に帰るとの連絡があったので、町方に届けたところ、町内へお預け、謹慎させよとのことになった。
ところが嘉吉および五人の親たちが、「帰すのには支障がある。特に『九重』との間にまたトラブルが起きないとも限らない」と言い出し、また五人の遊女の親たちは娘を身請けしたいなどと難題をふっかけた。当時、五人が客としていた大浦《おおうら》の外国人居留地の外国人からの使いが店に来た時に、椛島町《かばしままち》の住人、卯之介、大浦の峯八および栄次郎の三人がともに入り込み、五人と密かに話し合っていたようで、その夜、また五人とも店から姿を消した。調べると裏の練塀に梯子をかけて塀の外に抜け出したことがわかった。
そうこうしているうちに嘉吉から、家に五人の遊女が押し掛けてきたので身柄を預かっているとの連絡があった。塀を乗り越えた五人をそのままにしておいては、他の遊女たちがとんでもないことをしでかす恐れがあるので、御役場のご威光をもって、五人の遊女たちを厳しくお調べの上、親たちの心得違いを諭し、店に難題をいわないよう命じていただきたい、という趣旨の口上書が残されている。[73]
一般的に頭遊女《かしらゆうじょ》は「御職《おしょく》」と呼ばれ豪華な個室を持ち、遊女屋の主人が挨拶に行くような格式を与えられた特権的な遊女である。一晩で何十両も稼ぎ出し、そのおかげで遊女屋が成り立ち、流行らない遊女たちを養った。そのため他の遊女はもとより主人ですら一目置く存在であった。この史料によれば、頭遊女を務める「九重」のやり方が気に食わないという理由で集団で遊女たちが家出して親たちが騒ぎ、さらには近郷の若者たちが介入して遊女を逃がすなど、他の遊廓では考えられないことが起こっていたことを示している。

遊廓を無断で抜け出す行為は「足抜け」という脱走行為で、吉原遊廓であれば捕まえられた後、折檻を加えられ、他の遊女の見せしめとして厳しい環境下に監視されるべき罪であった。一方、丸山遊廓では、折檻するどころか親たちからの苦情や難題、さらに若者からそそのかされて塀を梯子で脱走するなど、やりたい放題。それに対抗する手段がないので盗賊方に泣きついたのである。

泣きつく遊女屋

遊女が何らかの犯罪に関わり、遊女屋が自力で処理できない場合には、まず町の乙名に届け出ることになっていた。乙名は内容によって盗賊方に上げ、その盗賊方の手に余るものが、はじめて奉行所に上げられる。奉行所で取り調べられ罰を下された場合、有名な「犯科帳」に記載される。逆に言えば、「犯科帳」に記載された犯罪は氷山の一角に過ぎず、それ以外にも犯罪は無数に存在していたのである。次にあげるのは、そのような、「犯科帳」には記されなかった事例の一つである。

寄合町の遊女屋引田屋の主人「こう」抱えの遊女である「花千代」は、元治元（一八六四）年四月一〇日に唐人屋敷に入ったが、一五日、唐人屋敷を出奔し、親元の高野平《こうやびら》郷に逃げ帰った。「花千代」は今後、唐人屋敷に行かなくてよいのなら遊女屋に戻ってもいいという条件を出して家から出て来ず、親も家から出さない。唐人屋敷からは催促は来るし、「こう」は困り果てて何とかしてほしいと乙名に訴え出たのだった。居場所が明らかならば、無理やりにでも連れ帰ればいいではないかと考えがちだが、それができないから遊女屋は困っているのである。[74]

遊女屋の者が遊女を折檻してけがを負わせた場合、遊女は家に逃げ帰って親に訴え、親は周りの住民たちを巻き込み、逆に奉行所に訴えて遊女を傷つけた者に罰を要求するなど、遊女屋を甘く見るような行動が頻繁に見られた。奉行所が遊女屋の側に立って遊女の親を叱ることはほとんどなく、逆に遊女屋を責め、遊女や親に同情的な裁きを下していた。遊女の親を敵に回すことは、そのコミュニティーを敵に回すことも同然であった。貿易都市長崎の治安維持上、住民の反発は避けねばならない長崎奉行の立場がここには反映されている。

丸山では、遊女屋で辛い遊女奉公に耐えて年季明けを心待ちにするような殊勝な遊女ばかりではなく、一定の権利を保留した上で遊女稼業を勤めていたとみるべきであろう。吉原遊廓のように規模が大きく、また店の権限が強ければ思い通りに遊女への賞罰ができたのだろうが、遊女の揚代は奉行所が決め、遊女への体罰は奉行所から叱られるという境遇であったため、長崎の遊女屋は経営が苦しく、遊女のわがままにも手を焼いていたのであった。

遊女屋の悲哀

長崎の遊女屋のルーツは先に述べたように博多にあった。つまり遊女屋は長崎出身ではなく、また長崎の住民がすべてそうであるような転向した元キリシタンでもなかったので、当初から地域コミュニティーの一員とは認められていなかった。遊女屋は、丸山町と寄合町という狭い社会の中で代々生活してゆかざるを得ず、好むと好まざるとにかかわらず子も孫も遊女屋にならざるを得なかった。先の『延宝版長崎土産』にも、「轡ハ人まじりなきものにて」と、遊女屋が長崎住民のコミュニティーから疎外されていたことを記している。

長崎は八〇の町から構成されていたが、オランダ人が住民の出島町と丸山町・寄合町の三町は別枠として一段低い地位に置かれていた。町乙名の受用銀は半分、貿易の利益を享受する宿町の役目も与えられず、逆に、牢屋の掃除、獄門磔の造作の調整など汚れ仕事を役として与えられるなど、目に見える差別を受けてきた。また唐人とオランダ人相手の揚代は、貿易で利益の薄い外国人の引き留め策として、相場より低いものに抑えられていたが、それに対する遊女屋への補償もなかった。オランダ人と唐人も、遊女は大切にするが、遊女屋は徹底的に嫌い、唐人からは「忘八」という非人間的な呼び名で呼ばれて蔑まれていた。

『延宝版長崎土産』にも、「遊女屋に生まれた三兄弟がいるとすれば、長兄が親の店を継ぎ、下の兄弟は長兄を親のように頼り、一〇人とか一五人の遊女を付けてもらって新しい遊女屋を始めるので、遊女屋も遊女の数も自ずと増えていく」と、遊女屋の子どもは遊女屋になるしかないことが、老女の口を介して述べられていたことはすでに見たとおりである。経営がうまくいかないときにはいったん廃業し、廓内で別の仕事を始めるが、資金のめどが立つと再び遊女屋として再興した。丸山町に隣接する本石灰町の乙名であった本山《もとやま》家《け》の以下の文書からこのことが確認できる。

「以前、私の父筑後屋厳太郎が遊女屋を営んでおりましたところ、経営が成り立たず二六年以前に廃業いたしました。このたび私が元の場所で遊女屋商売を再興したくお願い申し上げます。もし、お許しいただければありがたき幸せに存じます」。こう願い出たのは筑後屋朔郎。遊女屋仲間であるその月の月番であった津国屋《つのくにや》の主人「うた」と門屋《かどや》の主人富三郎の二人の印をもって乙名の芦苅善太夫に提出した書類に奥印を貰った上、管轄の盗賊吟味方へ提出したものである。幕末の遊女屋関連の文書などを見ると朔郎の名前を見出すことができるので、願いは奉行所に許され、朔郎は遊女屋商売の再興ができたのだろう。[75]

筑後屋という屋号の遊女屋は寄合町に多く見られる。朔郎も、博多にルーツを持つ一族だったのだろう。彼らは同族や同業者間で資金を融通し合い、経営を助け合って生きていた。この口上書も、業者間の互助で裏づけされている。

遊女屋は儲かるから遊女屋になるのではなく、遊女屋にしかなれないから遊女屋になるという『延宝版長崎土産』の定めは幕末まで続いていたようである。

桶屋町宗旨改踏絵帳

江戸時代の人口、住民構成、住民移動は、人別帳によって把握することができる。長崎では、踏絵と連動し、旦那寺に印形をもらったうえで奉行所に提出したので、人別帳は「踏絵帳」と呼ばれていた。「踏絵帳」は、長崎のすべての町で作成され、保管が義務づけられていたが、明治になってその多くは散逸した。その中で比較的まとまって保存されているのが桶屋町の「踏絵帳」である。[76]

桶屋町の「踏絵帳」は、寛保二（一七四二）年から元治元（一八六四）年の一二二年間で一〇九冊が保存されている（すなわち一三年間分が欠落）。表題が「桶屋町中家持借家宗旨改踏絵帳」、「桶屋町元来宗旨改踏絵帳」、「桶屋町宗旨改踏絵帳」と変化していることを除き、書式は統一されており、表紙には和暦年号、表題、踏絵日（正月六日に固定）、町役人名（乙名、宝暦八年から組頭も）が記されている。

記載は世帯ごとに区切られ、各々の宗派、旦那寺名（印形）、年齢、世帯主氏名（印形）、世帯主との関係、氏名（印形）と続く。借家人には家主の名が氏名の頭に書かれている。移動がわかる記号として、宗派の記述の上に、年度内の変動がない「正」、転入者「入」、転出「出」が記されている。また、出生、転入、転出、欠落、長期旅行などが朱書されている。死亡の場合は、氏名に朱線が引かれるか氏名の上に●が書かれている。踏絵後に奉行所に提出し、返却された後は、住民の移動変動の管理に使用されていた。

ここで注目したいのは、丸山町・寄合町への転出の記録である。文化一一（一八一四）年を例にとると、桶屋町の人口四七三人（男二五二人、女二二一人）の内、移動二二人。丸山町二人（女子一一歳二人）、寄合町三人（女子九歳、一〇歳、一七歳）、他町へは一七人、男一〇人（三歳～五六歳、平均二九・七歳）、女七人（二歳～五七歳、平均二二・一歳）。

移動がすべて長崎市中の他町であることまではわかるが、その理由についての記載はない。一般の転出理由が結婚、就業、養子などである中、小学校高学年くらいの女子が一人家族と離れ、丸山・寄合両町に移動しているのは、他町への移動とは明らかに異なっている。もちろん、養女であったり下女奉公であった可能性も否定できないが、人数と少女の年齢からすると、すべてがそうであったとは考えがたく、両町に移動した少女の大部分が遊女奉公であった蓋然性が高いだろう。一〇〇年余の年月を通じて両町へ移動した少女たちの足跡をたどることは、遊女の供給源について解明する手段になる。

桶屋町

「文化五年市中明細帳[77]」「文化五年桶屋町宗旨改踏絵帳[78]」に拠れば、桶屋町の規模は次の通りである。

一 坪数 四千百七十二坪四合一夕三才
　此御地子銀一貫二百六十七匁
一 箇所数 五十八箇所 内二箇所ハ増箇所
　此被下銀七貫七百七十二匁
一 竈数 二百五竈 （家持三十一竈 借家百七十四竈）

一　人別　四百八十一人　内男二百四十人　女二百四十一人

桶屋町は町人が集住する地区にある中規模の町で、町名の通り、かつては桶職人のいるような職人や商売人の町であった。文化五（一八〇八）年の住民の総人数四八一人。内訳は箇所持一〇二人、家代《かだい》一五人、借家人三六四人。箇所数や人口などでは長崎の中で中位を占める平均的な町であった。家代は、借家人であるが江戸下町の大家のように町外居住の家主の代理として多くは名字をもち、町の役を務める者。町の準構成員として世襲もあった。おしなべて住民の約二〇パーセントが箇所持、約八〇パーセントが借家人という住民構成であった。

桶屋町は、内町、外町の区分では外町の方に区分され、「水手組」、「陸手組」の役の区分では、荷役などを負う「陸手組」。今紺屋町《いまこうやまち》、古町、今博多町、大井手町と五町組を成し、有事の際に筑前藩の藩士を収容する御宿町であった。[79・80] 桶屋町乙名は、当初品川氏、田中氏であったが、元禄から幕末までは藤氏が務めた。[81]

桶屋町少女の遊女奉公

享和二（一八〇二）年から桶屋町乙名を務めた藤貞四郎は、住民の移動や旅行などを「踏絵帳」に細かく記録した。後継の子、惣太夫も父の記述を引き継ぎ、親子二代で正確な記録を残している。その中から、嘉永四（一八五一）年までの約五〇年間を抽出し、桶屋町から丸山・寄合両町への住民移動の状況を見てみよう。

記録の欠落と、娘の転出のない年が一一年。それ以外で丸山・寄合両町に出た娘は計七五人。転出時の平均年齢一二歳、最年少七歳、最年長一八歳。年季が明けたものか、再び桶屋町へ戻った娘が三八人、平均年齢二五歳、平均奉公期間約一四年。小学校の高学年ごろに奉公に出て、四年ほど禿として修業した後で一〇年間、遊女奉公するというのがその典型であった。そしてこれら桶屋町出身の娘たちは、ほぼ全員が借家人であった。[82]

桶屋町は、特別に丸山・寄合両町との関係が深い町というわけではない。他町に断片的に残る「踏絵帳」にも、桶屋町と同様、娘たちを遊女奉公へ出した記録が見られる。文政八（一八二五）年の勝山町《かつやままち》の「踏絵帳」（断片）[83]には、町内の馬田猪十郎の借家人「いね」（三九）の娘「しま」（一四）が寄合町に転出している。同年、桶屋町から両町への転出はなく、逆に寄合町から桶屋町へ、「きよ」（二五）が弟の元之助（二一）の竈に転入している。

文化八（一八一一）年には八幡町の住人「えい」の家代、卯右衛門（四二）の娘「みね」

（一三）が寄合町に転出。高木作右衛門の借家人郡八（五九）の娘「えい」（二九）が丸山町から転入している。[84] 同年の桶屋町では丸山町二名、寄合町一名の転出があった。このように桶屋町だけが特別ではなく、他町でも桶屋町同様に借家人の娘たちが丸山遊廓に遊女奉公に行くのは一般的なことだった。出島町を除く七九の町すべてが遊女の供給源としての役割を果たしていたと見ることができる。

　では、桶屋町住民の遊女奉公がどのように行われていたか、「踏絵帳」の記述を中心に見てゆこう。

遊女を生む家

「きり」は安永六（一七七七）年に、寄合町に遊女奉公に出た。「きり」の竈は、金子松右衛門の借家人である母「みつ」（三九）が竈主。「きり」は前年に姉「とよ」が丸山町での遊女奉公を終えて帰ってきたのと入れ違うように寄合町に出ている。「きり」のすぐ上の姉「げん」も寄合町に奉公に出た記録がある。

「きり」の家族が記録にあらわれるのは、寛保二（一七四二）年の「踏絵帳」から。野村甚七の借家人である天台宗本覚寺《ほんがくじ》檀家胎蔵院（四三）、一向宗大光寺《だいこうじ》檀家同女房（四二）、同檀家娘「みつ」（四）の三人家族。密教の戒名を名乗る父親の胎蔵院は本覚寺と何らかの関係があったらしい。本覚寺は、市中炉粕町《ろかすまち》にある天台宗の寺である。長崎奉行所と関係が深く、胎蔵院の収入も本覚寺に関係があったものと推測される。男子を当寺に入れるなど、その関係は子や孫にも引き継がれていく。

胎蔵院は、宝暦八(一七五八)年死去し、翌九年から女房が「きよ」という名で竈主になる。同年、隣接する今紺屋町に嫁いでいた娘「みつ」(二二)が、孫「むめ」(四)を連れて「きよ」の竈に入る。「みつ」は、明和五(一七六八)年に栄次郎、翌六年に辰次郎を出産し、代わるように同七年、「むめ」が丸山町へ遊女奉公に出た。

安永二(一七七三)年「きよ」が七三歳で死去し、竈主は「みつ」に代わった。同五年、丸山町から「むめ」から名を改めた「とよ」が年季明けで帰ってきた。すると入れ替わるように「とよ」の妹「きり」が翌年、一四歳で寄合町に出ている。

安永八年正月四日夜、「きり」のもう一人の姉「げん」が行方不明となり踏絵ができないため六日欠落届が出されている。「げん」は二月三日帰宅し、人別に加えられることになったが、翌年の竈には名前が見当たらない。四年後の天明三(一七八三)年、「げん」は寄合町から「みつ」の竈に入ってきている。この間は、寄合町で遊女奉公をしていたようである。

すなわち、「みつ」の娘、「とよ」、「きり」、「げん」三人すべてが丸山町と寄合町に遊女奉公に行き、三人とも年季が明けて帰ってきたことになるのである。

安永一〇年、「とよ」は嘉十郎を出産したが、人別上、「みつ」の子として届けられた。「とよ」は天明三年、嘉十郎を残して一人で銀屋町《ぎんやまち》に出た。その後の行方は不明となっている。

天明六年、この竈に芳次郎が誕生した。「みつ」の孫という届けであった。翌七年、寄合町から「きり」が年季明けで帰ってきた。芳次郎は「きり」が寄合町の遊女奉公の途中で出産し、実家に預けられた、「きり」の実子であった。

天明九年、「きり」が欠落し、残された芳次郎は翌年（寛政二年）から「みつ」の子となった。寛政四（一七九二）年、芳次郎は新三郎と名を改めたが、寛政一三年、成人に達する前に早逝し子孫を残すことはなかった。「きり」は寛政九（一七九七）年、長崎に立ち帰り、翌年、隣の勝山町に出た。文化三（一八〇六）年、四三歳の「きり」は、一年間だけ「みつ」の竈に帰り、その後、近隣の上筑後町へ出た。そして文化一〇年、上筑後町から帰り、続いて文化一三年には東古川町に出ている。その後、桶屋町に帰ることはなかった。

「みつ」の産んだ女子全員が丸山町・寄合町への遊女奉公を経て、いったんは家に帰り、やがて他町に出ている。男子は辰二郎が他家へ養子に行ったのを除けば、残りは本覚寺へ入り、僧か寺男として暮らしたのか元の竈に戻ることはなかった。

実子がすべて外に出た「みつ」の竈には、享和二（一八〇二）年今町《いままち》から「とら」（二〇）が入った。「みつ」と「とら」が血縁だったのかはわからないが、「とら」は、「みつ」の娘となり、寿八、「みわ」、「ぬい」、「やえ」、丈太夫を産んだ。「みつ」は文政二（一八一九）年、八一歳まで生きた。江戸時代の長崎の住民移動をみると父親は誰か、実子だったのかなどの問題の存在は感じられない。現在でいう血縁の家という意識よりもはるかに巨大な長崎という大家族間での人の移動としか思えない。

文政七年の「とら」の死後、同一〇年、娘の「やえ」が寄合町に遊女奉公に出ている。寿八、「ぬい」は欠落。丈太夫は本覚寺に入り、やがて惣助一人の竈になった。

天保九（一八三八）年、「やえ」が年季明けで戻り、惣助と別の竈を立て、「ひろ」を産んだ。「ひろ」は天保一五年、六歳で早逝し、以後「やえ」は嘉永四（一八五一）年に記録が終わるまで一人で暮らした。惣助は同年死亡し、「やえ」だけがこの竈を守ったのだった。

桶屋町の借家人一家族の一〇〇年余をこのようにたどってゆくと、娘が年頃になれば当たり前のように遊女奉公へ行き、勤めが終わると戻ってきていることがわかる。奉公の間に出産した子は実家の竈に入り、女子の場合は母同様に遊女奉公に行くというスパイラルの一端が見えてくる。しかしこの家が特異なものではなかったことが、次に見る、同じような借家人の家族の「踏絵帳」からも確認できる。

五姉妹の遊女奉公

文化二(一八〇五)年、長崎に隣接する茂木村の住人和三次(四〇)が、女房「はる」(三〇)、長女「みさ」(五)、次女「みよ」(二)を連れて桶屋町に入った。茂木村は長崎と肥後や薩摩を結ぶ港で、長崎市中と同じく幕府の直轄地であった。長崎代官が支配するこの村は農業生産力に乏しく、長崎に奉公に出る農民が多かった。和三次も、茂木村での生計が成り立たなかったようである。長崎に来れば、職人の手伝いや町の雑用、借家人たちへの助成事業など、何とか食べていくことができた。貿易量次第ではあったが、利益の多い年には和三次のように近隣の郷村からの移住者が増えていた。

和三次は、桶屋町の桜木市郎兵衛の借家人、作太郎の竈に入り、翌文化三年、一家で新たな竈を立てた。同年三女「きん」が生まれて五人家族となった。さらに、同八年に四女「たつ」、同一〇年に五女「すえ」、同一三年に六女「るい」が出生した。

六人の娘をもった和三次一家は「みさ」、「みよ」、「きん」、「たつ」、「すえ」を次々に丸山・寄合両町に遊女奉公に出している。まず、「たつ」が誕生した文化八年、「みさ」が一一歳で寄合町に出た。続いて「すえ」が誕生した同一〇年三月には次女「みよ」(一一)が丸山町に、一〇月には三女「きん」(九)が寄合町に出た。さらに、六女「るい」が生まれた同一三年には四女「たつ」(九)が寄合町へ、そして「すえ」(一〇)も、文政五(一八二二)年に寄合町に出ている(カッコ内の年齢は、「踏絵帳」の記載による)。

新しい家族の誕生は、姉の遊女奉公の始まりであった。また誕生した妹も、姉と同じ年齢になると遊女奉公に行かなければならなかった。末っ子の六女「るい」だけは、遊女奉公に行くことなく成人になるまで親と暮らした。

和三次と「はる」は借家人で何の資産も持っていなかったが、結果的に娘五人を遊女奉公に出すことで生計を立てることができた。子どもたちは親のため家のためということで、当然のように一〇歳前後で丸山町・寄合町に出た。「すえ」が遊女奉公に出た時には、すでに四人の姉たちが丸山町・寄合町に同時に勤めていたのである。

五人姉妹の内、三女「きん」は文化一一年に九歳で寄合町へ遊女奉公に出て以降の消息が不明である。健康を害したのか、他町へ出たのか、あるいは終生を寄合町で過ごしたのかわからない。いっぽう、長女「みさ」は天保一四(一八四三)年に寄合町から桶屋町に帰ってきたことが確認できる。四二歳の時であった。三二年間という長期間にわたって寄合町に居住していたのは、遊女奉公を終えてもなお寄合町で生計を立てることができていたからだろう。三女「きん」もその可能性を否定できないだろう。

「みさ」は、年季がおそらく新造《しんぞう》となってから一〇年とすると、二〇年ほどは遊女以外の稼業で生計を立てていたことになる。遊女町といえども寄合町にはさまざまな商売人や普通の住民もいた。また遊女屋にも遊女を管理する遣り手や下女などが必要で、働き口はむしろ惣町よりも多かった。他国からの奉公人なども入り混じり、遊女以外のこのような人々によって住民の生活は維持されていたのである。「みさ」が長期間、寄合町にとどまっていたのは、寄合町によくなじみ、そこで必要とされていたからだろう。

次女「みよ」が桶屋町に帰ったのは文政一三（一八三〇）年、二八歳の時だった。一〇歳から五〜六年禿を務め、一〇年を勤めあげたとすれば、ちょうど年季明けということになる。

四女「たつ」は、九歳という幼い時に寄合町へ出たので、それだけ長くとどまらなければならなかった。生家へ戻ってきたのは天保八（一八三七）年、二九歳の時であった。

五女「すえ」は、姉「たつ」よりも早く天保五（一八三四）年、二二歳で桶屋町に帰ってきた。もともと年季が短かったのか、帰らざるを得ない理由があったのかは不明である。

このように、三女「きん」を除いた四人の娘が遊女奉公を終え無事、桶屋町に帰ってきている。父親の和三次は、文政二（一八一九）年、五四歳で亡くなった。母「はる」は、確認できる限り弘化二（一八四五）年、七〇歳で桶屋町で健在であった。

末っ子の「るい」は天保五年、一九歳で隣接の勝山町へ出た。適齢であるため嫁入りかもしれない。弘化二年に母「はる」（七〇）、長女「みさ」（四四）、次女「みよ」（四三）が勝山町へ転居していることと、「るい」の勝山町転出は関係があったのだろう。

四女「たつ」は、天保一四（一八四三）年三五歳で、五女「すえ」は嘉永二（一八四九）年、三七歳でそれぞれ生涯を終えている。長女「みさ」は弘化四年、四二歳で桶屋町に戻った。「みさ」の名は嘉永四（一八五一）年まで桶屋町「踏絵帳」に確認できるが、文久二（一八六二）年の「踏絵帳」には見あたらない。

一家の生計を遊女奉公に出た娘が支え、その娘が年季明けになると次に妹が奉公に出る。五人も娘がいると親は生活に困らない。江戸時代、長崎の庶民がどのように生活していたのか、その一端を、この和三次一家に見ることができる。庶民にとって遊女奉公とはどのような意味があったのか、借家人の子に生まれ、姉が遊女奉公へ出ている娘たちにとって、丸山・寄合町はどのような存在に見えたのか。今日の価値観や視点で想像することはむずかしい。

年季明け・桶屋町「よし」の場合

文化六（一八〇九）年、打橋小藤太の孫「たに」の借家に住む本紙屋町の和吉こと左十郎（五六）の家に、寄合町での遊女奉公の年季を終えた「よし」（二四）が帰ってきた。「踏絵帳」では「よし」は左十郎の娘とされている。

実家に帰った「よし」がその後、どのような人生をたどったかを「踏絵帳」で追っていくと、文化九（一八一二）年、正月五日に欠落し、その後、立ち帰ることもなく、消息不明となっている。「よし」は自分だけではなく、今紺屋町から左十郎の孫として同じ竈へ入ってきた「この」を連れて欠落している。この「よし」に関しては、奉公に上がるまでと年季明けから欠落までの期間、桶屋町に住んだ記録がわずかに残るばかりで、犯罪記録である「犯科帳」や代官所の記録にも残されていない。そのため、「よし」がその後どこで、どのような生を送ったのかはわからない。

なぜ「よし」は遊女奉公に出され、また年季明けにもかかわらず欠落しなければならなかったのだろうか。「よし」がどのような家庭環境で育ち、またその家庭環境はどのようにしてつくられたのか、「よし」の父、左十郎を追って確かめよう。

「踏絵帳」をさかのぼると、「よし」と左十郎はじつは血のつながった親子ではなく、一つの竈に寄せられてつくられた人工的な家族であったことが明らかになる。「竈」は、現在の世帯に似た概念ではあるが実態は、血のつながりや、同じ住居への同居が必ずしもあったわけではなく、むしろ「竈銀」という生活助成のための貿易配分銀をもらうための単位と捉えたほうがよい。

一つの町に与えられる竈銀の総額は決まっていた。したがって、竈の数が少ない方が町内の個々の配分銀は多くなり、また一つの竈内の人数が少ない方が一人当たりもらえる竈銀は多くなる。その調整をするために、このような、血のつながらない者同士を一つの竈に寄せ集める場合もしばしばみられていたのである。そのような人工的な竈の場合にも、「父母」、「娘」などの関係が擬制的にあてはめられた。つまりこの「よし」と左十郎のように、同じ竈での「親子」という関係性は血のつながりというよりも、連帯責任を負わされた一つの単位とみた方が実態に近い。

「よし」は桶屋町の生まれではない。寛政五（一七九三）年、本紙屋町から母「もと」（四九）とともに打橋儀左衛門所有の借家に越してきた。七歳であった。借家といっても一軒家をまるごと借りることは珍しく、たいがいは間借り。一軒の家に四家族、五家族が住んでいるのが普通で、井戸、便所、かまどなどを共用し、部屋の間仕切りは屏風だけという家に、老人から子どもまでが入り混じって暮らしていた。

他町への引っ越しも多かったが、町内での借家人の移動も頻繁にあった。「踏絵帳」は掲載順によって、どこにだれが住んでいるのかわかるようになっており、移動や死亡によって竈に大家族を解体して入れたり、独り者を集めたり、子どもだけの竈、無関係な老人と子どもを集めた竈などと、いびつな竈がつくられるようになっていた。また、竈銀を得るための形式的な竈だけではなく、実際に旅人や他町からの借家人が町乙名の世話で空いた貸間に入る場合も多かった。「もと」と「よし」もそのような家族であった。

親子が越してきた借家には、左十郎の一家が住んでいた。竈主は乙七（三一）で、女房（四三）と兄の左十郎（四〇）、倅の辰五郎（一〇）がいた。ややこしい話だが、乙七と左十郎も血のつながった兄弟ではなく、天明八（一七八八）年に「寄せ竈」で新しく家族とされていた。たんなる帳面上の家族であったのか、実際に一間で生活していたのかは明らかでないが、このようにして左十郎と「もと」、「よし」親子に接点ができたのであった。

寛政八（一七九六）年には、竈主「もと」（五二）のもと、娘「よし」（一〇）、「家内」（同居人）左十郎（四三）の三人からなる新しい竈がつくられた。そしてこの年の二月に、先述のように「よし」は寄合町へ遊女奉公に出されている。「踏絵帳」の上では寛政九年から享和三（一八〇三）年まで、「もと」が竈主で左十郎が「家内」という関係が続いたが、享和四年には左十郎が竈主に代わり「もと」はその女房となった。しかし、翌文化二（一八〇五）年には、「もと」から竈分け願いが出され、左十郎と「もと」はそれぞれ一人竈になった。

文化六年に年季が明けて戻ってきた「よし」は、「もと」の竈ではなく左十郎の竈に入った。母「もと」が六五歳という高齢であったためであろうか。くわしい事情はわからないが、ともかく同じ屋根の下に帰ってきたことに変わりはない。

翌文化七（一八一〇）年、「よし」の母「もと」が死亡した。六六歳であった。入れ替わるように今紺屋町から「この」（一五）が、左十郎の「孫」として、左十郎の竈に入ってきた。「よし」の子どもということであった。「よし」と「この」の年齢から実の親子でないことはわかるが、史料からは左十郎の本当の孫であることも確認できない。つまり、この「よし」の家族は、全く血のつながらない親子三代によってひとつの「竈」として構成されていたのである。

文化八年、こんどはこの三人の竈に、左十郎の弟、乙七（四九）が入ってきた。乙七との何らかのかかわりゆえであろうか、それとも母「もと」の死が原因だったのだろうか、「よし」は「この」を連れて欠落した。欠落の記載があるのは正月五日、すなわち町内での踏絵の前日だが、旧年中の欠落はこの日付にまとめて記載されているので、二人の欠落はこの日ではなく、文化七年中のことだったのだろうと思われる。

「よし」と「この」の消息はここで途切れるが、欠落者でも出身の町に立ち帰ったり、他町で住居の申請をしたりすることで再び人別に復帰できるシステムがあったので、名前を変えたり、町を替えたりしながら「よし」と「この」は長崎のどこかで生きていたのかもしれない。

「よし」の周囲の人物に共通するのは、血のつながりのない者同士が擬制的な家族となって一つの「竈」を形成していたことである。「よし」の唯一の肉親とされていた「もと」でさえ、年齢をみると、本当の親であったのかは疑わしい。幼いころから一人で何とか生きていかなければならなかった「よし」のような少女たちは、丸山町や寄合町に遊女奉公に行くことも自然とされ、また年季が明けたとしても、その後の人生の進路もわずかな選択肢の中からしか選びようがなかった。「よし」の場合、それが欠落であった。

長崎市中は遊女の供給源であったが、「よし」のように血のつながらない孤独な者同士の「寄せ竈」で育った少女たちも、その役目を担っていたのだ。

小鳥売りの左十郎

竈では「よし」の親とされた左十郎が「よし」と関わる以前、どのような生き方をしていたのか確かめることで、人工的につくられた「竈」の実態をさらに解明してゆこう。

左十郎は桶屋町生まれではない。安永八（一七七九）年、二六歳の時、和三次（五四）、幾次郎（一六）、喜三郎（二〇）の竈に銀屋町から入っている。和三次らとの血のつながりは確認できない。また、喜三郎も前年にこの竈に入ったことを考えれば、この竈も寄せ竈だったのだろう。左十郎のような孤独な借家人のことは、旅行に出るか、あるいは犯罪などに関わることがなければ、どう生きたのかはわからない。左十郎の場合、桶屋町の旅行伺《うかがい》と「犯科帳」に名があったので、その人生の一端が記録に残された。

「文政三（一八二〇）年桶屋町旅行伺帳」には、左十郎が江戸日本橋鍛冶町《かじちょう》の伊勢屋利兵衛方に唐鳥《からとり》商売で滞在していた時に、風邪療養のため滞在期間延長の願いが出され、認められた記録が残っている。唐鳥とは、当時流行したカナリヤやセキセイインコなどのペットのことで、左十郎はこの飼育や売買を業としていたようである。

長崎には唐船・オランダ船が運んできたさまざまな動物が上陸し、住民は日本で真っ先に見物できるという特典があった。運ばれてきた動物は、外国人個人のペット以外は売却された。小鳥は全国的に愛玩者が多かったので、飼育して売却する商売が成り立っていたわけである。江戸まで商売に行っているところからすると、左十郎はこの長崎らしい商売を結構手広く行っていたのかもしれない。

左十郎は商売熱心な半面、「犯科帳」に名を残すような人間でもあった。寛政三（一七九一）年の「踏絵帳」から、左十郎の名前の上に判で「居町払《いまちばらい》」が押されるようになっている。「犯科帳」によれば、寛政三年、本大工町の住人、助七、同町吉次郎、桶屋町の左十郎、嶋原町《しまばらまち》の弥吉が御法度であるのを知りながら助七宅で博奕をしていたことが発覚し、助七は過料銭三貫文の上手鎖《てぐさり》、吉次郎、左十郎、弥吉は手鎖の処分を受けたことが記録されている。[85]

手鎖が外された後も左十郎の人別には、ずっと「居町払」の印が付いて回り、死ぬまで前科者として生きていかなければならなかった。そのためか、左十郎は「もと」との一年間以外に婚姻の記録はなく、文政九(一八二六)年、七三歳で本紙屋町に移るまで、「元本紙屋町和吉事　居町払　左十郎」と記されている。

娘二人を遊女奉公に出した「家代」

長崎の借家には「家代」と「借家」二種があった。どちらも家持から住居を借りている借家人という立場は変わらないが、家代のほうが借家よりも上におかれ、その地位は相続できる性質のものだった。家代は町外に住む家主の代理として町内の役を務めるため、多くの場合、家持同様に名字を名乗っていた。借家人は正式な住民に課される役は免除になるが、町役人に率いられ、付町の賃仕事などに従事しなければならなかった。

このあたりの関係性を理解するためには、町内の住宅事情を考慮に入れなければならない。借家といっても江戸の長屋のような独立した賃貸住宅ではなく、一般の住宅の間借りや一軒の家に複数の借家家族が同居するという居住形態だったため、借家人といっても実は間借り人で、大家と同居のことも多かった。大家と同居せず、複数家族が一軒の家をシェアする場合の代表者が「家代」であった。

郡八は、借家人次平太の子として宝暦六（一七五六）年に生まれた。初名は吉太郎。宝暦八年に父次平太は諸富新五郎の家代となり、久保川次平太と名乗った。家族は次平太（三九）、女房（三八）、姉「よし」（一四）、姉「しな」（一一）、吉太郎（四）、妹「たね」（二）であった。

明和三（一七六六）年、「よし」を真言宗の清水寺で在家出家させ「恵妙」と名乗らせ、娘ではなく同居人である「家内」としている。そして同六年には吉太郎を郡八と改名させるとともに「多祢」（前出の「たね」一三）を親戚の嘉助（四七）の竈に入れた。また翌七年には恵妙と郡八を一つの竈にして独立させた。「家内」とは家族ではなく同居人のことである。家族関係を持たないという前提で、新規の家族を作らせたり、他人を便宜的に竈に加えたりする時に名乗らせた。したがって、「家内」が翌年には「娘」になることもありえた。

家族が複数世帯に分かれていくのは次平太の家に限らず、桶屋町ではよくみられることだった。竈銀などの配分銀が竈という世帯単位だったので、自然と竈の増加につながったのである。竈の数は町乙名が管理して、転入者をどの竈に入れるかを調整し、空いた竈があれば、住民が移動することも認められていた。

このように、江戸時代の長崎の家族のあり方は、竈という制度のために一般的な家族のあり方とは異なる点が多かった。また竈は人工的な家族形態だったので、血族的な家族と違い、移動が容易だった。家族というより、個人の寄せ集まりが竈であり、またこのシステムこそが、長崎市中から丸山町・寄合町へと遊女奉公に出る多くの娘たちの背景ともなっていた。郡八の竈を追って行くと、家族が解体され、新しく編成し直され、そしてまた、ふたたび解体されていく過程がわかる。これは特別な例ではなく、まさに借家人たちの典型であった。

郡八の町内での身分は「諸富新五郎借家」で、父の「家代」という立場よりは下の階層となっている。安永三(一七七四)年、姉の恵妙がこの竈から独立して新しい竈をつくってからは、安永九年まで一人竈となっていた。同一〇年、郡八の竈に「とめ」(二)が入ってきた。一人暮らしの男性に乳児が誕生するわけはなく、また、実際に育てたわけでもなかった。町内の竈で婚外子が誕生した場合、別の一人竈に入れる事例があることから、「とめ」は婚外子か、または町内出身の遊女が出産した女児かのいずれかであった可能性が高いだろう。

天明三（一七八三）年、父、次平太が死亡したのにともなって、郡八が次平太の跡を継ぎ「諸富新五郎家代」となり、母や、「とめ」はほかの竈の所属となった。

天明五年、郡八の竈に寄合町から「きり」（二二）が入ってきた。「きり」が桶屋町出身かは確かめられなかったが、翌六年に早くも西中町《にしなかまち》という別の町に転出しているところをみると、これもたんなる名義上の竈替えであったようである。その後、天明八年から郡八の竈は賑やかになる。同年、弁之助が誕生。二年後の寛政二（一七九〇）年、娘「ひさ」が誕生。翌三年には「みつ」（二六）が女房になり、幸太郎が出生した。同年、娘「ひさ」が早逝。郡八（三六）、女房、弁之助（四）、幸太郎の四人家族となった。

一人竈に次々と誕生する子どもたちの母親として「みつ」が嫁いできたことからすると、子どもらの母親は「みつ」だったのだろう。しかし、嫁入りが遅くなった事情については手掛かりがなく、桶屋町からではなく他町からの入りと思われるが、具体的な町名の史料も欠いている。遊女奉公の年季明けであったかも確証はない。

寛政五（一七九三）年、娘「よね」出生。同七年「よね」が早逝し、入れ代わるように娘「わか」が誕生した。寛政七年には弁之助、同八年には幸太郎と、男子を養子に出した。その後、女児「とく」、「とも」、男児宇蔵と毎年のように誕生したが、「とも」もやはり早逝した。

郡八一家の大きな転機は、享和二（一八〇二）年、女房「すえ」（「みつ」改め）の死であった。郡八は、娘「わか」、「とく」、倅の宇蔵を男手一つで養わなければならなくなったのである。文化三（一八〇六）年八月「わか」（一二）を、翌四年一〇月「とく」（一二）を寄合町に奉公に出した。出生した五人の娘の内、三人が早逝、残り二人は遊女奉公。倅三人の内、二人は他家に出し、残った宇蔵は清助と改名して郡八と二人で暮らしていたが、これも二〇歳の時、町内の徳兵衛方に養子に行き、翌年、金屋町《かなやまち》に移っている。

寄合町に奉公に出た「とく」（一九）は、文化一〇年、年季が明けると桶屋町に戻った。だが郡八の竈には帰らず、兄である弁之助改め林蔵の竈に入った。しかし同じ年に欠落し、行方不明となっている。姉「わか」の消息は、奉公に出て以来、不明である。

郡八は文政一一（一八二八）年、七三歳で死亡するまで一人竈を続けた。町内には倅の林蔵が残って家族をなしていたが、林蔵もまた、父一人で三人の子を育て、天保一一（一八四〇）年、娘「ふく」（一四）を寄合町に遊女奉公に出している。「ふく」の母親は「踏絵帳」に出てくることはない。この林蔵の家も、やはり複雑な環境だったことがわかる。

このように、「踏絵帳」で郡八の消息をたどってゆくと、多くの子が幼少期に早逝し、残った子は養子や遊女奉公で家を出、その子らが産んだ子もまた、遊女奉公に出るという繰り返しがみられる。家代という、借家人の中では上位にみられる家であってもこのような実態であった。またそれは、同町のみならず、他町にもあまねくみられることだった。

遊女の嫁入り「こと」

天保一四(一八四三)年、桶屋町の禅宗皓台寺《こうたいじ》の檀家である竹下屋九兵衛(三〇)の竈に、寄合町から真宗深崇寺《じんそうじ》の檀家「こと」(二七)が女房として入ってきた。九兵衛には前妻との間に新蔵(一二)、庄蔵(一〇)がおり、「こと」は後妻であった。

天保三(一八三二)年、打橋佐保吉の借家人、文六(五五)と久次郎(一九)の二人竈に、本五島町《もとごとうまち》「みよ」(二二)が久次郎の女房として入った。「みよ」は同年、長男新蔵、同六年、次男庄蔵を出産したが、直後に二人の子を残して銀屋町に出ている。縒《よ》りが戻ったのか、二年後の天保八年、再び竈に戻り三男弥三郎を出産した。

ところが、また二年後の天保一〇年、三人の子を残したまま「みよ」は本五島町へ移り、以後、再び以前の竈に戻ることはなかった。

天保一二(一八四一)年、久次郎改め竹下屋九兵衛は箇所持となった。養子ではなく箇所を買い取ったか譲り受けたのだろう。借家人から箇所持になることは、町内身分が上昇することを意味する。九兵衛は箇所持となったことで町の正式な構成員となった。いっぽう、九兵衛の父、文六は、弥三郎と竈に残っている。家族を二つの竈に分けるのは、竈銀の分配など借家人の特権を留保するためだろう。その後、文六が死去する弘化三（一八四六）年まで、弥三郎との二人竈は続いている。

天保一四年、先述のように「こと」が九兵衛の後妻となった。嫁入りまで「こと」が九兵衛とどのような関係であったのかは明らかでないが、年季が明けた遊女を嫁にもらうのは特別なことではなかった。

現在の価値観では、江戸時代の長崎市中での遊女との結婚観を語ることはできない。もっとも、年季明け遊女の結婚が珍しいものではなかった事実はその回答の一つになるのかも知れない。また、子を産むことを期待される結婚相手として遊女出身の女性がふさわしいかどうかは、当時にあっても留意されていただろう。この年季明けの遊女の出産という問題について、九兵衛に嫁いだ「こと」は答えを出している。

弘化三（一八四六）年、「こと」は、三男勝三郎を出産した。かくして九兵衛（三三）の竈は「こと」（三〇）、新蔵（一五）、庄蔵（一三）、勝三郎（出生）の五人竈となった。「こと」だけでなく、丸山町・寄合町の遊女たちが年季明け後に出産することは特別なことではなく、年季明けの遊女は一般女性同様に子を産む女性として見られていたようである。

弘化五年、次男庄蔵（一五）が本興善町《ほんこうぜんまち》へ出た。奉公へ出たものか、養子に入ったものか、その後の消息は不明である。翌嘉永二（一八四九）年、伊勢町より源之助（五）が入った。源之助は「こと」と同じ深崇寺の檀家で弘化二年出生と考えられるので、「こと」とは母子の可能性もあるだろう。同年には、長女「よし」も誕生した。

嘉永三年、九兵衛は箇所を手放し、西田門三郎の借家人になった。箇所持から借家人へと立場が変わったのだ。翌嘉永四年、竈の構成人は屋号の竹下屋を外された九兵衛（三八）、「こと」（三五）、新蔵（二〇）、源之助（七）の四人。勝三郎（六）と「よし」（三）は、新参の三木屋友次の借家人、磯吉（四四）の「家内」となっている。この磯吉の竈もまた、そのほかに政吉（五）、「みつ」（二）を合わせた血のつながらない「寄せ竈」だった。

桶屋町の「宗旨改踏絵帳」は嘉永五（一八五二）年から文久二（一八六二）年まで一一年のブランクがある。九兵衛たちの消息を知るために、文久三年の「踏絵帳」を探ると、すでに竈の別はなく、氏名の列挙で記載されている。「こと」（四七）は光永寺《こうえいじ》所有の借家に住み、旦那寺も光永寺に変更されている。町内に、九兵衛、新蔵、源之助、勝三郎、「よし」の名は見当たらず、「こと」だけが記載されている。一一年の間に一家が離散し、「こと」だけが光永寺の借家で老いを養う境遇となっていたのである。

早すぎる帰宅「くら」

文化一五（一八一八）年、伊東弥太郎の借家人で晧台寺の旦那「いね」（五二）の竈に、寄合町から「くら」（一五）が入った。「くら」は「いね」の娘である。一五歳といえば、発育の良い娘はそろそろ新造遊女となる歳だが、適齢にもかかわらず、「くら」は遊女屋から帰されている。親元に帰される理由の多くは娘たちが心身の健康を害したことにあるが、適齢の娘を帰すことは親元に近い丸山町・寄合町であってもめったにないことである。帰宅した「くら」は二年後の文政三（一八二〇）年、早逝している。親元での療養も及ばなかったのだろう。

「くら」は、もともと病弱だったのか、遊女屋の生活で病んだのかはわからない。だが、寄合町に遊女奉公に出たのは文化一一年、一〇歳の時で、多くの少女たちと変わらない年齢であった。寄合町へ奉公に出た「くら」は、同世代の少女や商売を始めたばかりの娘たちとともに遊女屋の大部屋で暮らした。生活環境や衛生状態など今日では考えられないほど悪く、若者であっても健康を損なう原因は多かった。

「くら」は、享和四（一八〇四）年、桶屋町の住人、伊東弥太郎の借家人「かる」（五八）の孫として誕生した。「かる」との二人竈であった。二人暮らしといっても、「くら」の母「いね」（三九）は同じ借家に間借りで住んでいたので、完全に生計が独立していたというよりも、三世代同居と考えたほうがいいだろう。「くら」の父は富三郎（四八）で、嘉十郎

（八）、「ひさ」（四）の兄姉があった。同年出生の与吉は、「くら」とは双子かもしれない。他に富三郎の母「みよ」（七六）も同じ竈に入っていた。

「かる」のほうは、前年まで同居していた妹「せき」（三三）が今魚町《いまうおまち》に転居したため一人竈になっていた。そこへ同じ年に出生した「くら」を入れたのであった。実母は「せき」のようである。この、「くら」の祖母「かる」は、延享三（一七四六）年、久保川利兵衛（三九）と女房（二九）の間に生まれた。兄二人、姉一人、妹三人、弟一人がおり、後に同じ竈になったり、互いに子どもを養子にとったりと、濃密な関係は死別するまで続いていた。兄弟姉妹が産んだ子をわが子とすることも普通に行われていた。

宝暦一四（一七六四）年、一九歳の時、「かる」は町内の新吉（二四）と結婚し、翌年、娘「かち」、三年後、倅、長之助を出産する。しかし、明和六（一七六九）年、新吉、「かち」、長之助を一度に亡くし、ひとり残された。その後、再婚することなく桶屋町で暮らした。

「いね」は「かる」の娘となっているが、「いね」の出生した明和四（一七六七）年には、「かる」は新吉と所帯を持っているので、「かる」の父と妹だけの竈に誕生した「いね」とは親子関係はなかったものと思われる。「かる」の兄姉か、近い親戚が産んだ「いね」を老父に託したのだろう。

この「かる」と「いね」は明和九年から二人竈となっていたが、「いね」は寛政三（一七九一）年に勝三郎、同七年に宗次郎、同一〇年、富三郎と、三回嫁いでいる。しかし、すべて離縁となり、そのたびに「かる」の竈に戻っている。勝三郎との間には「つね」という娘が生まれたが早逝した。富三郎との所帯は一〇年ほど続き、その間に嘉十郎、与吉、「ひさ」を産んだが与吉は早逝、嘉十郎は富三郎と他町に転出し、「ひさ」だけが残った。

文化四（一八〇七）年から、「かる」の竈は「かる」、「いね」、「ひさ」、「くら」の女所帯となった。同九年「かる」は六七歳で亡くなり、同年「ひさ」（一一）が寄合町に遊女奉公に出た。「くら」も二年後の文化一一年に寄合町に出たが一五歳で帰宅して、前述のとおり亡くなった。

「いね」は天保七（一八三六）年、七〇歳で本石灰町へ転出するまで一人で暮らした。三度の婚姻と離別を通して四人の子を産み、妹の子「くら」を育てた。そして実子「ひさ」と養女「くら」を寄合町の遊女屋に出した。不幸にも健康を損なった「くら」は前述のように早逝し、また「ひさ」の行方も知れない。だが「いね」は特別な運命を生きたのではなく、長崎の平均的な町人の女、あるいは母親として、ごく普通に生きた一人であった。

借家人の娘たち

江戸時代であっても、遊廓は遠い世界にあって、遊女は見たこともないという人々が日本各地では多数派だったことだろう。たまたま江戸見物する機会があった人々が最も行きたがったのが吉原遊廓で、見たかったのが遊女であったという。同様に長崎に旅した人々は、何はともあれ丸山へ上るのを常とした。遊廓は非日常の世界であり、遊女はそこの住人として、現実には手の届かない存在であった。

しかしながら、舞台に役者がいるように遊廓には遊女を勤める女性がいる以上、それを供給する存在が必要であった。かつて女系の家族が遊女の系譜を継いでいたように、丸山遊女を輩出する家があった。それが市中の借家層であり、そこで生まれた女子たちであった。遊女が子を産み、その子が遊女になり、またその子が継ぐという中世にも似た遊女の系統が、これまで見てきたように長崎の桶屋町にはあった。記録に残らないだけで、他の町々も同様の遊女供給源となっていただろう。

借家人の経済生活が何によって支えられていたのか、すべてを解明することはむずかしい。しかし、生まれた子を一〇歳ぐらいで遊女奉公に遣り、二五歳の年季明けで帰ってくると嫁に出す。娘が五人生まれれば、また五人とも遊女にする。このように、娘を遊女にすることによって生計を立てていた借家人は大勢いた。運よくその中の一人でも才能とめぐりあわせによって唐人・オランダ人の恩寵を受け、莫大な収入のあるエース級の遊女にでもなれば、親は皆からうらやましがられる成功者になることができた。また、平凡な遊女で終わっても、遊廓で身に付けた知恵やスキルは彼女自身を助け、社会からもスムーズに受け入れられる素地になったと思われる。娘たちにとっても親元を離れ、サクセスストーリーを夢見て遊女奉公に行くのはごく自然なことであり、遊女奉公を寄宿舎のある学校への進学のように受け入れていた。

現在の視点から見れば、困窮した借家の住民が生活苦のあまりに娘を遊女屋に売ったということになるのだろう。また遊女奉公が体のいい「口減らし」の手段とされていたことも否定しがたい。しかし遊女になれば、最底辺の借家人の生活では一生、手に入れることのできない大金を稼ぐことも可能だった。生きるか死ぬか「かつかつ」のレベルで日々を過ごしていた「最底辺」の人々にとって、遊女稼業は自らの、そして家族の生き残りを懸けた問題であり、現代人の視点から安易に善悪の判断を下すことは筆者としては控えたい。

いずれにしても、今日の見方では計り知れない庶民の生きざまが、貿易都市長崎の底辺を支えるエネルギーとなっていたことは事実だろう。長崎住民の主役は町役人などではなく、身を売って親を養い地域経済に貢献した遊女の細腕であったように思われてならない。

終章　丸山遊廓のたそがれ

明治初めの丸山遊廓（絵葉書）

芸子の進出

遊女の他に丸山遊廓には「芸子《げいこ》」という者たちがいた。芸子は幕府の遊廓保護政策に反するため、そっと遊廓社会に入り込んだが、やがて言うなれば母屋を乗っ取った。悪く言えば、芸子が丸山遊廓を終わらせたといってもよい。

戦前まで、長崎での丸山遊女の呼び名は「太夫衆《タヨシ》」。芸子の呼び名は「芸子衆《ゲイコシ》」であった。遊女は太夫ではなくとも太夫衆と呼ばれたが、これは主に芸子から遊女を呼ぶときの敬称で、芸子はあくまでも遊女の風下に立つという立場がこう呼ばせたのであった。一般の客は遊女を「女郎衆《ジョロシ》」と呼んだが、芸子がこう呼ぶことは許されなかった。

長崎での芸子は大坂下りの旅芸子二〜三人が一〇〇日の長崎滞在を許されたことに始まる。大坂芸子は「享保中芸子といえる者出来り、これは昔のたいこ女郎とは訳ちがい、三味線を表に立て、うらは色をもととするなり。さるに依りて美女なり」[86]とあるように、三味線など歌舞音曲を表芸にして、裏では色を売っていた。しかも美女であるとすれば、遊女にとって強敵でないはずがなかった。

長崎に来た大坂旅芸子はたちまち大評判となり、多くのお座敷がかかるようになった。しかし、旅芸子の滞在は一〇〇日を限度とされていたので、方便として一月ほど他所をまわって、また長崎に来る一座も出てきていた。廓内に進出してきた旅芸子によって遊女屋は営業に支障をきたすようになった。奉行所では享和三（一八〇三）年、それまで旅芸子は到着時に届け出をするだけで済まされていたものを、遊女屋が保証を引き受けなければ届け出が出せないようにした。だがこのように規制しても年を追って旅芸子は繁盛し、一〇年もたたないうちに常時三〇人ほどの旅芸子が長崎に滞在するようになった。

さらには旅芸子に似た「地下芸子《ちげげいこ》」というものも増加した。地下芸子は、もともと琴や三味線などの座敷芸で身を立てていた女たちであった。遊女が主役の座興を助け、場を盛り上げるのが仕事で、芸は売っても色は売らないことが前提。貧しい家の妻女の生活扶助として奉行所にも認められていた。芸や容姿は大坂の旅芸子にかなわないことから一時的に衰退したが、やがて旅芸子に対抗するように芸を磨き地下芸子を名乗るようになった。

文化一四（一八一七）年、地下芸子一八人の親たちが長崎代官、高木作右衛門に、芸子一人について銀二〇目（約四万円）ずつ合計銀五六〇目（約一一二万円）を市中の板橋の補修費として上納する代わりに、地下芸子を保護し旅芸子を排除してほしいと願い出た。旅芸子は芸の質が高く、芸の競争では勝てないので、地元の利益を大坂に持っていかれてはならないという理屈で、お上に取り締まりを求めたのだった。

その結果、旅芸子は排除され地下芸子が丸山の座敷を独占することになった。地下芸子は丸山・寄合両町に本拠地を置くもの、市中に本拠地を置くものと分かれて勢力を拡大していったが、座敷芸だけではなく色も売るようになり、遊女の仕事を奪っていった。また、揚屋が芸子を抱え遊女を呼ばずに芸子を座敷に出すという紛らわしい商売をするようにもなったため、遊女屋は廓内から芸子を排除するよう奉行所に迫った。

かくして貧家でも遊女奉公か芸子になるか、二つの選択ができるようになると、二五歳あたりまでしか稼ぐことのできない遊女より、のちのちのことを考えると手に芸をもつ芸子にする方が好ましいと思う親が多くなった。そのような事例として、寄合町の「楚《そ》乃《の》」という者が、貧しい家の娘を引き取って芸子に仕上げたのに、実家に娘を連れて行ったらそのまま戻してくれないので連れ戻してほしいと奉行所に嘆願した文書が、当時、長崎奉行所の盗賊方を務めていた本山家《もとやまけ》に残された史料の中から発見されたので、以下にそれを示したい。

「長崎村小島郷に住む私の弟で太十という者が子沢山で養育できないため、四年前に『いと』という娘を一生面倒見てくれるようにと私に託した。もらい受けて以来、芸を仕込み去年の一一月に芸子稼業の鑑札をもらった。『小とみ』と名を改め衣装や習い事に人様に借金してまで金をかけ、ようやく芸子として稼げるところまできた。ところが、七月二九日、太十から、用事があるのでちょっと『小とみ』を連れてきてほしいと言ってきたので、連れて行ったら全く戻してくれる気配がない。何度も返してくれるよう懸け合ったが、自分勝手なことばかり言って全く応じない。近所の人が懸け合ってくれてもらちが明かない。太十の子どもたちも太十の話に合わせて『小とみ』を返そうとしない。芸子にするために手をかけてきたのに、これからというときにあまりの仕打ち。どうか太十父子を呼び出して吟味にかけていただきたい」

子どもを引き取って芸子修業への投資をしたのに、稼がせる段になって親が返さないのは理不尽であるので何とかしてほしいという嘆願である。芸子として免許されれば一人でも稼げるので、親戚関係を損なってでも娘を横取りする太十のような親もあったのだろう。この道理が通れば養育もせず芸子を得た父は丸儲けで、養母が理不尽と思うのは当然である。情報は尻切れトンボで結末の記述を欠いているが、親戚間という民事であり、奉行所は取り上げなかったと考えられる。口上書のみが数百年間、本山家の書類に永らく紛れていたのだろう。[87]

丸山遊廓の特権を守るため奉行所がたびたび訓令しても芸子の跳梁《ちょうりょう》は止められなかった。結局、幕末に至ると芸子と遊女の双方が遊廓内で商売するようになった。特に器量の良い娘は遊女よりも芸子にしたがる親が増え、客も楽しく気楽に遊べる芸子の方を好む傾向があった。またこのことには、開国という時代も深く関わっていた。唐、オランダとの貿易縮小に両町の遊女屋の衰退は直結するため、これまで幕府は過保護ともいえるほどの保護を丸山遊廓に与えていた。だが安政の開国後は多様な外国との関係上、両町のみを優遇するわけにはいかなくなった。そしてついに維新後には、両町の主役は遊女ではなく、芸子改め丸山芸者となったのであった。

ロシア人

ペリー率いる黒船の艦隊が浦賀《うらが》に出現したことで、いわゆる鎖国体制は終わった。幕府の一連の開港政策により独占的な特権が失われ、長崎は、いくつかの貿易港のうちの一つという位置づけになった。貿易港としての長崎は、たちまち横浜《よこはま》に抜かれ、後には神戸《こうべ》にも後塵《こうじん》を拝するようになった。だが、江戸幕府崩壊前夜には、諸藩が幕府の監視の目を逃れるため江戸から遠く離れた長崎を外国との貿易港に選んだため、軍艦や大砲、銃器、機械類などを購入し、藩の特産物を輸出品にするなど主体的な貿易を繰り広げられることになった。

安政の開港によって広く諸外国に開かれることになった長崎丸山は、新規の外国人が訪れ活況を呈するようになった。新たな営業形態として、外国人居留地の西洋諸国の商人やその使用人の中国人などを相方とする廓外での出張営業が注目されるようになった。長崎港には商船以外に軍艦の入港も頻繁となり、その士官・水夫が大量の客として丸山遊廓の利用を希望するようになると、個人相手の従来の商売ではなく団体客に対してどう対応するかが新たな課題として浮上した。

この時期、長崎で俄然《がぜん》存在感を増したのがロシア人たちであった。極東ウラジオストックに近い長崎は、母港に準じる地理的な要地とみられていた。ロシア人の長崎における滞在は、ウラジオストックが凍結する冬の間、艦隊を長崎港に停泊させて越冬するという長期にわたるものだった。そのため、滞在規模はかつてのオランダ人たちをはるかに超えた。長崎に外国船が来航することは長崎住民にとっても歓迎すべきことであったので、長崎市街とは港を挟んでの対岸に当たる稲佐郷にロシア船乗組員のために居住区を造り、後にはそこに遊女屋を造ってロシア人を迎え入れた。かくして稲佐郷は、ロシア村と呼ばれるほどロシア化が進んだ。

丸山遊廓は、ロシア人水夫に対して警戒感があり、あまり歓迎しなかった。ロシア人相手の遊女といわれることを本人も親も嫌がっているとしている。一見当たり前のようなことだが、本人や親の意向を尊重する遊廓が丸山の他にあっただろうか。

万延元（一八六〇）年の「寄合町諸事書上控帳[88]」の記載によれば、入港したロシア軍艦乗組員への丸山遊廓での対処を遊女屋間で話し合った結果を次のようにまとめている。

・ロシア人が初めて丸山に遊びに来る時は、ロシア人水夫相手に丸山から二〇人、寄合町から四〇人の遊女を手配する。
・丸山町の揚屋・釜屋《かまや》きち方、寄合町の遊女屋・大黒屋亀之助方、筑後屋あや方を遊所に指定する。
・ロシア人の酩酊乱暴に対処するための監督の付き添いを希望する。
・ロシア人相手限定の遊女とすることは本人も親も好まないこと。
・ロシア人の利用は決まった日以外は受け付けないこと。
・定例の時は遊女一〇人を手配するが、それ以上の人数が必要な場合は通知してほしいこと。

ロシア人が嫌われる理由の一つが酩酊乱暴にあった。ロシア当局に制御してもらいたいというこの希望は、丸山遊廓での酩酊乱暴は止められないので、ロシア艦が停泊している稲佐に遊所を作ってもらいたいという別の希望として返されてきた。そのあたりの事情を古賀十二郎が次のように表している。

「先是魯西亜《ロシア》軍艦ポスサジニカ号に搭乗せる提督ビリレフ Birileff は、稲佐の魯西亜人居留所の附近に遊興の場所設立の許可を、長崎奉行所へ願い出で、稲佐郷の者に婦女を集めさせ、それに魯西亜水夫を接触させたい所存であった。これは、一には多数の魯西亜水夫が丸山花街遊歩を許されたら、或は酒狂の上乱暴狼藉に及ぶ事あらんかと痛く憂慮した結果であり、今一つには稲佐郷の者に婦女を集めさせたら、其等の婦女に検黴《けんばい》〔梅毒の検査〕を行うことも容易であろうと熟考した結果であったと考えたい[89]」

ビリレフ提督の希望を受けて、各艦の艦長たちは稲佐郷の福田屋甚八、醬油屋和助、水屋伊太郎の三名に遊女の手配と遊所の建設を依頼した。

丸山遊廓の既得権

上記の三名は、唐人・オランダ人への特権が丸山・寄合両町にはあり、その特権は既得権として同じく外国人であるロシア人たちにも適用されると考え、両町の遊女屋に稲佐郷での出店を勧め、その出店に自分たちが集めた婦女を入れて自分たちが営業したいと持ちかけた。話を受けて遊女屋は、稲佐へ出店の意向を書面で奉行所に提出した。この書面の要旨は寄合町乙名の覚書「寄合町諸事書上控帳」に残されているが、その原本が先にも触れた、長崎奉行所盗賊方を務めていた本石灰町乙名本山家に残っている。以下が先ごろ長崎歴史文化博物館に収蔵されたこの文書の全文である。筆者の書き下しで示したい。

乍恐奉願口上之覚

一当節稲佐郷魯西亜人休息所へ遊女売込み方御免仰せ付けられ
有り難き仕合せに存じ奉り候
随って同所において遊女屋出店商売相始め候に付いては
第一遊女ども追々手当て仕り召し抱え置き候儀に御座候間
何時も売込方差し支え御座なく精々私ども不来無きの様
申談取り宛て置き申し候
遊女相対売りの儀候すべて彼方にて済ませ
申すべく候えども実は異国人応対の儀とも
色々駈け引きものと御座候に付き私共遊女屋
惣代の内丸山町松嶋市左衛門寄合町西田与八郎儀は
かねて何れも気伏《きぶせり》仕り罷り在り候に付き
此の両人重立ちて世話仕りその外両町古町人の内
年配の者一両人ずつ先規のしきたりを以って
古袴着用日々同所へ相詰め万端入念心付け候様

仕りたく、左候わば諸事都合も宜しく御座あるべきやと
存じ奉り候、なかんずく同所の儀は渡海の場所にて
風雨烈しき候筋は自由の渡海相成り難く右様の
筋は稲佐郷百姓甚八和助伊太郎三人の者どもへ
その時々此方より申し談、商いは仕法組み御聞き済み
仰せ付けられ候に付いては双方弁理《べんり》よろしく有り難く
存じ奉り候ながら後日に至り万一三人の者ども
追々商売筋事馴れ候、随い摸摸に寄って
計からざる心得違い等仕り自分勝手の振舞い相働き
自然色々混雑の儀もでき仕り候ては
容易ならざる次第存じ奉り候、これに依って
向後右三人の者身分の儀は私ども一統の差配人に
仰せ付け下され候様願い奉り候
左候わば事柄和熟いたし一統安心仕り
商売相遂げ重畳有り難き仕合せに存じ奉り候
此の段書付をもって願い奉り候以上

申八月

丸山町
遊女屋
大坂屋孫八　印
油屋とみ　印
肥前屋しま　印
吉田屋ます　印
東屋みつ　印
津国屋清蔵　印
戎屋喜藤次　印

寄合町
遊女屋
筑後屋あや
筑後屋きく　印
大黒屋友太郎　印
引田屋かつ　印

門屋清左衛門　印
門屋栄太郎　印
門屋富三郎　印
筑後屋すか　印
筑後屋安三郎　印
千歳屋みね　印
大黒屋亀之助　印
筑後屋利喜太郎印
肥前屋勝三　印
松村屋ゆき　印

盗賊方
御役場

前書の通り願い出候に付き相糺し候ところ相違御座なく候
右遊女屋出店相始め候に付きては組頭日行使の内

毎日差し遣し商い時町内遊女屋惣代六人申し付け置き候内
前文の通り重左衛門与八郎儀は諸事心掛け
事馴れ罷り在り候に付き町役人申し談じ第一商館
御主意柄その外万端教諭致させ申すべく候
左候わば御取締りにも相成るべく申すや殊更御役人方
不時の御見廻りの節は御弁理も宜しく有るべく御座候や
何分願いの通り御聞き済みに相成り候わば一統の者
有り難く存じ奉るべく候
之に依り奥印仕り候以上

乙名
藤野初右衛門
乙名
芦苅善太夫[90]

内容を端的にいえば、ロシア人相手の商売にも従来同様、丸山・寄合両町に権利があるので担当者を常駐させるが、実質的な遊廓の運営は現地の甚八、和助、伊太郎三人に任せたいということである。末尾にある署名から、幕末の遊女屋経営者、丸山町七人、寄合町一四人の氏名が特定できる点でも貴重である。

遊女屋経営者はほぼ男女同数。長崎の古文書でよく見かける東屋《ひがしや》「みつ」という経営者は、連れ合いを早くに亡くしたが、幼い子どもを養子にもらって成人まで育てあげ、明治初め頃にその子に代替わりしている。「みつ」の経営手腕は確かだったらしく、開国と維新を経た後までも東屋を守り続けていたのである。経営者の資質に男女は関係がなく、むしろ遊女屋では、遊女に対して情に流されずドライになれる点において女性の経営する店の方が安定していたのかもしれない。

開国は、二〇〇年余り変化のなかった丸山遊廓における最大の変化だった。唐人屋敷、出島に加えて新たに建設された西洋式製鉄所に招かれた外国人技術者に向けての遊女商売は、丸山・寄合両町の既得権として死守しなければならないものであった。その特権を尊重して、稲佐郷の甚八、和助、伊太郎の三名も無用のトラブルは避け、両町の主だった者に相談しながら稲佐への遊女屋開設に動いていたのである。もっとも両町が断れば、単独で奉行所に願い出ることになり、その時点で両町の特権は消滅していただろう。

遊女「検黴」の問題

ここでいったん少々時間をさかのぼり、ロシア水夫の初めての丸山遊廓遊歩の日に戻ろう。結論から言うと、その日、結局、彼らは来ず、遊女屋に待機していた遊女たちは待ちぼうけとなった。数日後、ロシア軍医三名が丸山を訪れ、ロシア水夫の相手をする遊女たちに梅毒の検査、「検黴」をしたいとの申し入れがなされた。この前代未聞の申し出に遊女屋は驚愕した。遊女屋にも遊女にも「検黴」は絶対受け入れることのできないことであった。ロシア水夫を客とするには、検黴が絶対条件とされたが、丸山遊女は検黴絶対拒否で遊女屋の説得は不可能だった。しかし、先ほど触れたように、両町の遊女屋が出店しないと稲佐側が新規に願い出て両町の特権は消滅するというジレンマがあった。結果として、両町の遊女屋が名目上は店を出し、先述の稲佐郷の者たちが近郷から婦女を募集し、運営にあたる形で決着した。かくして遊女一人に付きなにがしかの手数料を両町遊女屋に納め、また遊女屋の名称ではなく「稲佐マタロス休息所」という名のもとに新たな遊女屋がつくられた。

「稲佐マタロス休息所」に集められたのは貧しい家の娘で、下女奉公の働き先さえもなく、食べていくには身を売ることも辞さないという娘たちであった。稲佐の「検黴」に関与した医師松本良順の自伝『蘭疇自伝《らんちゅうじでん》』には「島原辺の女子の醜美を論ぜず身体強壮なる者を撰び、十人余を購い来たり（ただし平時の倍価を以て購うも可なり）[91]」と当時の伝聞を伝えている。長崎市中を出身とする丸山遊女とは異なる供給源から、「身体強壮」の娘を集めたのである。

絵葉書：稲佐遊廓

稲佐行遊女

このように、「稲佐マタロス休息所」の遊女は丸山遊女とは、出身地も収入も違っていた。形式上は丸山・寄合両町の遊女屋の所属になっていたが、彼女たちはもっぱら稲佐で寝泊まりし「休息所」で商売した。「休息所」はロシア艦が寄港した時にだけ開かれる臨時のもので、ロシア艦が入港してきたら「休息所」に集まるという働き方であった。それ以外の時は故郷へ帰ったり、別の場所で商売したりと自由に過ごしていた。

これは、江戸時代の長崎だけに存在した、第二章で触れた遊女屋の名義だけを借りる「名付遊女」に他ならない。遊女屋は遊女一人当たり、営業日一日に付き金一朱

（約一万円）を上納させた。稲佐行の遊女の所属が一つの遊女屋に集中せずに複数の店に分散しているのは、リスクの回避と集団での関与を意識してのことだろう。かくして、一四歳から二二歳までの娘を集めた、以下二八人の稲佐遊女が誕生した。

・丸山町　一三人

油屋「とみ」抱　**稲岡**（一九）、**稲束**（一九）　肥前屋「しま」抱　**稲里**（一七）　吉田屋「ます」抱　**稲垣**（二二）、**稲村**（一九）　戎屋喜藤次抱　**稲咲**（二〇）、**稲浦**（一七）　大坂屋孫八抱　**稲の香**（一八）　津国屋「うた」抱　**稲園**（二〇）　肥前屋「しま」抱　**稲鳥**（一八）　東屋「みつ」抱　**稲住**（一九）、**稲浪**（一七）、大坂屋孫八抱　**稲風**（一九）

・寄合町　一五人

筑後屋「きく」抱　**稲橋**（一九）　大黒屋友太郎抱　**稲生**（一九）　引田屋「かつ」抱　**稲城**（一七）　門屋清左衛門抱　**稲歳**（一九）　門屋栄太郎抱　**稲照**（一八）　門屋富三郎抱　**稲の戸**（一七）　筑後屋「すか」抱　**稲山**（一七）　筑後屋安三郎抱　**稲姫**（一九）、**稲露**（一六）　千歳屋「みね」抱　**稲花**（一八）　大黒屋亀之助抱　**稲鶴**（一九）　筑後屋利喜太郎抱　**稲歌**（一八）、**稲沢**（一四）　松村屋「ゆき」抱　**稲船**（一八）　肥前屋勝三抱　**稲妻**（一五）

いずれの遊女にも源氏名に「稲」の字を付け、丸山遊女と区別がつくようにしている。名付遊女であるため休業も廃業も自由で、名義料さえ納めれば遊女屋に束縛されることはないというドライな関係であった。稲佐遊女はロシア水夫と接触する前には必ず梅毒検査を受け、無病という折り紙がつかなければ働くことはできなかった。検査は一日おきに実施され、営業時間は午前一〇時から午後六時まで、途中、昼休憩が一時間という規則であった。遊女の宿舎や賄いは稲佐の世話人たちが用意したので遊女たちは廉価で生活できていた。

古賀十二郎によると遊女揚代は、次の通りであった。

壱興　　　金一分二朱　　内五〇〇文　遊女所得
弐興　　　金二分　　　　内七〇〇文　遊女所得
昼より暮迄　金三分　　　内八〇〇文　遊女所得

金一分は約四万円、一〇〇文は三〇〇〇円と計算すれば現在の価値がわかるだろう。

遊女の取り分は、短時間の場合はおよそ四割、長時間では三割弱だったことがわかる。松本良順の『蘭疇自伝』は、「丸山の第一等娼の価四倍を収むるも可ならん」とその高給に驚いている。当時の感覚として丸山遊女の手取りの割合は、この三～四割には届かない一～二割程度とされていたのだろう。とにかく稲佐遊女は破格といっていい待遇で、遊女集めは容易であった。かくして丸山遊廓では従来の廓内営業と町売りに加え、遠隔地への遊女派遣という新たな商売が始まった。渡し船で簡単に渡れる対岸の稲佐は、新しい遊女屋ビジネスモデルの始まりであった。

イカルス号事件

慶応三（一八六七）年七月六日夜、英国軍艦イカルス号の水夫ロバート・フォードとジョン・ホッチングスが丸山遊廓内の寄合町引田屋正之丞方の前の道端で泥酔していたところを何者かに殺害された。目撃者によれば白木綿、筒袖風体《つつそでふうてい》の酩酊した者たちが殺害に関与したとのことだった。当日、近接する花月楼《かげつろう》の客の中に同様の服装をした者がおり、それが土佐藩士であったため、彼らが事件に関与しているのではないかとの疑いがもたれた。さらに土佐藩所有の横笛船《よこぶえせん》、南海丸《なんかいまる》の二隻が当日の深夜、あいついで出港したことから、犯人を逃走させたのではないかと土佐藩への疑いが深まった。

この事件はイカルス号事件と呼ばれ国際問題になった。坂本龍馬など後の有名人が関与したことから、小説の題材として取り上げられ、「慶応長崎事件」と称されることもある。[92]

真犯人は土佐藩ではなく福岡藩の武士・金子才吉であった。当日深夜に自刃し遺骸もすぐさま福岡に回漕されたため、明治新政府になるまで真相は明らかにならなかった。土佐藩犯人説が強かったため、言い出すタイミングを失った福岡藩は沈黙したままで、真犯人が発覚した維新後に新政府から厳しい処罰を受けた。これが事件の概要である。

イカルス号事件の現場が寄合町の路上ということで、丸山遊廓すべての店が調査対象となった。前日からの宿泊者及び当日の客を調べて事件への関与が疑われる者を割り出そうとしたのである。丸山遊廓全体に宿泊できる店があったところから、悉皆《しっかい》調査となり、宿泊者名簿を拵えて奉行所に提出することになった。

幕末丸山遊女の客

「遊女屋宿泊人帳[93]」と表題された簿冊が、この慶応三年七月五日と六日に寄合町の遊女屋に宿泊した者の宿帳である。今日のように宿泊者自身が宿泊名簿に記入したものではなく、その日に相手をした客がどこのだれだったのかを遊女らに聞き取って作成したものと考えられる。実は史料として丸山遊廓の遊女屋の客について記録されたものは管見の限りこの一点しかない。そのためそれ以前の客の割合など比較の対象がないことをお断りした上で、イカルス号事件の調書を借りて、限られたデータではあるが丸山遊廓寄合町の客についてで見てみたい。

七月五日に注目すると、取り調べに上った者は二一七人。相方の遊女、延べ二一二人。遊女屋を訪れたのに飲食のみで遊女を買わなかった者、遊女屋に隣接する煮売屋、小料理屋に立ち寄っただけの者たちも含め滞在先、所属、武士か町人か、わかる者は氏名も記録されている。遊女には時間差で複数の客を相手した者がいたので上記の人数になった。客の内訳は、町人一二六人、武士三三人、船員一九人、唐人一九人、西洋人一七人、医師三人。町人には商人や町役人が含まれ、商家に寄寓している職業不詳の者も商人とカウントされている。武士は所属の藩が明確な者と武士体の者の両方。船員は士官と水夫の区別をつけていない。唐人には唐人、支那人、広東人の表記がある。

営業形態として、短時間の場合と宿泊の場合があるが、複数の客を相手した遊女でしかカウントできないので区別は不明である。遊廓外に町売りとして派遣された遊女が一五人。そのうち八人の行先は、開国後、新たに長崎の南郊、大浦《おおうら》に開かれた外国人居留地であった。客の中で特異なのは諸藩の長崎支店ともいうべき蔵屋敷にいた「聞役《ききやく》」である。同日は佐賀藩、薩摩藩、平戸藩の聞役が寄合町の遊女屋を利用している。

長崎の住民と長崎以外の客の内訳は、長崎市中と近郷の客が八一人、長崎以外が一三六人であった。以上のことから、幕末の丸山遊廓寄合町は地元客より長崎以外の客の利用が多く、諸藩の武士や船員の客が多かったことがわかる。また、唐人や西洋人なども登楼したり、居留地に呼んだりして遊女と遊んでいた。諸藩の武士、船員、外国人が主客となり、彼らの消費によって丸山遊廓が維持されていたのは間違いない。江戸時代を通じて、唐人・オランダ人を主客としていた丸山遊廓が、開国により特権を奪われ、新たに長崎港をめぐる政治や貿易に関わって集まってきた人々を客として受け入れ、生き残りを図っていたことがこのデータからは読み取れる。

丸山遊廓と聞役

「遊女屋宿泊人帳」には七月五日と六日の遊女屋利用者の集計のほかに、特定の店に細かく書き出させた調書も綴られている。寄合町の遊女屋で最大にして高級な店が筑後屋喜久蔵で、現在の丸山公園にあたる場所に二重門に面した大きな敷地を持っていた。当然、上客が多かったが、とりわけ各藩の「聞役」の利用が多かった。奉行所がまとめた詳しい調書には筑後屋喜久蔵の店と聞役の親しい関係が残っている。

筑後屋喜久蔵

七月五日

佐賀聞役

遊女　錦

佐賀蔵屋敷に罷在る　横井某

同　大和

連士弐人

遊女　国妙

常盤

丸山町

釜や丈吉方へ遣之

同　玉浦

奇咲

薩蔵屋敷聞役　野呂久左衛門

同　式部

薩蔵屋敷　中井某

遊女　瀬川

同国商人　嶌名某

同　旭野

佐賀商人　正木某
浜町木村屋に罷在る　同　姿野
連商人壱人
同　花紫
唐人弐人
遊女　三里野
都野

七月六日
筑前蔵屋敷　栗田某
遊女　筑羽根
柳川聞役
遊女　都野
佐賀聞役
同　錦
佐賀藩中　松井某

同　桜井

平戸町に罷在る　連士六人

同　玉浦

朝雲

百代

常盤

曙

国妙

西浜町　岩瀬屋某

遊女　姿野

薩州　野呂久左衛門

同　式部

薩州　中井某

遊女　瀬川

同藩

築町若さやに罷在る　奥田某

同　旭の
右同断　松ケ井某
同　奇咲

七月七日
筑前蔵屋敷　粟田某
遊女　筑羽根
佐賀聞役
同　錦
柳川聞役
同　都野
薩州　野呂久左衛門
同　式部
同　中井某
同　瀬川
同　奥田某

同　桜井
連士壱人
同　奇咲
松屋某
遊女　玉浦
連唐人壱人
同　大和
広東人壱人
同　三笠野

袋町

わずか三日間の調査だが、佐賀藩、薩摩藩、筑前藩、柳川藩の聞役や重臣たちが登楼している。特に佐賀藩と薩摩藩の聞役は三日連続で同じ遊女を付けている。蔵屋敷は遊廓から徒歩一〇分ほどのごく近いところにあったので、通っていたのかもしれないが、筑後屋喜久蔵店が職場だったといわれても言い訳のできないまでの頻度である。

この聞役について、「文政未年九月長崎聞役秘録写」（長崎歴史文化博物館収蔵14－181－2）という史料には、丸山遊廓をめぐる聞役間の対立が記録されている。

文政六（一八二三）年、肥後、対馬、小倉三藩が佐賀、筑前、平戸、大村の聞役に今後、丸山遊廓での寄合には参加できない旨を申し入れた。江戸留守居役の役目にも通じる長崎聞役は、諸藩の同役で組合をつくり情報交換しながら務めるという役柄上、職務に宴会や酒食がつきものであった。しかし限られた交際費を超えた分は自腹で支払わなければならないため、予算の乏しい藩の聞役は困窮していた。なおかつ藩主自らが倹約に努めている藩では、ひとり長崎聞役のみが贅沢三昧というわけにはいかないという理由もあった。

長崎聞役の職務は、平日の奉行所との応対、異国船入津の際の備え、非常時の措置などであった。[94]聞役組合の結束を乱すものは職務の如何にかかわらず「離籍」を言い渡され、聞役同士の情報から遮断される。遊所での寄合に参加しないのは仲間のしきたりに背く行為であるということで、四藩連合は肥後、対馬、小倉の三藩に対し絶交にすると言い渡した。たかが宴会といえども代々の聞役が引き継いできた重要な職務。それまで一緒にその職務を務めてきたのに裏切りではないか、また他の藩を同様の理由で離籍に処したときには賛同しておいて二重基準ではないかという非難である。戦場でのご奉公同様に、遊所でもご奉公しているという理屈である。今日ではまったく理解できないが、当時の感覚としては、これも正当化されうる職務だったのだろう。

たしかに非常時には意味ある職務かも知れないが、平時には遊所で情報交換と称して飲食するだけで、藩側からすれば他藩との交際以外に得るものはない。しかも聞役が自腹を切ってまでやらなければならないとなると、貧窮する諸藩としては喫緊《きっきん》に省きたい「無駄」になっていたのだろう。

一方、丸山遊廓としては、唐人屋敷・出島での独占的な利益がなくなった今となっては、これ以上の上客はなく、大いに遊興し散財してほしかった。幕末という「非常時」に三日も遊女屋で過ごすという聞役がいたことは、聞役組合の伝統が三藩の諫言《かんげん》でも改革されることなく守られ続けていた証拠だろう。あるいは遊女屋の経営努力の成果といえようか。

幕末維新の不安定な世の中は、丸山遊廓には大ビジネスチャンスだった。親幕府であれ討幕派であれ、兵隊であれ浪士であれ、主義主張を問わず「豪遊」してくれたからである。しかし、維新政府によって民生が安定すると、丸山での消費は激減した。しかも、遊廓という特権的な地位を取り上げられると、それまでの伝統がかえって足かせとなり、安くて楽しく遊べる新規の遊女町のような身軽な変化ができずに旧態を持て余すこととなった。

検黴

すでに述べたように、明治維新を境として、長崎の地位は低下の一途をたどった。人口こそ九州随一であったが、基幹産業であった貿易関連業務は他の港湾都市に奪われ、採炭業、造船業などもいまだ未熟で、職を失った地役人の退去など、明るい話題のない、先行き不透明な時代が始まっていた。

では徳川幕府時代と維新以後とでは、丸山遊廓はどう変わったのだろうか。一番大きな点は、遊女屋稼業も科学的に運営されなければならなくなったことである。複数の外国人を客に持つためには、衛生の概念、病気の予防など近代医学の導入が急務となった。明治初年の長崎は、見た目は何も変わることなく、支配者が長崎奉行所から新政府に移行しただけで、変わらず二百数十年のしきたりのもとに生きていた。複数の外国人が顧客となり、居留地への「外売り」も行われていた。

そんな明治三（一八七〇）年閏十月、丸山遊廓の全遊女を巻き込んだ大騒動が起きた。長崎県からの命令により、遊女全員が遊廓の隣接地に設けられた仮病院で性病検査を受けなければならないことになり、その検査内容が明らかになったのである。

それは、ロシア人問題のところでも触れた「検黴」における「陰門開観」という検査方法であった。被検者が診察台に固定され、文字通り陰部を開いて専用の器具を使って行われる検査で、病理検査が進歩する以前は最も確実な梅毒検査法であった。[95]

梅毒は、一六世紀に外国船の来航によって持ち込まれると急速に全国に蔓延した。外国から伝染したことで「唐瘡《とうかさ》」、あるいは皮膚に現れる綿花状の症状から「楊梅瘡《ようばいそう》」、「綿花瘡」とも呼ばれた。明治になり、西洋式近代医学が導入されてからは、「花柳病《かりゅうびょう》」と称された。『日本医学史　決定版』によれば、「何れも娼妓に交媾《こうこう》して伝染するの病なり」とあり、遊女を介して伝染する病気と考えられていた。[96] 明治以前の遊廓では、梅毒は感染するもしないも運次第とされていた。予防策も遊女個人が神仏を拝み迷信に頼るだけで、近代医学とはほど遠かった。感染発症は偶然と免疫力の差によるが、格式を誇る丸山遊廓では、根拠もなく自分たちは安全と信じられていた。

安政の開港以降、長崎には諸外国からの艦船が多数入港し、外国船員や商館員たちが丸山遊廓の新規顧客となった。客の中にはイギリス海軍、ロシア海軍等の軍人が多数おり、彼らを客として迎え入れたり、遊女が出張へ出かけたりするためには、遊女が検黴に合格しなければならないという資格問題がもちあがった。

「明治三年外国掛事務簿魯鑑一件」には先述の一件が「魯マタロス共へ売女差出し候前、道具をもってドクトル陰門相改め無病の女だけ相用い候」という条件が出されたと記録されている。ロシア軍医の直接検査でなければならないというのは日本側の検査が全く信用できないということであり、丸山遊廓の格式など外国人にとって何の意味もなさないということだった。[97]また、長崎に先駆けて横浜で梅毒病院を開設した英国海軍軍医ニュートンも開港場である長崎県に梅毒病院を開設するよう勧告した。英国人を性感染症から守るための措置であり、県でも否応なく応じる事になった。

丸山遊廓に隣接し、廃寺となっていた大徳寺跡に仮病院を設け、丸山遊廓の遊女をターゲットに検黴を開始するという情報が、かくして遊女らを恐慌に陥れることになった。[98]

仮病院

明治四（一八七一）年四月、丸山・寄合両町の遊女屋経営者二一人の連名で、仮病院経費に関する嘆願書が長崎県に提出された。仮病院の運営費として年額六〇〇〇両を負担するよう県から求められたのに対し、不景気で経営難に陥っている現状から、とても全額負担はできない、在籍遊女の人数に応じた負担にしてほしいという嘆願であった。遊女の個別負担であれば、全遊女から一人当たり月に金三朱、罹患《りかん》し入院中の遊女は負担金とは別に入院費用を日に金二朱支払うという条件を願い出た。[99]だがこの嘆願では施設維持費用の金六〇〇〇両すべてを賄うことができないと県から却下された。[100]しかも当初の予想に反して遊女たちの反対が強硬で関係者を驚かせた。遊女がこだわったのは、「陰門開観」という検査法であった。

横浜梅毒病院では、検査そのものの反対は見られず、むしろその成果があがり、遊女たちの衛生環境は向上していた。ところが、丸山の遊女たちの間では梅毒の恐怖よりも自身の身体を開く検査に対する拒否感の方が大きかった。反対理由は、「陰門開観」検査を受けたことが知られたら、身内に合わせる顔がない、風呂屋や髪結いにも恥ずかしくて行けない、年季が終わっても嫁に行けなくなるなどであった。[101]春を売るということへの抵抗よりも検査を受けることへの羞恥が勝っていたことがわかる。

彼女たちは、診察を受けるのは構わないが、病気の疑いがある遊女と、実際に発病している遊女だけを検査して、健康な遊女は問診にとどめてほしいと主張した。ニュートンが主張したのは、梅毒感染を未然に防ぐ予防医学の観点からの検査であったが、遊女たちの主張は病気に対する治療で、大きな食い違いがあった。結局、長崎の梅毒病院は、遊女たちの希望通り、治療施設として開設されたが、資金不足が解決もできず半年ほどで閉院となった。

遊女、遊女屋、遊廓といえば、人権の抑圧された空間で、命を削るような客とのやり取りの中で、自らの意に反して身体を売る遊女と、その遊女の稼ぎに寄生する遊女屋および周辺の人々の特別な世界ととらえられることが多かったように思われる。しかし長崎では、遊女たちは町の稼ぎ頭として、自分の意見を言い、自ら名義を借りてまでも遊女稼業を希望し一家を支えていた。丸山遊廓は、長崎という世界を凝縮した空間であり、遊女は長崎の主役であった。その丸山遊廓で検黴を実施するということは、特別な存在と認められていた丸山遊廓や遊女たちが特権を否定され、もはや全国に多数存在する、いわゆる「遊女」の一人にしか過ぎなくなることであった。

明治五年丸山町の住民

「明治五年壬申　長崎県第二大区九之小区戸籍之壱　丸山町」[102]は丸山町の住民、遊女屋の構成、遊女町の変化などがわかる史料である。幕末維新を境に丸山遊廓がどのように変わったのかを住民構成の変化をもとに確かめてみよう。

この史料は、明治の政策である郵便制度のために、各戸に住所が付されたことを期して、従来の「踏絵帳」の形式を借りながら住所ごとの住民調べのために製作されたもので、住所・職業・氏名・年齢などの個人情報が記載されている。明治五（一八七二）年、すなわち「芸娼妓解放令」直前、最後の丸山遊女たちの姿である。

明治五年の丸山町の総人口は八七〇人、男一三八人、女七三二人。遊女町の特徴でやはり女性人口が多い。中でも遊女三〇〇人、禿五八人、遣り手一二人、召使六三人、合計四三三人が遊女屋の従業員である。召使にカウントされている遣り手もいることから遣り手の数は正確ではないが、遊女・禿三五八人が遊女町の人的資源であった。「芸子」も一二九人が見られる。芸子は一人でも芸子屋ができるため町内には多くの芸子屋があった。遊女屋に直接・間接関わる者が人口の六五パーセントを占め、経営者やその家族も併せると七割を超える人々が「遊女屋」であった。他に貸座敷である揚屋、茶屋などがあり、さらにはそれを支える多くの職業が町にはあったことになる。

遊女屋以外の職業は次の通り。揚屋、茶屋、仲買、眼鏡屋、米屋、料理屋、餅屋、小間物屋、茶販売、縫物屋、編物屋、張物、魚屋、洗濯屋、菓子屋、果物屋、煙草屋、仕立屋、大工、神主、古着屋、古道具屋、髪結、戸長《こちょう》。

戸長は奉行所支配下の乙名に代わる町役人。それ以外の職業はいまだ江戸時代そのままの姿である。これら遊女屋を支える職業に携わる住民やその家族を含めるとほぼ全住民が遊女商売に関連があるので、住民はすべて遊女・禿・芸子合計四八七人の稼ぎによって生計を立てていたことになる。遊女と芸子もこのころになると「住み分け」を模索する段階に達していたようである。町そのものが遊女と芸子を核とした風俗産業の会社のような体となっていた。

「芸娼妓解放令」

明治維新によって近代国民国家に生まれ変わろうと模索していた日本では、武士町人などの身分制度や奴隷労働に従事させられていた者たちの区別をなくし、一律に新たに「国民」へと仕立て上げることが急務とされた。特に農村での名子《なご》、下人《げにん》、家人《けにん》などの奴隷労働や遊女奉公などは封建の遺物として次々に制度の廃止に踏み切った。一連の法令を「解放令」と呼び、遊廓で労働する遊女たちを対象にしたものは「芸娼妓解放令」と呼ばれる。

遊女が年季奉公から解放されるきっかけとなったのが「マリア・ルーズ号事件」であった。明治五（一八七二）年、中国人苦力《クーリー》二三〇人を乗せたペルー船籍マリア・ルーズ号が横浜港に入港した。中国人らは船客ではなく積荷のような扱いをされ虐待も受けていた。この中の苦力「木慶」という者が逃亡し船中で虐待を受けているとイギリス領事館に訴え出た。これが大事件となり、日本の裁判で苦力らの契約が無効であるとされた。しかし、船長の代理人が日本の「売女」の契約こそ奴隷契約であり、そのような制度のある国に奴隷解放に関する判決を下す資格があるのかと逆提起してきた。

この事件で矛盾に気づいた政府が急遽、芸娼妓を解放したとする説があるが、明治維新の開化政策により既に検討されていたものが、この事件によって加速され、前倒しで実施されたとする説もある。[103]

明治五年、次のような布告（太政官布告第二九五号）が出された。

「一　娼妓芸妓等年季奉公人、一切解放致すべし、右に付ての貸借訴訟総て取り上げず候事」

この法令をもって全国各地にあった遊廓とその制度は形式上、終了した。遊女は自由の身となり、身代金の返済も求められない、返済を求める遊女屋がいたら全財産を没収するとされた。さらに遊女はどこへでも行くことができ、どんな商売にも就くことができるようになった。吉原では一夜にして多くの遊女が遊廓を後にしたため大混雑があった。

しかし、その喜びは同時に失業と居場所の喪失というきわめて現実的な問題を遊女たちにつきつけた。遊女として生計を立てていた者が、自立して稼がなければならなくなったからである。もとより、貧家に生まれた者が家に戻っても食い扶持が増すだけ、手に職がある者も少なかった。家事一般はしたことがなく、自立にはほど遠かったことは事実だろう。

遊女屋も太政官もそのことは当初から織り込み済みであった。国は遊廓に関係する許可から降り、府県に任せることにした。府県は新たに遊女屋を貸座敷と改め、遊女を娼妓と呼び自由意思による営業とした。娼妓が商売できるのは貸座敷限定とされ、遊女屋の場所提供、娼妓の自由営業、鑑札は府県発行という制度に改められた。その結果、売春行為は表面的には見えなくなり、娼妓本人の自己責任の度が増した。かくして遊廓は、売春目的をぼかした花街というあいまいな姿に形を変えた[104]。

丸山遊女の「解放令」

丸山遊廓の「変わり身」もまた早かった。布告が出されるや、遊女、遊女屋、芸妓それぞれに渡世規則が示され、すばやく貸座敷制度が発足した。丸山遊廓の遊女屋が一夜にして貸座敷に衣替えできたのは、当時の長崎県がいち早く情報を収集し、特にマリア・ルーズ号事件の裁判に関わっていた神奈川県権令大江卓の施策情報をつかんでいたからと思われる。

貸座敷の場所は丸山・寄合両町に限定された。娼妓と呼び名を変えさせられた遊女は、個人営業の許可を得なければならなくなった。遊女は係の戸長に一ヵ月一円五〇銭を支払い、揚代は遊女が決定し、その回収も遊女の責任とされた。また、外国人相手の商売も遊廓の所属に限定されなくなり、丸山遊廓の特権も消滅した[105]。

史料「娼妓鑑札并請控[106]」は「丸山町貸座敷　森邨万喜」という署名から、当時の丸山町の貸座敷屋・大藤屋《おおふじや》の控であったようである。個人で申請する原則であったが、大藤屋では控を取って簿冊にまとめていたのだろう。明治九（一八七六）年から明治二二（一八八九）年までの間に延べ六〇人の娘が娼妓として登録され鑑札を交付されている。四人が廃業後に再び登録されているので重複があるが、すべて一五歳から二六歳までの若い娘であった。

明治九年と一〇年に免許を受けた娘は合計二六人。長崎市中出身者は一九人。隣接の長崎村や浦上村、茂木村等の出身四人。県内の他郡出身二人、熊本県天草の富岡《とみおか》一人となっている。いずれも旧長崎奉行・代官管轄の天領出身者ということが共通している。その後は次第に県内各地や県外からの娼妓が増え、代わりに市中出身者が激減している。

かくして、外国人相手の営業を独占し、遊女は市中出身の娘がほとんどだった丸山遊廓の特徴のひとつが「解放令」を境にまた一つ消失し、その後は全国各地にある色町の一つとなったのであった。

遊廓社会の陰に生きる娘たち

都市長崎の周辺にも、長崎と関連しながら独自の生計を立てている人々があった。現在、大浦天主堂、旧グラバー住宅という二つの世界遺産をもつ大浦地区は、当時は文字通りの深く大きな入江だった。幕領ではなく大村藩領。この入江には近郷だけではなく諸国からの廻船が寄港し賑やかであった。当然船乗り相手の女性もいた。

女性らは「ヒャーハチ」と呼ばれていた。これは丸山遊女の職階、太夫・店・並の内、最下等並の揚代が銭八〇〇文であったことから「並八《へいはち》」といわれたものが転訛したらしい。安い遊女という意味だろう。一般的に他の場所では「惣嫁《そうか》」と呼ばれる女性らと同じく、客の船に乗り込んで一夜を過ごす者で、江戸時代、長崎の歌人近藤光輔が、彼女らを古歌を本歌取りして次のように表現した。

「しら波のよするなぎさに世を過ごすあまの子なれば宿も定めず」

この女性たちは年に一度、大徳寺境内の天満宮に参詣した。丸山遊女が牡丹《ぼたん》の花にたとえられるのに対して、彼女らは夕顔のようであったという。同じ身を売る商売であっても、丸山遊女と惣嫁ではあまりにも違う環境であった。

ある時、隠売の取り締まりで逃げ遅れた一三名の惣嫁が奉行所の役人に捕縛された。身柄を調べると次のような者たちであった。

島原深江村漁師幾右衛門娘　きよ
島原南串山村百姓徳太郎娘　ゑき
島原北串山村百姓乙松娘　はつ

島原有家村　さだ
島原金浜村　かな
島原千々石村百姓金右衛門娘　まつ
島原北串山村百姓八太郎娘　きち
島原有家村茂右衛門娘　りき
島原野井村百姓紋右衛門娘　わき
天草郡富岡四丁目　とき
天草郡富岡四丁目百姓次郎吉娘　ちゑ
大村領戸町浦　すゑ
時津横尾村百姓伝蔵娘　つや[107]

長崎市中の娘は一人もおらず、遠く島原・天草出身の娘たちが、長崎から少し離れた入江の片隅で春をひさいでいたのであった。近藤光輔は彼女らの境遇に心を打たれて歌を詠んだのだろう。丸山遊廓に象徴される長崎の華やかさは、きわめて小さい範囲の小さい世界の人々だけを言い表したものにすぎず、その世界からたった丘一つ越えただけのところには、何の保護もなく若さと性を搾取されることで生きていた無数の娘たちがいたのである。娘たちは丘の向こうの華やかな別世界に行く術もなく、年に一度だけ、着飾った丸山の遊女たちと共演することを楽しみにしていたという。

丸山遊廓の繁栄の陰には、人知れず生きていた多くの娘たちがいたことを記しておきたい。

長崎を体現する丸山遊廓

長崎が観光地になった歴史は浅く、その始まりは第二次世界大戦後のことにすぎない。それまでの長崎は造船業を柱とする工業都市、さらには要塞地帯として、風光明媚な場所への立ち入りを禁じられるなどの閉鎖的な空間であった。

しかしそのような条件下にありながら、多くの人が長崎に憧れ、長崎に旅をした。抱くイメージは海外交流の残滴としての異国情緒。もう一つが丸山遊女であった。明治五年の「芸娼妓解放令」以降も丸山遊廓は生きていた。主役は芸妓に譲ったが、昭和になっても娼妓という名の遊女はなお健在であった。

昭和四（一九二九）年に発刊された『全国花街めぐり』[108]という名著がある。題名も対象も低俗を擬《ぎ》しているが、著者松川二郎の優れた観察眼と深い教養に裏打ちされた興趣溢れる紀行本である。土地の歴史や名物、名妓などを紹介するという趣旨で各地の花街を巡り綴ったもので、当時の長崎や丸山を鋭い視線で著している。

松川は、「長崎は石の歩道と、土塀と、古い寺と、墓地と、そして大きな樹木との多い物しずかな綺麗な都会である」。さらに「ことに夕ぐれの眺めは私達の心を惹いた。夕日が稲佐山の背に落ちると、暮色は先ずその山脚なる稲佐の浦あたりから起って、深い入江になった港を三方から囲むように押しひろげられた市街の瓦鱗を、だんだんと鼠色に包んで行った」と、長崎の住民にしか知りようのない長崎の小さな幸福の時間を繊細な筆致で記している。そして、「この都市のもつ匂いと彩りは、最も端的に、且つ鮮明に、丸山遊廓などにあらわれて居るのではないかと思う」と、花街めぐりを専門とする松川は、丸山遊廓こそが長崎そのものであることを喝破している。

城下町は城を中心として発達した政治的な町。門前町は寺や神社を反映した宗教的な町。神戸や横浜のような港町は当然、港を中心とした海の町であろう。長崎は横浜や神戸よりも長く独特の歴史をもつ港町である。しかし、地形がなせる業か、歴史の仕儀か、横浜や神戸などとは海のとらえ方が異なるのである。長崎の海とは港口から一条に延びる港湾を三方から抱え込む港のことで、そこには必ず対岸があって、そのお椀《わん》のような円形の世界がいわば長崎のすべてである。港口からの水面は花道、港全体が舞台で周囲を段状の客席が取り囲む、あたかも古代ローマの円形劇場が都市と化したのが長崎という世界であった。

外国船は花道を通り舞台に登場し、やがて去っていく。長崎の住民にとって港外は舞台裏、それは見えないのがお約束であった。外国の人々はこの舞台に登場してくれるものであり、外国は、こちらから出ていくものではなかった。こうした全くの受け身の生き方は、他の港町の海の生き方とは異なるであろう。

松川が見たように長崎の特徴は、港町というより、むしろ丸山が象徴する歓楽を体現した世界だったのではないだろうか。受け身の貿易ともてなしが鎖国下の長崎の特徴であり、庶民が担ったこのもてなしの究極の姿が丸山遊廓だったのだ。

遊廓都市長崎・丸山

『全国花街めぐり』で松川二郎は、昭和四年の丸山遊廓を「芸娼妓混交の遊廓地で、大小二十二軒の妓楼華やかに軒を並べ、料理店芸妓置屋また軒を接し紅燈白燈を連ねて、最も華やかな色町気分を漲《みなぎ》らせている」と書いている。丸山の三つの検番《けんばん》の内、丸山東検番に芸妓約一七〇名、丸山南検番・丸山南廓検番にそれぞれ約三〇～四〇名。合わせて二五〇名近くの芸妓が競っていた。

丸山遊廓の出店として始まった稲佐遊廓にも稲佐検番があり、芸妓が五〇名ばかりいた。また大浦の惣嫁がもとになって開かれた大浦遊廓が移転した出雲町《いずもまち》遊廓に三〇名内外。港の入口の戸町《とまち》にあった戸町遊廓にも三〇名ほどの芸妓がいた。さらには市内本紙屋町の町検番に約七〇名。以上、四つの遊廓と一つの街を合わせて五花街。さらに海岸の松《まつ》ヶ枝《え》町にはホテル式バーに洋装厚化粧の美人が異彩を放っていたとある。

丸山遊女の直系にあたる娼妓も、芸妓に押されながらも依然、健在であった。「今日も矢張《やっぱ》りマニラから避暑に来る米国水兵を始め、多くの外人を客として、英語、仏語、ロシア語、支那語と数か国語で恋を語っている」。伝統の長崎衣装も紋付羽織や洋装などさまざまに変化しているが、他の地方では目にできない風景であろう。妓楼三二軒、娼妓約三〇〇人。人数は減じたものの、その分、芸妓がカバーして、決して丸山遊廓が寂れたわけではない、そう松川は記している。

丸山遊廓の娼妓は昭和三二（一九五七）年施行の売春防止法によって廃業となり、三百十数年の長い丸山遊廓と遊女の歴史にもついに幕が下ろされた。いっぽう昭和四〇年代の高度成長期には旅行ブーム、歌謡曲ブームの対象として長崎が注目されるようになった。異国情緒と丸山遊女の悲恋と深情けは時代を越えてなお、長崎の街を象徴するものでありつづけた。

東シナ海に開かれた西端の港町長崎は、鎖国下では独占的に海外交易の利益を享受していたが、自分たちの頭の上を通り過ぎていく大金の一部でも手に入れたいと望んでも、自ら売れるものとしては若い娘たちしかなかった。娘たちは丸山遊廓で外国人や大商人から稼ぎ貢がせた銀銭で親を養い、都市長崎を養った。街の稼ぎ頭であった遊女たちを憧憬した次世代の娘たちもまた丸山遊廓で青春を送り、その子たちもまた同様に客を迎えた。

長崎の街を維持できたのは、幕府の政策や商人の活躍だけではなく、間口の狭い裏店の娘たちが身を売り、時を売った結果である。まさしく国際貿易都市長崎は、遊廓都市長崎であったのだ。

あとがき

遊廓というすでに消滅してしまった空間には、かつて動いていた組織、そこで働く人々の姿、さらには産業、文化に与えた影響などが確かに存在していた。今では、花街と呼ばれるあいまいな空間へと変わったり、住宅街に飲み込まれたりして、あえて昔語りをされることもなくなった。長崎丸山遊廓も繁華街に隣接する静かな空間へと変わり、地名に惹かれて訪れる人々を時折見かける程度である。

本書でお伝えしたかったことは、丸山遊廓の伝統や繁華な姿ではなく、また遊女の悲哀やドラマチックな男女の駆け引きでもなかった。遊廓と一体化した都市の姿やリアルな人々の生きざまがこの空間に存在し、都市とそこで生きる人々を支えていたという事実とその都市が今日もなお存続し、「長崎」という世界を形成していることである。つまり、本書に主人公があるとすれば、丸山遊廓が支えた「長崎」そのものかもしれない。

「長崎」というきわめて人工的な都市は、譬《たと》えるなら宇宙ステーションのようなもので、常に誰かが膨大なエネルギーを費やして維持しなければ存在しえないような厳しい条件にあり、いつ何時「軍艦島」のような廃墟になってもおかしくない危うさを抱えていた。現在でもその危機感はある。江戸時代の「長崎」の規模を本書中で小学校区一つ分程度の規模と表現しているが、その譬えでも過大だったかもしれない。長崎惣町の面積は約二五万坪。皇居外苑（約七〇万坪）の約三分の一、明治神宮（約二二万坪）と同程度の面積が長崎のすべてだったのである。全く農業生産力のない荒れ地に囲まれたこの狭い場所に最大六万人の人口と外国人が暮らしていた。この危うさが本書の背景である。

丸山遊廓は、江戸吉原遊廓、京都島原遊廓、大坂新町遊廓などと並び称せられた官許の遊廓であり、特にきらびやかな衣装は有名とされていた。古賀十二郎氏の著作『長崎市史風俗編』と『丸山遊女と唐紅毛人』は戦前丸山遊廓が存在していた時代、古賀氏の実体験と「寄合町諸事書上控帳」などの史料をもとに書かれた。本書はその蓄積を踏まえ新たな視点を提起し、未発表の史料を用いて著したものである。

新たな視点とは、これまで本書で述べたように、丸山遊廓は幕府唯一の国際貿易港としての利益を一文でも多く地元に落とさせるために、長崎の借家人の娘たちを遊女に仕立て、唐人・オランダ人から揚代や高価なプレゼントを貰って、出身家庭や地域を潤すことで長崎のまちを維持することができたという、遊廓都市長崎という見方である。

また、史料としては長崎歴史文化博物館にある「藤家文書」「本山家文書」など。「藤家文書」は長崎の町方史料として取り上げられることも多く、その史料価値は多くの人の知るところであるが、「本山家文書」は東京、福岡、長崎などに分散されており、統合的な研究が待たれている。その内、長崎歴史文化博物館に新たに収蔵されたものに遊女関係の文書が含まれており、本書ではそれを用いた。原文を註および参考文献に載せている。

遊女に吸着し、その労働を搾取するシステムを「遊廓社会」と定義すれば、長崎全体が巨大な「遊廓社会」であった。他都市の遊廓社会と違う点は、少女が遊女奉公に上がり、年季を終えて帰宅するまで、長崎の全住民が遊女の保護者であったことである。また、長崎の遊女は結婚し出産もするというもう一つの人生を偏見もなく歩むことができたということである。老いて働けなくなっても長崎の遊廓社会では遊女を見捨てることはなかった。

多くの遊女が子を産み、またその子が遊女になるという長崎では、遊女は隣近所だけでなく、祖母や母親など家庭の中にも存在した。戦前ある人の思い出話に出てくることだが、田舎の親戚宅の隣家のおばあさんが農村で見る人もいないのに、毎日お歯黒をし、髪を整えておしゃれをしているのを不思議に思って尋ねると、「あのおばあさんは若いころ丸山で遊女ば、しとんなったとよ（遊女をしていたそうだ）」という答えが返ってきて納得したという逸話があった。遊女をしていたことは引け目ではなく誇りであったこと、周りも畏敬の念を以て接したことなど、今日では想像もつかない。遊女は親を養い地域を養い、都市を養っていたという共通した思いが、戦前の長崎には残っていたのかもしれない。

本書を終えるにあたり、華やかな繁栄の虚飾の陰で、親のため地域のために身を削って働いた無数の遊女たちによって都市「長崎」が維持されていたこと。長崎が幕府の直轄地でありながらも、その中枢の人々は全員が転びキリシタンであった長崎住民を得体の知れない者として信用せず、腫れ物に触るかのように統治していたこと。そのような歴史によって、独自の「長崎という世界」が「江戸という世界」の対極として存在し、今なお都市の個性として息づいていることを述べて結びたい。

本書は多くの先人や研究者の蓄積の上に置かれた一個のパーツに過ぎないかもしれないが、出版の機会をいただいた講談社現代新書編集部をはじめ多くの皆様に感謝をお伝えしたい。特に担当していただいた山﨑比呂志氏には、著者の視野を開くようなご教示、俳句の添削のごとく駄句をたちまち整えてしまう編集力など、ご指摘どれもが珠玉の啓示であった。深く感謝したい。

著者が長崎の歴史や文化に関わることができたのも多くの人々のお導きとご支援があったからである。恩人の氏名のみを記し感謝を表したい。加藤章、立岡誠、佐古寶松、浅倉有子、中小路和久、馬場豊子、田上富久、越中哲也、原田博二、そして多くの友人たち。ありがとうございました。心からお礼申し上げます。

辛丑盛夏　　赤瀬　浩

資料　表：桶屋町遊女の年季奉公（桶屋町を出た娘）

	和暦	西暦	名前	年齢	奉公先	旦那寺	竈筆頭者名	年齢	関係	備考	年季明け	西暦	期間
1	享和２	1802	いち	12	寄合町	永昌寺	せき	52	母				
2			かめ	11	寄合町	永昌寺	松次郎	41	父				
3			やす	9	丸山町	大音寺	辻松	44	父				
4	文化３	1806	わか	12	寄合町	晧台寺	群八	51	父				
5			とら	13	寄合町	正覚寺	半次	55	父		文政２	1819	13
6	文化４	1807	とく	12	寄合町	晧台寺	群八	52	父		文化10	1813	6
7			かめ	9	丸山町	西勝寺	清蔵	38	父		文政11	1828	21
8			はし	11	丸山町	本蓮寺	貞順	67	家内				
9	文化５	1808	ひろ	11	寄合町	長照寺	亀屋文次郎	35	父	家持 養女？			
10			ゆう	16	寄合町	本蓮寺	忠介	56	父				
11			はつ	11	寄合町	聖徳寺	恵範	61	家内		文政11	1828	20
12	文化６	1809	くま	9	寄合町	光源寺	作五郎	35	父				
13			いそ	13	寄合町	永昌寺	忠八	52	父		文政３	1820	11
14	文化７	1810	さく	12	丸山町	光源寺	作五郎	39	父	父子家庭			
15	文化８	1811	よね	9	寄合町	光永寺	宮松	51	父	父子家庭	文政13	1830	19
16			みさ	11	寄合町	三宝寺	和三次	46	父	６人家族	天保14	1843	32
17			たき	9	丸山町	光永寺	伊三郎	30	父	弟出生			
18			こま	12	寄合町	晧台寺				寄せ竈			
19	文化９	1812	ひさ	11	寄合町	晧台寺	かる	65	祖母	祖母母妹			
20			もと	15	丸山町	光永寺	孫四郎	55	父	９人家族	文政６	1823	11
21			きよ	11	丸山町	永昌寺	忠八	55	父		文政８	1825	13
22	文化10	1813	さと	16	寄合町	晧台寺	けん	38	母	母子家庭			
23			くま	9	寄合町	深崇寺	太三次	38	父	父子家庭			
24	文化11	1814	くら	10	寄合町	晧台寺	いね	48	母	母子家庭			
25			たつ	11	丸山町	西勝寺	五平次	45	父	７人家族	文政12	1829	15
26			さた	17	寄合町	本蓮寺				一人竈			
27			みよ	11	丸山町	三宝寺	和三次	49	父	姉妹 母連れ子	文政13	1830	16
28			きん	9	寄合町	光源寺	和三次	49	父	姉妹			
29	文化14	1817	たね	11	寄合町	深崇寺	徳太郎	43	父	母連れ子	天保２	1831	14
30	文化15	1818	たつ	9	寄合町	光源寺	和三次	53	父	娘すべて 奉公	天保８	1837	19
31			ふさ	14	丸山町	正覚寺	たつ	79	家内				
32	文政２	1819	しか	14	寄合町	永昌寺	しけ	69	祖母	家内に男 ２人			
33			こと	16	寄合町	勧善寺	喜平太	52	父				
34	文政３	1820	まつ	12	丸山町	長照寺	清五郎	28	兄	母(43)			
35			ひさ	16	寄合町	光源寺	作太郎	49	父				
36			いわ	8	寄合町	聖徳寺	ふな	46	母	母子家庭			

37	文政 4	1821	とき	18	丸山町	永昌寺	源右衛門	47	父	父子家庭			
38	文政 5	1822	こま	8	寄合町	光源寺	いそ	39	母	母子家庭	天保11	1840	18
39			すえ	10	寄合町	光源寺	はる	46	母		天保 4	1833	11
40	文政 7	1824	つね	17	寄合町	深崇寺	いそ	40	家内		天保 4	1833	9
41	文政 9	1826	えん	7	寄合町	三宝寺	惣兵衛	68	父				
42			かる	14	寄合町	永昌寺	留吉	39	父	父子家庭			
43			とめ	12	丸山町	光永寺	留五郎	37	父				
44			わさ	10	丸山町	光永寺	留五郎	38	父		天保15	1844	18
45	文政10	1827	やえ	12	寄合町	皓台寺	惣助	21	兄		天保 9	1838	11
46			つる	14	寄合町	光雲寺	三次	55	父		天保12	1841	14
47	文政11	1828	よね	12	寄合町	深崇寺	忠八	49	父				
48			さな	8	寄合町	深崇寺	宗作	45	父		天保15	1844	16
49	文政12	1829	みつ	13	寄合町	聖徳寺	ふな	55	母				
50	天保 2	1831	えい	11	寄合町	光永寺	清介	34	父	清介欠落			
51	天保 4	1833	くま	16	寄合町	三宝寺				一人竈			
52	天保 5	1834	みつ	15	丸山町	皓台寺	虎吉	17	兄	母わき(40)			
53	天保 6	1835	のぶ	15	寄合町	大光寺	寅之助	24	兄				
54	天保 7	1836	くま	15	丸山町	三宝寺	平蔵	59	父				
55			えい	15	寄合町	本蓮寺				一人竈			
56			らく	8	寄合町	深崇寺	つる		家内				
57			よね	12	寄合町	深崇寺	乙吉	33	父				
58	天保 8	1837	まち	15	丸山町	大光寺	実蔵	70	父				
59			くに	16	丸山町	大光寺	茂平	40	父				
60	天保 9	1838	とさ	15	寄合町	皓台寺	虎吉	21	兄	姉妹			
61			とら	12	寄合町	皓台寺	虎吉	21	兄	姉妹			
62			たま	7	寄合町	大音寺	まん	42	母				
63	天保10	1839	みや	13	寄合町	正覚寺	しお	56	母				
64	天保11	1840	ふく	14	寄合町	皓台寺	林蔵	54	父	郡八孫			
65	天保12	1841	やす	12	寄合町	延命寺	与之助	38	父				
66			たま	15	寄合町	正覚寺	つや	62	母				
67			つね	14	寄合町	浄安寺	千蔵	46	父				
68	天保13	1842	つる	13	寄合町	大光寺	惣兵衛	50	父	父子家庭			
69	天保14	1843	むめ	12	丸山町	大光寺				まつ(19)の厄介	嘉永 3	1850	7
70			つま	13	寄合町	光永寺	猪之吉	21	兄				
71			みつ	15	寄合町	大音寺	はき	49	母				
72	天保15	1844	しも	8	寄合町	永昌寺	正蔵	19	兄				
73			えの	11	丸山町	勧善寺	恒吉	43	父				
74	弘化 4	1847	かね	9	寄合町	光永寺	さく	39	母				
75	嘉永 4	1851	もと	14	丸山町	光源寺	辰三郎	52	父	同年馬町より転入			

桶屋町に帰ってきた娘

	和暦	西暦	名前	年齢	奉公先	旦那寺	竈筆頭者名	年齢	関係	備考
1	寛政9	1797	やさ	27	丸山町	光永寺	竹下金四平	42	家内	3月今鍛冶屋町へ出る
2	享和3	1803	よし	26	丸山町	浄安寺				家内　幸太郎(12)
3			しな	27	丸山町	長照寺				家内　新五郎(13)中紺屋町へ出る
4	文化4	1807	かつ	9	丸山町	深崇寺	いそ	21	姉	文化13年死亡18歳
5	文化6	1809	よし	24	寄合町	浄安寺	佐十郎	56	父	佐十郎は居町払　文化9欠落
6			はる	27	寄合町	晧台寺	まさ	61	母	妹くま(16)　天保7今紺屋町へ出る
7	文化10	1813	とく	19	丸山町	晧台寺	儀兵衛	41	従弟	文政10欠落
8	文化11	1814	まさ	19	丸山町	本蓮寺	忠助	62	父	文化14死亡(22)父も死亡
9	文化15	1818	くら	15	寄合町	晧台寺	いね	52	母	文政3死亡(17)
10	文政2	1819	とら	26	寄合町	正覚寺	やす	58	家内	12月西上町へ出る
11	文政3	1820	いそ	25	寄合町	永昌寺				一人竈　文政6銅座跡へ出る
12			つね	25	丸山町	本蓮寺	徳兵衛	52	父	12月船大工町へ出る
13	文政6	1823	もと	26	丸山町	光永寺	孫四郎	66	父	天保7死亡(39)
14	文政7	1824	さと	27	寄合町	本蓮寺	弥三次	47	父	文政8北馬町へ出る
15	文政8	1825	きよ	24	寄合町	永昌寺	元之助	21	弟	正月6日元之助欠落　文政12欠落
16	文政11	1828	しか	29	寄合町	大光寺	帯屋久蔵	65	養父	子俊達女房へ2子出産
17			はつ	32	寄合町	聖徳寺				一人竈　12月榎津町へ出る
18			かめ	31	丸山町	西勝寺				一人竈　天保3船大工町へ出る
19	文政12	1829	たつ	26	丸山町	西勝寺	五平次	59	父	天保3　炉粕町へ出る
20	文政13	1830	よね	28	寄合町	光永寺	宮松	70	父	天保15死亡(42)
21			みよ	28	丸山町	三宝寺	はる	55	母	弘化2勝山町へ出る
22	天保2	1831	たね	27	寄合町	深崇寺				一人竈　二児出産
23	天保4	1833	つね	27	寄合町	深崇寺	長次郎	23	弟	母いそ(49)
24			すえ	22	寄合町	光源寺	はる	59	母	嘉永2死亡(38)
25	天保6	1835	つね	29	寄合町	大光寺	吉太郎	57	父	母かめ(50)　天保5欠落
26	天保8	1837	たつ	29	寄合町	光源寺				天保15死亡(35)
27			つる	25	寄合町	光雲寺				家内みね(14)　同年丸山町へ出る
28	天保9	1838	やえ	24	寄合町	晧台寺	丈大夫	20	弟	娘出産、後死別、嘉永4年まで確認
29	天保11	1840	こま	26	寄合町	光源寺	貞吉	28	夫	嫁入り
30	天保12	1841	つる	27	丸山町	光雲寺				一人竈　12月本五島町へ出る
31	天保13	1842	まち	20	丸山町	大光寺	ゆく	59	母	嘉永4年まで確認

32	天保14	1843	こと	27	寄合町	深崇寺	九兵衛	30	夫	嫁入り　2児出産
33			みさ	42	丸山町	光源寺	はる	68	母	嘉永4年まで確認
34	天保15	1844	さな	25	寄合町	深崇寺	重次郎	19	弟	弘化2出奔
35			わさ	29	丸山町	光永寺	豊吉	23	弟	嘉永3本五島町へ出る
36			みつ	25	丸山町	晧台寺	わき	50	母	弘化2出奔
37	嘉永3	1850	たき	28	寄合町	晧台寺				嘉永4年今紺屋町へ出る
38			むめ	20	丸山町	大光寺	喜蔵	3	家内	文久4年まで確認

註および参考文献

1 井原西鶴著、東明雅校訂『日本永代蔵』岩波文庫、二〇〇〇年

2 「寄合町諸事書上控帳」長崎歴史文化博物館収蔵

3 松井洋子「長崎と丸山遊女」佐賀朝・吉田伸之編『シリーズ遊廓社会1 三都と地方都市』吉川弘文館、二〇一三年、一八七～一九八頁

4 同前、二一三頁

5 国立歴史民俗博物館編『企画展示 性差の日本史』国立歴史民俗博物館、二〇二〇年

6 「丸山古図」長崎歴史文化博物館収蔵 図九六

7 中野栄三『廓の生活』雄山閣出版、一九八一年

8 中野栄三『遊女の知恵』雄山閣、二〇〇三年

9 古賀十二郎『丸山遊女と唐紅毛人 前編』長崎文献社、一九六八年

10 加藤政洋『花街 異空間の都市史』朝日新聞社、二〇〇五年

11 前掲、古賀十二郎『丸山遊女と唐紅毛人 前編』一一三頁

12 田辺茂啓『長崎実録大成』（丹羽漢吉・森永種夫校註）長崎文献社、一九七三年、九九頁

13 「長崎市中明細帳 享和二年 内町外町」「長崎市中明細帳 内町之部外町之部」「長崎市中明細帳 文化五年 内町外町」いずれも長崎歴史文化博物館収蔵

14 『長崎実録大成』（筆者自筆本）長崎歴史文化博物館収蔵。刊本は前掲、長崎文献社、一九七三年、五九頁

15 「寛政九年正月寄合町元来宗旨改踏絵帳」長崎歴史文化博物館収蔵（福田11－164）

16 「寛政十一年遊女禿名寄帳」長崎歴史文化博物館収蔵 13－1215

17 前掲、松井洋子「長崎と丸山遊女」二一〇頁

18 同前、二〇〇頁
19 「寛政九年正月寄合町元来宗旨改踏絵帳」長崎歴史文化博物館収蔵（福田11－164）
20 小野武雄編著『江戸風俗図誌第六巻　江戸物価事典』展望社、一九七九年、二七四頁
21 花咲一男編『江戸吉原図絵』三樹書房、一九七六年、一七八頁
22 宮本由紀子「丸山遊女の生活―『長崎奉行所判決記録犯科帳』の分析を中心として―」『駒沢史学』三一、一九八四年、二三頁
23 寛閑楼佳孝「北里見聞録」蘇武緑郎編『吉原風俗資料』文芸資料研究会、一九三〇年、五〇二～五〇九頁
24 「おいらんといふ事、いつの頃よりの詞にやしらず、惣て姉女郎のことなり、我身の姉といふべきを里詞にて斯くいふ」「北里見聞録」とあり、遊女の別名として使用された。丸山遊廓では一般的に使用されることはなかった。
25 江戸時代の長崎では「明」「清」ではなく「唐」を中国の呼称として使った。唐人は中国人のことを意味するが、実態として東南アジア各地の人々も含めて唐人と呼んでおり、東南アジアからの船を含めた総称の「唐船」で来航する人々を唐人ととらえたい。
26 市中人口の根拠は『長崎拾芥』元禄二年の人口五万一三五九人。唐人一万人の根拠は『長崎実録大成』唐船一七〇隻（一隻あたり約六〇人乗組として一万二〇〇〇人）。
27 『延宝版長崎土産』長崎歴史文化博物館収蔵（13－215－1）、丹羽漢吉校注『長崎文献叢書　長崎土産・長崎不二賛・長崎萬歳』長崎文献社、一九七六年、六八頁
28 古賀十二郎編『長崎市史風俗編　下巻』長崎市、一九二五年、三八頁。古賀氏は、傾城として恥ずかしからぬ遊女を遊女屋が留め置いた者に加えて「女の親と遊女屋の主人と予め約束の上か、または遊女屋に縁故ある者の女である場合にはその遊女が流行してもしなくても日本行の遊女として取扱い決して唐人行に落すこともなければ阿蘭陀行にするようなこともなかった」と、個々の事情が選別の基準であったことも述べている。
29 古賀十二郎『新訂　丸山遊女と唐紅毛人　後編』長崎文献社、一九九五年、一～八頁

30 「犯科帳」長崎歴史文化博物館収蔵

寄合町　石見屋茂三太内　仕切遊女

一　都路

未十月七日町預

未十一月十八日　三十日押込

右の者午拾番船客姜再遇封書当十月六日館内二ノ門に於て露顕に及び右掛合に付き吟味を遂げ候ところ当八月小田ノ原墓参の節、唐人屋鋪垣外に通り掛り候ところ、同所部屋仕出しより右姜再遇呼びかけ、東古川町儀助方へ金子催促の儀相頼まれ、拠なく翌晩参り右伝言申し達し候までの由、尤も当三月より館内禁足に付き始終存ぜず候故封書相送るべき心当りこれなき旨申し候えども、右封書の文面にては右躰の取次度々いたし候やと疑わしく相聞こえ、其の上館内御法度の儀存じながら金子取引の口達、相頼まれ、かたがたもって不埒の致し方に付き、三十日押込め申し付け候

31 古賀十二郎『丸山花街史付録』長崎歴史文化博物館収蔵（古賀文庫13－48）

萩原鎮之助氏所蔵古文書

名付遊女一件　　西田氏

宝暦元未四月十九日

松浦河内守様

菅沼下野守　　御在勤

両町乙名御用に付き罷り出候ところ左の御書付御渡し百二十人のものども

両町へ下され置き候に付き、丸山町へ七十人寄合町へ五十人

上書　丸山町寄合町乙名へ申渡書

丸山町
寄合町

乙名
組頭

唐人屋敷囲いへ抱えの遊女にこれなきものを名付遊女仕切遊女などと申し、入れ込ませ置き不届き至極に候、それに就き市中より紛れ入り候売女等これあり、甚だ猥らなることに付きこのたび唐人屋敷乙名組頭ともに申し付け相改め、名付仕切遊女百二十人三か年の内両町へとらせ候間売女三か年遇候わば訴え出るべき、尤も他国に売り遣わしまたは親類そのほか身請けいたし候儀苦しからず勝手次第に候、その訳訴え出すべく候、もちろん右とらせ候間、売女唐人屋敷出島へ決して遣わし申すまじく候、

唐人屋敷出島へ抱え遊女のほか決して差し遣わし申すまじく候、遣り手禿同断、実躰なる者を吟味候いて差し遣わすべく候、くつわやどもへ急度申し渡し常々間断なく吟味いたすべく候、以来少々たりとも猥らがましきことこれに於てはくつわやども云うに及ばず乙名組頭厳科に申し付くべきものなり

未　四月

32　渡辺庫輔撰「丸山」長崎歴史文化博物館収蔵（渡辺14-615）

33　前掲、丹羽漢吉校注『長崎文献叢書　長崎土産・長崎不二賛・長崎萬歳』

34　若木太一「『長崎土産』と『好色一代男』」『長崎大学教養部創立30周年記念論文集』長崎大学教養部、一九九五年

35　前掲、丹羽漢吉校注『長崎文献叢書　長崎土産・長崎不二賛・長崎萬歳』六頁

36　同前、一〇八頁

37 拙稿「長崎丸山遊女の出自と年季明け」『長崎市長崎学研究所紀要「長崎学」』第三号、二〇一九年
38 浅田毅衛「鎖国政策下の日本貿易」『明大商学論叢』第八二巻（一）、二〇〇〇年
39 織田毅「長崎歳時記（一）（二）」『長崎市長崎学研究所紀要「長崎学」』創刊号・第二号、二〇一七～一八年
40 野村伸一『東シナ海文化圏―東の〈地中海〉の民俗世界―』講談社選書メチエ、二〇一二年、七二頁
41 古賀十二郎『新訂　丸山遊女と唐紅毛人　前編』長崎文献社、一九九五年、三三九頁
42 古賀十二郎編『長崎市史風俗編　上巻』長崎市、一九二五年、三六五頁
43「長崎御役所留」清水紘一他編『近世長崎法制史料集2』岩田書院、二〇一九年
44 汪鵬「袖海編」『長崎県史　史料編　第三』吉川弘文館、一九六六年
45「享保一七年諸事書上控帳」長崎歴史文化博物館収蔵
46 前掲、古賀十二郎編『長崎市史風俗編』
47『長崎名勝図絵』長崎史談会、一九三一年
48 唐権「「遊興都市」長崎へ――江戸時代における中国人の日本旅行に関する研究一六八四～一八三〇」『日本研究』二三、二〇〇一年、七七～一〇三頁
49 エンゲルベルト・ケンペル著、今井正編訳『日本誌』霞ケ関出版、一九七三年
50 重藤威夫「蘭・唐貿易制限政策と蘭・唐貿易船からの抜荷」『長崎大学東南アジア研究所研究年報』（一〇）、一九六九年
51 前掲、古賀十二郎『新訂　丸山遊女と唐紅毛人　前編』
52「犯科帳」長崎歴史文化博物館収蔵
53 片桐一男『出島遊女と阿蘭陀通詞　日蘭交流の陰の立役者』勉誠出版、二〇一八年
54 波多野純設計室編『よみがえる出島オランダ商館』長崎市教育委員会、二〇〇七年
55 エンゲルベルト・ケンペル著、今井正編訳『日本誌』（改訂・増補）霞ケ関出版、一九八九年

56 『九州文化史研究所史料集3　長崎実記年代録』九州大学大学院比較社会文化研究科九州文化史研究所史料集刊行会、一九九九年
57 前掲、古賀十二郎編『長崎市史風俗編　下巻』六六頁
58 前掲、片桐一男『出島遊女と阿蘭陀通詞　日蘭交流の陰の立役者』
59 「寄合町諸事書上控帳」寛延四年十一月、六六頁
60 「寄合町諸事書上控帳」文政十三年、八五頁
61 前掲、古賀十二郎『新訂　丸山遊女と唐紅毛人　前編』
62 「阿蘭陀通詞由緒書　明和八年四月」長崎歴史文化博物館収蔵（13-136-1）
63 『長崎諸役人増減書付』長崎歴史文化博物館収蔵
64 長崎県史編集委員会編『長崎県史　対外交渉編』吉川弘文館、一九八六年
65 前掲、片桐一男『出島遊女と阿蘭陀通詞　日蘭交流の陰の立役者』
66 前掲、古賀十二郎『新訂　丸山遊女と唐紅毛人　前編』七九四頁
67 日本学会、日独文化協会共編『シーボルト関係書翰集』一九四一年
68 日蘭学会編『長崎オランダ商館日記　五』雄松堂出版、一九九四年
69 大田南畝『瓊浦雑綴』国立公文書館内閣文庫蔵
70 下重清『〈身売り〉の日本史　人身売買から年季奉公へ』吉川弘文館、二〇一二年、一五〇頁
71 本馬貞夫『貿易都市長崎の研究』九州大学出版会、二〇〇九年、五一〜九九頁
72 前掲、古賀十二郎『新訂　丸山遊女と唐紅毛人　前編』二四五頁
73 「乍恐以書付奉嘆願候口上書」長崎歴史文化博物館収蔵　本山家文書（市学26-2）

乍恐以書付奉嘆願候口上書

一私抱え遊女糸滝、甲苗、揚羽、錦木、玉恵

右五人の者ども先七月三日の夜家出仕り
本石灰町嘉吉と申す者方へ引き取り申し立て候は
頭遊女九重儀平日取り計らい方宜しからず
何分勤方難でき趣申し立て候に付きいずれ
差し返し候上双方取り調べ致し方もこれある由
申し遣わし候ところ色々苦情申し立てようよう
同二八日取扱人立入り帰宅仕り候に付き
早速その旨町方へ届け出候ところ右五人の者ども
門外致し候かどにて町方より御預けに
相成り申し候ところ右嘉吉その外親々どもより
故障の申し立て取り計い申し、またまた九重と混雑
差し起こり右五人の親々どもと五人の遊女
身請け致したくなど難題申しかけ甚だ迷惑罷り在り候ところ
昨十一日夜大浦異人使の者私方へ用事これ有り
罷り越し候節、椛島町卯之介、大浦峯八、栄次郎
右三人入れ込み五人の遊女共と何か密々の話合い致し
卯之介九ツ時頃引き取り、峯八、栄次郎居残り
八ツ過ぎ頃引き取り申し候跡にて五人の遊女ども
家内に居り申さず候ニ付相尋ね候ところ
裏手練塀に階子打ち掛けこれ有り候全て塀越え致し
逃げ去り候儀と察し奉り候、然るところ

今朝本石灰町嘉吉方へ右五人の遊女ども
罷り越し候儀知らせ来たり候に付しかと
身柄預り置き申し候、右は遊女ども申し合わせ
塀越え等致し引き取り候儀このまま召し置き候ては
多人数召し抱えの遊女ども以来如何なるの儀
仕出かし候やも計り難く難渋の仕合に御座候間
甚だ恐れ多い御預事に存じ奉り候えども
御役場の御威光を以って本人ども厳しく御吟味
仰せ付け成らせられ右親々ども心得違い仕り
難題申し掛けざる様、御理解仰せ付け下し置かれ候わば
商売方永続仕り、ひとえに有難き仕合せに存じ奉り候
恐れ乍ら此段書付を以って嘆願奉り候

子八月三日　　引田屋茂左衛門

盗賊御吟味方
御　役　場

前書之通申出候ニ付奥印仕候以上
乙名
芦苅善太夫

74「乍憚口上書」長崎歴史文化博物館収蔵　本山家文書（市学26‐5）

乍憚口上書

一私抱遊女花千代儀当月十日唐人屋敷より呼び入れられ候に付き
入館致させ置き候ところ同十五日館内より出払い私方へは
罷り帰り申さず親元出来鍛冶屋町帳面高野平郷へ
住居罷り在り候利吉方へ引き取り申し候に付き早速掛合に及び候ところ
何か内情の儀申し立て一円差し返し申さず候、しか候ところ
唐館御役場より花千代入館の儀厳しく御沙汰相成り候に付き
再応利吉懸合に及ばれ候ところ入館致させ申さず候わば
差し返し申すべき旨強情に申し聞き引き留め
罷り在り花千代儀、病気故障等御改め申し上ぐべき筋も御座なく
然るに明二十日は是非入館致させ候様、唯今度々御町方へ
御達に相成り候段畏れ奉り候えども伊分利吉蔵相対にては
勝手候の儀申し立てられ明けくれ申さず難渋至極存じ奉り候、
之に依り近比憚り多く御願事御座候えども先に御町方へ
御懸合成し下され早々花千代引き渡し候様利吉江仰せ付け下され候よう
願い奉り候、左候わば早速入館致させ御役場先混雑
仕つらず候様取り計り申したく存じ奉り候、此段憚りながら
書付を以て御願い申し上げ候以上

寄合町
子四月十九日　　引田屋こう　印

芦苅善太夫殿

75　「乍恐奉願口上書」長崎歴史文化博物館収蔵　本山家文書（市学26－6）

乍恐奉願口上書

一先年私父筑後屋巌太郎遊女屋所業相営み罷り在り候ところ、不如意に相成り弐拾六年以前商売相止め罷り在り候儀に御座候、此節元家にて遊女商売再興仕たく存じ奉り候、之に依り近頃恐れ多く御願事御座候えども商売御免成し下され候様願い奉り候、願いの通り仰せ付け下され候わば有り難き仕合せに存じ候、此の段恐れながら書付を以て願い奉り候

寄合町
筑後屋朔郎　印
酉十二月
月番　津国屋うた　印
門屋富三郎　印

盗賊御吟味方
御役場

前書の通り朔郎願い出候に付き相糺し候ところ相違御座なく

願いの通り商売御聞き済み成し下されたく存じ候これに依り

奥印仕り候、以上

乙名

芦苅善太夫　印

76　長崎歴史文化博物館収蔵（藤11―1―1〜109）

77　長崎歴史文化博物館収蔵（13―99―2―2）

78　長崎歴史文化博物館収蔵（藤11―1―65）

79　松浦東渓著、森永種夫訂『長崎古今集覧』長崎文献社、一九七六年、六五〜九一頁

80　「長崎市中明細帳」長崎歴史文化博物館収蔵（13―99―2―2）の箇所数・竈数・人数合計を八〇箇町で割ると平均は、四九箇所、一二九竈、三七五人である。

81　原田博二「長崎町乙名一覧（一）」『長崎市立博物館館報』第二三号、一九八三年、五九〜六一頁

82　一名箇所持の娘がいるが遊女奉公でなく丸山町町人の養女の可能性が高い。

83　「文政八年勝山町宗旨改踏絵帳」長崎歴史文化博物館収蔵（160―29）

84　「八幡町人別宗旨改帳」長崎歴史文化博物館収蔵（市学16）

85　「犯科帳」「右之者共博奕之儀は近来厳鋪御触有之処不相守助七宅ニ而四人申合致博奕候段不埒ニ付助七は過料銭三貫文取上手鎖申付吉次郎左十郎弥吉は手鎖申付候」

86　前掲、古賀十二郎編『長崎市史風俗編　下巻』一二三頁

87　「乍恐奉願口上書」長崎歴史文化博物館収蔵　本山家文書（市学26―1）

乍恐奉願口上書

一私弟長崎村小島郷太十と申す者、子供多く撫育行き届きかね候ゆえ

いと儀四ヶ年以前に私へ一生の間呉れ切り候間

養育仕りくれ候よう申し聞き候に付き双方納得の上
貰い請け相育て手業など相仕込み芸子稼ぎ相願い
去る十一月御免と相成り候間、小とみと相改め
稼ぎ方致させ候に付きては衣類その外女文など
私他借等仕ケ成に相仕立て当時相稼ぎ罷り在り候
然候ところ先月廿九日何か用事これ有る由にて
暫時小とみ遣いくれ候様申し聞き太十方へ連れ越し候まま
差戻し申さず候に付き懸け合いに及び候ところ彼これ
勝手ままの儀申し立て引き留め罷り在り候右は
はしなくも門外へ差し置き候段恐れ入り奉り候に付き
近辺の者立入り懸け合いくれ候えども何分差し返し
候儀など相成りこれ申す、案外の仕合いに存じ奉り候
前文に申し上げ候通り種々心配仕り芸子稼ぎ差し出し
是より私養育多足にも相成べきところ勝手に引き取られ候始末
弟太十儀はかねて愚痴の者にて今倅卯十、娘ます、申し合わせ
父太十へ申し合い候手段顕然仕り候上はとても相対差戻し申さず
難渋の次第難かしき仕合に存じ奉り候これに依り近頃恐れ多い
御願い事御座候えども何とぞ格別の御憐憫を以て太十父子の
者召し出され御吟味の上本人速かに差し戻し以来故障など
申し立てず候様仰せ付けさせられ下し置かれ候わば御蔭を以って
渡世方相営み重畳有り難き仕合せに存じ奉り候

此の段恐れながら書付を以て偏に願い奉り候以上

寄合町

申八月三日　　楚乃　印

盗賊方

御役場

前書の通り申し出候に付き奥印仕り候以上

乙名

芦苅善太夫

88　「寄合町諸事書上控帳」長崎歴史文化博物館収蔵（古賀文庫14‐5‐22）

89　古賀十二郎『丸山遊女と唐紅毛人　後編』二二五〜二二六頁

90　「乍恐奉願口上之覚」長崎歴史文化博物館収蔵（市学26‐3　1860）

91　小川鼎三・酒井シヅ校注『松本順自伝・長与専斎自伝』平凡社、一九八〇年、二二五頁

92　松竹秀雄『海の長崎学4　幕末長崎イカルス号事件』くさの書店、一九九三年

93　「遊女屋宿泊人帳」長崎歴史文化博物館収蔵（B14‐3‐4）

94　山本博文『長崎聞役日記　幕末の情報戦争』ちくま新書、一九九九年

95　古賀十二郎『丸山花街史付録』長崎歴史文化博物館収蔵（古賀文庫13‐48）

96　富士川游『日本医学史　決定版』日新書院、一九四一年、七八八頁

97　「明治三年外国掛事務簿魯鑑一件」長崎歴史文化博物館収蔵

98 長崎大学医学部編『長崎医学百年史』一九六一年、二〇五～二〇七頁
99 古賀十二郎『丸山花街史付録』長崎歴史文化博物館収蔵（古賀文庫13‐48）
100 古賀十二郎「梅毒の研究および検梅」古賀十二郎著、長崎学会編『長崎洋学史　下巻』長崎文献社、一九六七年、三五五～四三三頁
101 古賀十二郎『丸山花街史付録』長崎歴史文化博物館収蔵（古賀文庫13‐48）
102 「明治五年壬申　長崎県第二大区九之小区戸籍之壱　丸山町」長崎歴史文化博物館収蔵（310‐152）
103 今西一『遊女の社会史』有志舎、二〇〇七年、一八六頁
104 下重清『〈身売り〉の日本史　人身売買から年季奉公へ』吉川弘文館、二〇一二年
105 前掲、松井洋子「長崎と丸山遊女」
106 「娼妓鑑札并請控」長崎歴史文化博物館収蔵（三二〇―二）
107 古賀十二郎『新訂　丸山遊女と唐紅毛人　後編』二九七頁
108 松川二郎『全国花街めぐり』誠文堂、一九二九年

講談社現代新書 2630

長崎《ながさき》丸山《まるやま》遊廓《ゆうかく》 江戸《えど》時代《じだい》のワンダーランド

二〇二一年八月二〇日第一刷発行

著者 赤瀬《あかせ》 浩《ひろし》

発行者 鈴木章一
発行所 株式会社講談社
東京都文京区音羽二丁目一二―二一 郵便番号一一二―八〇〇一
電話 〇三―五三九五―三五二一 編集（現代新書）
〇三―五三九五―四四一五 販売
〇三―五三九五―三六一五 業務
装幀者 中島英樹
印刷所 株式会社新藤慶昌堂
製本所 株式会社国宝社
定価はカバーに表示してあります Printed in Japan

N.D.C. 210 354p 18cm
ISBN978-4-06-524960-4

「講談社現代新書」の刊行にあたって

教養は万人が身をもって養い創造すべきものであって、一部の専門家の占有物として、ただ一方的に人々の手もとに配布され伝達されうるものではありません。

しかし、不幸にしてわが国の現状では、教養の重要な養いとなるべき書物は、ほとんど講壇からの天下りや単なる解説に終始し、知識技術を真剣に希求する青少年・学生・一般民衆の根本的な疑問や興味は、けっして十分に答えられ、解きほぐされ、手引きされることがありません。万人の内奥から発した真正の教養への芽ばえが、こうして放置され、むなしく滅びさる運命にゆだねられているのです。

このことは、中・高校だけで教育をおわる人々の成長をはばんでいるだけでなく、大学に進んだり、インテリと目されたりする人々の精神力の健康さえもむしばみ、わが国の文化の実質をまことに脆弱なものにしています。単なる博識以上の根強い思索力・判断力、および確かな技術にささえられた教養を必要とする日本の将来にとって、これは真剣に憂慮されなければならない事態であるといわなければなりません。

わたしたちの「講談社現代新書」は、この事態の克服を意図して計画されたものです。これによってわたしたちは、講壇からの天下りでもなく、単なる解説書でもない、もっぱら万人の魂に生ずる初発的かつ根本的な問題をとらえ、掘り起こし、手引きし、しかも最新の知識への展望を万人に確立させる書物を、新しく世の中に送り出したいと念願しています。

わたしたちは、創業以来民衆を対象とする啓蒙の仕事に専心してきた講談社にとって、これこそもっともふさわしい課題であり、伝統ある出版社としての義務でもあると考えているのです。

一九六四年四月　野間省一

日本史Ⅰ

日本史Ⅱ

世界史Ⅰ

世界史Ⅱ

J

文学

日本語・日本文化

105 タテ社会の人間関係　中根千枝
293 日本人の意識構造――会田雄次
444 出雲神話――松前健
1193 漢字の字源――阿辻哲次
1200 外国語としての日本語――佐々木瑞枝
1239 武士道とエロス――氏家幹人
1262 「世間」とは何か――阿部謹也
1432 江戸の性風俗――氏家幹人
1448 日本人のしつけは衰退したか――広田照幸
1738 大人のための文章教室　清水義範
1943 なぜ日本人は学ばなくなったのか――齋藤孝
1960 女装と日本人――三橋順子
2006 「空気」と「世間」――鴻上尚史
2013 日本語という外国語　荒川洋平
2067 日本料理の贅沢――神田裕行
2092 新書　沖縄読本――下川裕治・仲村清司　著・編
2127 ラーメンと愛国――速水健朗
2173 日本人のための日本語文法入門――原沢伊都夫
2200 漢字雑談――高島俊男
2233 ユーミンの罪――酒井順子
2304 アイヌ学入門――瀬川拓郎
2309 クール・ジャパン!?　鴻上尚史
2391 げんきな日本論――橋爪大三郎・大澤真幸
2419 京都のおねだん――大野裕之
2440 山本七平の思想――東谷暁

P

世界の言語・文化・地理

F

宗教

27 禅のすすめ——佐藤幸治
135 日蓮——久保田正文
217 道元入門——秋月龍珉
606 「般若心経」を読む——紀野一義
667 生命《いのち》あるすべてのものに　マザー・テレサ
698 神と仏——山折哲雄
997 空と無我——定方晟
1210 イスラームとは何か——小杉泰
1469 ヒンドゥー教　クシティ・モーハン・セーン　中川正生 訳
1609 一神教の誕生——加藤隆
1755 仏教発見！——西山厚
1988 入門 哲学としての仏教　竹村牧男
2100 ふしぎなキリスト教——橋爪大三郎 大澤真幸
2146 世界の陰謀論を読み解く——辻隆太朗
2159 古代オリエントの宗教　青木健
2220 仏教の真実——田上太秀
2241 科学vs.キリスト教——岡崎勝世
2293 善の根拠——南直哉
2333 輪廻転生——竹倉史人
2337 『臨済録』を読む——有馬頼底
2368 「日本人の神」入門——島田裕巳

Ⓒ

哲学・思想Ⅰ

哲学・思想Ⅱ

心理・精神医学

331 異常の構造――木村敏
590 家族関係を考える――河合隼雄
725 リーダーシップの心理学――国分康孝
824 森田療法――岩井寛
1011 自己変革の心理学――伊藤順康
1020 アイデンティティの心理学 鑪幹八郎
1044 〈自己発見〉の心理学 国分康孝
1241 心のメッセージを聴く 池見陽
1289 軽症うつ病――笠原嘉
1348 自殺の心理学――高橋祥友
1372 〈むなしさ〉の心理学 諸富祥彦
1376 子どものトラウマ――西澤哲
1465 トランスパーソナル心理学入門――諸富祥彦
1787 人生に意味はあるか 諸富祥彦
1827 他人を見下す若者たち 速水敏彦
1922 発達障害の子どもたち――杉山登志郎
1962 親子という病――香山リカ
1984 いじめの構造――内藤朝雄
2008 関係する女 所有する男――斎藤環
2030 がんを生きる――佐々木常雄
2044 母親はなぜ生きづらいか――香山リカ
2062 人間関係のレッスン 向後善之
2076 子ども虐待――西澤哲
2085 言葉と脳と心――山鳥重
2105 はじめての認知療法――大野裕
2116 発達障害のいま――杉山登志郎
2119 動きが心をつくる――春木豊
2143 アサーション入門――平木典子
2180 パーソナリティ障害とは何か――牛島定信
2231 精神医療ダークサイド 佐藤光展
2344 ヒトの本性――川合伸幸
2347 信頼学の教室――中谷内一也
2349 「脳疲労」社会――徳永雄一郎
2385 はじめての森田療法 北西憲二
2415 新版 うつ病をなおす 野村総一郎
2444 怒りを鎮める うまく謝る 川合伸幸

趣味・芸術・スポーツ